América Latina
Cidadania, desenvolvimento e Estado

A512   América Latina: cidadania, desenvolvimento e Estado / Org. Deisy de
        Freitas Lima Ventura. — Porto Alegre: Livraria do Advogado, 1996.
        287 p.; 16x23cm. — (Série Integração latino-americana)
        ISBN 85-7348-017-3

        1. Relações internacionais. 2. Política internacional. 3. MERCOSUL
I. Ventura, Deisy de Freitas Lima, *org.* II. Série.

               CDU   327(7/8=6)
                      339.923(8-13)

        Índices para catálogo sistemático:
        MERCOSUL
        Política internacional
        Relações internacionais

(Bibliotecária responsável: Marta Roberto, CRB - 10/652)

SÉRIE INTEGRAÇÃO LATINO-AMERICANA

AMÉRICA LATINA
CIDADANIA, DESENVOLVIMENTO E ESTADO

livraria
DO ADVOGADO
editora

Porto Alegre
1996

© Mestrado em Integração Latino-americana, CCSH/UFSM, 1996

Capa
J. Adams Propaganda
Santa Maria, RS

Projeto gráfico, composição e montagem
Livraria do Advogado

Organização
Profª Ms. Deisy de Freitas Lima Ventura (Faculdade de Direito/MILA)

Digitação
Acad. Astrid Heringer (MILA)
Acad. Marcelo Barroso Kümmel (Faculdade de Direito)
Acad. Valquíria Locateli Rosa (Faculdade de Direito)

Transcrição das conferências (Anais)
Acad. Astrid Heringer

Edição das conferências (Anais)
Profª Carmen Lois de Caballero (Departamento de Letras Estrangeiras/CAL)
Profª Ms. Deisy de Freitas Lima Ventura

Coordenação do Seminário Internacional América Latina
Prof. Dr. Ricardo Antônio Silva Seitenfus (MILA)
Prof. Dr. Jose Luís Bolzan de Moraes (Faculdade de Direito)
Profª Ms. Deisy de Freitas Lima Ventura

Direitos desta edição reservados por
Livraria do Advogado Ltda.
Rua Riachuelo 1338
90010-273 Porto Alegre RS
Fone/Fax: (051) 225 3311
E-mail: liv_adv@portoweb.com.br
Internet: http://www.liv-advogado.com.br

Impresso no Brasil / Printed in Brazil

Nota explicativa

A *Série Integração Latino-americana* chega a sua quarta publicação. A primeira, intitulada *O Mercosul em movimento*, apresenta a primeira fase de produção acadêmica do Curso de Mestrado em Integração Latino-americana da Universidade Federal de Santa Maria. Ela reflete a multidisciplinariedade do próprio Curso, que contempla o direito, a economia, a história e as relações internacionais. Dez meses depois, publicou-se a primeira dissertação defendida no Curso, intitulada *A ordem jurídica do Mercosul*. E a terceira edição, promovida conjuntamente com o Ministério da Justiça, contém os acordos firmados na área jurídica no âmbito do Mercosul, para que se tornem conhecidos pelos profissionais e pela comunidade acadêmica.

O presente volume, publicado quinze meses após o primeiro da *Série*, combina dois objetivos: veicular a produção científica do Curso e registrar, através da organização dos Anais, o Seminário Internacional América Latina, realizado entre 16 e 20 de abril, que marcou o ano acadêmico de 1996.

Assim, a obra foi dividida em três livros. O primeiro, coletânea de artigos das áreas de direito e história; e o terceiro, de resenhas bibliográficas, apresentam trabalhos de professores, mestrandos, bolsistas e colaboradores. Sobre os últimos, ressalte-se que o artigo do Professor Paulo Casella vincula-se à palestra ministrada no dia 7 de março de 1996, em evento preparatório ao Seminário América Latina. Tal seminário prévio contou ainda com a participação dos Professores Dalmo de Abreu Dallari e Sueli Gandolfi Dallari. Por outro lado, contou-se com a resenha elaborada pelo diplomata Paulo Roberto de Almeida, cujo talento acadêmico já era conhecido por nossa comunidade através de seus trabalhos sobre o Mercosul.

O segundo livro traz os Anais do mencionado Seminário. Alguns entre os participantes apresentaram artigos, outros tiveram sua intervenção transcrita. A transcrição é uma tarefa de extrema dificuldade, agravada pela consciência de que os resultados estarão sempre aquém da expressão viva do autor. Não existe meia traição. Jamais duvidou-se, contudo, do quanto valia a pena correr todos os riscos para que as conferências fossem acessíveis ao grande público na forma desta publicação. Optou-se, ainda, por não traduzir os artigos entregues em espanhol, pois nesse idioma foram proferidas as conferências, procurando apenas editá-los de forma padronizada.

Até que as três defesas de dissertação marcadas para o próximo verão venham a colorir muitas folhas de papel, está disponível um novo conjunto de contribuições, valiosas em sua radical diversidade, que confirmam o perfil altivo, crítico e independente desta *Série*, corajosamente patrocinada pela Livraria do Advogado. Registre-se o reconhecimento à Editora, assim como à jovem equipe acadêmica que têm tornado possíveis estas hercúleas tarefas.

Prof^a. Ms. Deisy de Freitas Lima Ventura
Organizadora

Sumário

Livro I
COLETÂNEA DE ARTIGOS

DIREITO
Ingerência: direito ou dever?
Ricardo Antônio Silva Seitenfus   11

As crises do Estado contemporâneo
José Luis Bolzan de Morais   37

Quais os fins da integração no MERCOSUL?
Paulo Borba Casella   51

Os prazos mínimos dos contratos de arrendamento e parceria rural no MERCOSUL
José Fernando Lutz Coelho   63

HISTÓRIA
Os Estados Unidos e a Guerra dos Farrapos
Teófilo Otoni Vasconcelos Torronteguy   69

Escravidão e charqueada no Rio Grande do Sul
Berenice Corsetti   83

A evolução do federalismo gaúcho a partir do século XIX
Maria Bernadete Medeiros Paust   97

Livro II
ANAIS DO SEMINÁRIO INTERNACIONAL
AMÉRICA LATINA - 16 a 20 de abril de 1996

Apresentação
Ricardo Antônio Silva Seitenfus   113

Aspectos constitucionales de la integración
Alberto Ricardo Dalla Via   117

Proyecciones de las relaciones laborales en el MERCOSUR
Miguel Angel Sardegna   125

El desarrollo sustentable: medio ambiente y Latinoamérica
Jorge Atilio Franza   135

Representação, cidadania e exclusão social
Michel Miaille   155

Políticas econômicas na América Latina
Paulo Sandroni   167

Cuba e as relações interamericanas
Juan Guevara   179

Governantes e governados na Bacia do Prata
Teófilo Otoni Vasconcelos Torronteguy   187

Caminhos da cidadania na América Latina
Maria Célia Paoli   199

Uma concepção jus-filosófica do conceito de cidadania
José Alcebíades de Oliveira Júnior   211

Os discursos neo-liberais
Eros Roberto Grau   217

A proteção aos direitos humanos na América Latina
Enrique Ricardo Lewandowski   229

Estado e desenvolvimento na América Latina
José Gabriel Porcile Meirelles   239

As repercussões jurídicas do MERCOSUL
Nelson Azevedo Jobim   255

L i v r o   I I I
RESENHAS BIBLIOGRÁFICAS

A recuperação da história diplomática
Paulo Roberto de Almeida
(José Honório Rodrigues; Ricardo Antônio Silva Seitenfus.
Uma história diplomática do Brasil)   271

A crise das Nações Unidas
Gerson Ivan Prade
(Maurice Bertrand. *A ONU*)   279

Limitações do direito no MERCOSUL
Valquíria Locateli Rosa
(Deisy de Freitas Lima Ventura. *A ordem jurídica
do MERCOSUL*)   283

Do individual ao coletivo
Marcelo Barroso Kümmel
(Jose Luís Bolzan de Moraes. *Do direito social aos
interesses transindividuais*)   287

Livro I
COLETÂNEA DE ARTIGOS

Ingerência: direito ou dever?

RICARDO ANTÔNIO SILVA SEITENFUS

Doutor em Relações internacionais pelo Instituto de Altos Estudos Internacionais da Universidade de Genebra, Suíça, professor titular da mesma área, Vice-Diretor do Centro de Ciências Sociais e Humanas, criador e Coordenador do Mestrado em Integração Latino-americana da Universidade Federal de Santa Maria, RS.

SUMÁRIO: 1. Introdução; 2. O complexo conceito de ingerência; 2.1. modalidades de ingerência; 2.1.1. as pressões em sentido lato; 2.1.2. o rompimento de relações diplomáticas e comerciais; 2.1.3. o embargo e outras sanções internacionais; 2.1.4. a intervenção consentida; 2.1.5. a intervenção armada; 2.2. classificação da ingerência segundo sua natureza; 2.2.1. a ingerência como uso da força ilegítima; 2.2.2. a ingerência como conseqüência da interpenetração de interesses econômicos; 2.2.3. a ingerência como conseqüência de um processo institucional; 2.3. classificação da ingerência segundo sua finalidade; 2.3.1. a ingerência como proteção aos estrangeiros residentes em território instável; 2.3.2. a assistência humanitária; 2.3.3. a ingerência como imposição da paz; 2.3.4. a ingerência para restauração da democracia; 3. Organização internacional e a ingerência; 4. Soberania, autodeterminação e ingerência; 5. Referências bibliográficas

1. INTRODUÇÃO

Todos os países da constelação mundial podem vir a ser um dos pólos da ingerência de um Estado nos assuntos internos de outro. Esta moeda possui uma face passiva, qual seja sofrer a intervenção impetrada por países mais influentes, e uma face ativa, a possibilidade de intervir nas questões internas de Estados mais débeis. Ao discutir os dilemas advindos desta complexa posição estatal, o pesquisador perpassa os princípios basilares do direito internacional público e da teoria das relações internacionais; para percebê-los na dimensão que se lhes quer dar. Ou seja, o pesquisador é compelido a buscar lições na história e na política de poder internacionais a exigir do leitor uma atenção constante.

Diante do que nos informa a simples realidade fática, é natural que se encontre generalizado, na cena internacional, o discurso da não-intervenção em assuntos internos dos outros Estados, como decorrência lógica da noção de soberania. A não-intervenção constitui um princípio no mais das vezes consagrado pelas próprias ordens jurídicas nacionais, como é o caso do Brasil, e - implicitamente - pela ordem internacional, seja através da Carta das Nações Unidas (ONU), seja pela Carta da Organização dos Estado Americanos (OEA) que serão referidas adiante.

Posto que o discurso é generalizado, forma-se uma contradição cuja segunda extremidade é a prática do Estado em movimento. Como demonstram séculos de história, a ingerência de um Estado soberano sobre outro Estado, também soberano, é uma constante, sob diversas modalidades. Predomina neste panorama a ação das denominadas *potências*, nas ocasiões em que seus interesses, mascarados ou nítidos, exigem ou recomendam uma interferência. Em geral, dita imisção tem como únicas regras incontestes o egoísmo (por fundamento) e o proveito (por resultado). Todavia, a percepção da regra geral não significa recusar-se a ponderar sobre as exceções importantes trazidas pela contemporaneidade.

Impelido por estas constatações iniciais, o presente artigo tem por escopo:

- buscar as razões que ocasionam um largo divórcio entre os enunciados e a prática, não somente por parte das potências mas até mesmo dos países de porte intermediário;

- atenuar a imprecisão do uso dos conceitos de ingerência e intervenção militar, e mais adiante, a confusão entre as definições de soberania e da auto-determinação dos povos ;

- descartar, enquanto atitude acadêmica, um juízo axiológico sobre a interferência externa como um mal em si mesmo;

- investigar as conseqüências da não-institucionalização deste princípio.

Há consciência plena dos perigos que envolvem esta discussão[1]. Na verdade, quer-se discutir em termos jurídicos uma manifestação política do poder, imaginando que se possa vir a ser pólo

---

[1] Henry Bonfils, ao tratar justamente deste tema já em 1912, metaforiza estes riscos: "la pente est rapide, et la chute est fréqüente", *in Manuel de Droit International Public (Droit des Gens)*. Paris: Arthur Rousseau, 1912, p.184.

ativo ou passivo desta potencialidade de agir. O fenômeno da intromissão legítima será negado por Raymond Aron, como a conjunção do *poder-fazer* e da existência de leis que regularizem esta ação. Não havendo este *plus*, que existiria somente na relação de *império*, estamos apenas numa relação de *domínio*. Entretanto, não haveria outra forma de institucionalização que não fosse o império e que pudesse estar mais próxima de uma *democracia* a nível internacional? Lançado o pano de fundo deste percurso, é possível proceder a árdua tarefa de demarcar o campo conceitual atinente à matéria tratada.

2. O COMPLEXO CONCEITO DE INGERÊNCIA

São tênues os limites que circundam o relacionamento interestatal, seja de cooperação, integração ou comunhão de interesses, e a imisção externa em assuntos internos. Esta tensão se aprofunda na medida em que se intensificam as relações comerciais e cooperativas entre as nações.

Comumente, define-se a ingerência pelo *caráter impositivo* ou *coercitivo* isto é, o fato de um país impor ao outro determinada conduta ou situação que ele não desejaria por si. Ao não desejar por si, estaria expressando precisamente o conteúdo da denominada soberania (o atributo exclusivo de exercício de poder por um grupo num determinado território).

Tentando lapidar uma definição, note-se que certos autores tomam como requisitos de existência da ingerência externa a *unilateralidade* e *a violência*. Portanto, segundo estes pesquisadores, se for a ingerência uma obra do coletivo, estruturado através de alianças pontuais ou de organizações internacionais regionais ou universais, não estaria configurada a ingerência. Por outro lado, a simples pressão ou imposição de sanções não-militares afastaria a tipificação de uma ingerência, passando a ser circunstância aceitável da vida internacional.

Ora, se é bem certo que a invasão de um país pelo outro, ou qualquer dos muitos exemplos de ação militarizada, compõem estereótipos da ingerência, seja motivada ou não, seja aceitável ou não, é bem certo que existem formas não-militares e não-solitárias de levar terceiros países a agirem de forma orientada por ditames exógenos. Portanto, *a ingerência é um leque muito mais amplo do que este fenômeno, unilateral e violento, que poderíamos designar como intervenção armada.*

—— 13 ——

Em outro extremo há autores, entre os quais me coloco, que reconhecem a ingerência ainda que solicitada pelo próprio Estado que sofre a intervenção. Assim, a ingerência seria o fato em si, da *pura interferência*, independente da existência de um foco de receptividade que repassa o ditame externo à nação como se interno fosse, legitimando-o. Este problema resta multiplicado nos casos concretos de deterioração estrutural, onde há dificuldades de identificar os legítimos representantes de um Estado, sobretudo nos casos de guerra civil. Nestes casos a interferência externa pode vir a ser a munição definitiva para um dos contendores.

Logo, é preciso identificar do ponto de vista acadêmico, as modalidades de ingerência que se operam entre os Estados, a fim de que se possa classificá-las pela sua natureza e pelo seu fundamento, na tentativa de trazer alguma luz a este intrincado tema.

2.1. Modalidades de ingerência

2.1.1. as pressões em sentido lato

Como premissa para o leitor, fique claro que este tema não se refere ao intercâmbio normal de relações entre os Estados: o diálogo não caracteriza a pressão, que necessariamente o excede.

A pressão externa é antes de mais nada uma forma de condicionar o futuro de um Estado ou de um grupo que nele desempenhe um papel relevante, através da barganha ou mesmo da ameaça. Ela pode transformar-se num fato concreto, numa iniciativa unilateral ou concertada. Se isto ocorrer, não será mais uma pressão. Porém, o elemento que a define é justamente a presença do vetor que poderá ou não levá-la a constituir-se numa sanção concreta.

A pressão não é formalizada, nem generalizada; sequer será, de regra, institucional. Tanto a decisão de uma organização internacional que condena a prática "y" por um país, como uma ameaça via telefônica (seja proveniente de um representante do Estado ou de uma empresa) configuram uma pressão. Ela poderá vir a ser uma etapa de negociação, servindo como um torniquete. É dinâmica, maleável e acompanha o processo relacional. Por vezes é notada apenas pelos próprios atores, portanto fugaz e de difícil identificação pelo exterior. Há casos, porém, em que a mídia e a opinião pública internacional operam como seus próprios instrumentos.

2.1.2. o rompimento de relações diplomáticas e comerciais

Diferentemente da pressão, esta modalidade será sempre um ato institucional que sintetiza a negação da negociação. É uma manifestação oficial do Chefe do Estado que intervém.

Apesar do caráter unilateral desta modalidade, concedendo total liberdade de iniciativa, segundo o Direito Internacional, ao Estado proponente, não resta dúvida que sua utilização ou a simples ameaça de fazê-lo, objetiva fazer com que o Estado vítima venha a ter uma atitude que não teria caso não fosse objeto desta circunstância.

Aqui se opera a interferência pela exclusão, afastando-se da cena institucional, refutando, naquele momento, qualquer solução negociada. Um Estado pode então intrometer-se pela omissão. Além disso, esta atitude contém uma inegável insinuação: a transferência do tratamento do problema para outra esfera.

2.1.3. o embargo e outras sanções internacionais

Até o Século XIX, o embargo foi uma espécie de *pré-guerra*, onde os navios, bens e nacionais de um determinado país, sitos no território ou em águas territoriais de outro ou ainda no espaço internacional, são apreendidos. Contudo, a prática do embargo neste século demonstra que sua utilização pode ser feita sem que venha a degenerar em guerra.

O embargo consiste hodiernamente numa forma de ingerência, que poderia ser individual mas geralmente é coletiva, materializada pela interrupção das trocas comerciais, ou de parte delas, do resto do mundo com um determinado Estado.

As experiências históricas demonstram, como sublinha Victor-Yves Ghebali, que o impacto limitado das sanções internacionais não pode ser atribuído nem à insuficiência do próprio dispositivo, sequer a uma possível aplicação imperfeita do mesmo, pois trata-se de um vício ontológico das sanções.

Diante de um Estado não-democrático, um embargo é por definição ineficaz, no sentido de que ele acaba por penalizar *a população* do país alvo das sanções, isto sem atingir *o regime* cujo comportamento provocou a imposição de sanções. Além disso, num sistema econômico internacional exclusivamente regido pela lei da oferta e da demanda, leia-se da vantagem, as violações são moeda corrente[2], especialmente através do chamado comércio triangular.

—— 15 ——

Portanto, sem a universalidade de aplicação e de controle, o embargo é simplesmente uma utopia. Assim foram os embargos impostos ao Japão (invasão da Manchúria) e a Itália (ocupação da Abissínia), no entre-guerras[3].

2.1.4. a intervenção consentida

Nesta modalidade de intervenção, o consentimento possui duplo significado. Por um lado, a autorização de intervir deve ser concedida por organização internacional integrada tanto pelo país objeto da intervenção quanto pelos intervenientes. Portanto, a intervenção materializa um vontade coletiva que se torna legal a partir do momento em que é aprovada nas instâncias decisionais da organização.

Por outro lado, o país receptáculo da intervenção deve solicitá-la expressamente. Geralmente, são situações de guerra civil, catástrofes naturais ou ainda a deposição de um governo legal por um golpe inconstitucional. O recente caso do Haiti é bom exemplo de intervenção requerida insistentemente pelas autoridades depostas e recebida com entusiasmo e alívio pela população.

2.1.5. a intervenção armada

A mais comum das ações armadas entre dois ou mais Estados é a guerra, que pode se desenrolar nos seus territórios respectivos, ocasionando um desenrolar de operações bélicas, ou em terceiros territórios. A guerra, contudo, ao ser no mínimo bilateral, foge de nossa definição. A intervenção armada da qual se trata neste momento jamais supõe que o pólo passivo da intervenção tenha forças para intrometer-se em negócios do interventor. Portanto, é neste sentido que se opera a *unilateralidade*, mesmo que o interventor seja um bloco ou uma organização.

A ação armada de intromissão em assuntos internos de um Estado soberano será certamente coercitiva, mas não necessariamente ilegítima. Ao contrário, o processo institucional pretensa-

---

[2] extraído do prefácio para KALPYRIS, Eugenios; VORK, Richardt; NAPOLITANO, Antonio. *Les sanctions des Nations Unies dans le conflit de l'ex-Yougoslavie*. La coopération OSCE/Union européenne. Bruxelas: Bruylant; Paris: Librairie Générale de Droit et de Jurisprudence , 1995, 185p., p. IX-X.

[3] Uma situação distinta, que pode ser indicada como o embargo demonstrou uma relativa eficácia, encontramos no exemplo do fim do regime de *apartheid* na Africa do Sul. Todavia, o longo processo que levou ao fim o regime racista deve temperar um eventual entusiasmo com a eficácia do embargo.

mente amparado no direito internacional poderá deliberar pela iniciativa militar em direção a dado país. Este é precisamente o caso do Conselho de Segurança da Organização das Nações Unidas.

Segundo Olivier Corten e Pierre Klein, a ilegitimidade não está vinculada a coercibilidade, mas a um limite de licitude que impede o interventor de imiscuir-se em matérias sobre as quais o Estado deve preservar os seus direitos soberanos, coagindo onde deveria silenciar. Os autores citam uma decisão da Corte Internacional de Justiça sobre a Nicarágua que assim preceitua:

"a intervenção proibida deve (...) referir-se a matérias sobre as quais o princípio da soberania dos Estados permita a cada um entre eles decidir livremente (...) A intervenção é ilícita quando, no que diz respeito a estas escolhas que devem ficar livres, ela utiliza meios de constrangimento"[4].

Não se pode negar, de fato, que muitas intervenções pontuais, de natureza institucional, extrapolaram a atribuição que lhe havia sido dada pela organização internacional e portanto foi atravessado este limite de ilicitude. Deve-se fazer nota, porém, de que há uma certa hipocrisia em presumir que o Estado merecedor da intervenção externa tem condições de exercer plenamente a sua soberania. E mesmo que a interferência seja limitada do ponto de vista formal, tudo indica que a decisão de intervir, quando tomada pelas instituições, traz dentro de si a certeza de que, na prática, necessariamente tal limite será excedido.

Há, portanto, uma outra maneira de perceber o limite da licitude de uma intervenção, atribuindo-o à organização internacional, tema que será tratado mais adiante.

O importante é observar a existência de intervenções armadas lícitas e não-lícitas, legítimas e ilegítimas. Seu elemento caracterizador é a presença bélica. Estas armas que serão usadas defensivamente ou, em alguns casos, ofensivamente.

Disseminaram-se as armas modernas no mundo, com grande capacidade de destruição. Normalmente os países que sofrem a intervenção não dispõem de armas nucleares e por vezes dela são objeto precisamente para que não tenham acesso à tecnologia nuclear militar (conforme os recentes casos da Líbia e Iraque). O desenvolvimento tecnológico da indústria de armamentos foi acompanhado por uma extraordinária distribuição via comércio,

---

[4] in *Droit d'ingerence ou obligation de reaction?* Bruxelas: Bruylant/Université de Bruxelles, 1992, 283p.,p.10.

muitas vezes clandestino, levando à possibilidade de encontrar, nos recantos mais remotos do globo, soldados, civis e inclusive crianças, armados com fuzis, metralhadoras e granadas.

O paradoxo que se coloca aqui é o da paz pela guerra. Caso os contendores, marcadamente em guerras civis, não vislumbram outra relação que escape a ação bélica, trata-se de identificar a necessidade de impor, através de uma força militar exógena, a paz ou, ao menos, a interrupção da guerra.

Estes conflitos sustentam-se também, pelas diferenças consideradas irredutíveis no campo dos valores, da religião, da etnia. Aliados a informalidade dos combatentes, as práticas monstruosas de genocídio, de limpeza étnica e de toda sorte de radicalismos, aprisionam a população civil que, tomada entre dois fogos, transforma-se na principal vítima.

Caso tomarmos a vida humana como valor, a solidariedade como princípio e considerarmos que uma vida é uma vida, não importando a cor da pele, a religião ou a nacionalidade, claro está que a intervenção armada se legitima em tais circunstâncias. Todavia, os países capacitados a intervir conservam grande prudência e total independência de julgamento.A intervenção armada, quando ocorre, resulta de pressões de organizações privadas, de parte da opinião pública ou ainda pela decisão política de um dirigente.

As razões da prudência dos potenciais interventores, originam-se no constante embate entre o egoismo nacional e a solidariedade internacional; na percepção diferenciada do valor da vida; nos riscos de derrapagem pois os inimigos utilizam-se de meios não-convencionais de combate. Os exemplos do Líbano e da Somália são significativos. As dificuldades em adotar uma clara linha de conduta leva os interventores a optar pela adoção de meias-medidas, ou seja, uma *intervenção armada defensiva*. O fracasso reiterado desta maneira de intervir é patente. No caso do conflito da ex-Iugoslávia a guerra somente chegou ao fim a partir do momento em que as forças de intervenção abandonaram a mediação entre os combatentes e decidiram contrapor-se aos agressores, através das armas.

2.2. Classificação da ingerência segundo sua natureza

2.2.1. *a ingerência como uso da força ilegítima*

Trata-se da ação violenta de um Estado soberano dentro dos limites do território de outro Estado soberano. Pode ser uma ocupação parcial ou total, perene ou pontual, unilateral ou através de uma aliança. Mas sua característica essencial é o fato de operar-se fora do espaço institucional, à parte das organizações internacionais, que pressupõe a absoluta ausência do Estado passivo no processo de decisão que engendrou tal imisção.

Diferentemente de um tipo de intromissão que será referida adiante, cujo objetivo é restaurar o *status quo ante*, sem buscar uma vantagem visível para quem interfere, a presente espécie objetiva defender interesses específicos de um ator ou de um grupo de atores. Trata-se de exercício incondicionado do poder do mais forte e reproduz o estado de natureza *hobbesiano* no cenário internacional.

2.2.2. *a ingerência como conseqüência da interpenetração de interesses econômicos*

Não se pode desconhecer o extraordinário nível de intersecção entre os Estados que se desenvolveu nas últimas décadas, seja de cooperação ou de confronto de interesses. Constituído por instrumentos pouco visíveis, nem sempre por representantes do Estado, é percebido muitas vezes como necessário à inserção internacional dos Estados, especialmente no âmbito comercial.

Nenhum Estado poderá hodiernamente sobreviver de maneira autárquica diante da intensificação das relações comerciais e de cooperação nos mais variados campos. Organismos multilaterais vinculados ou não à Organização das Nações Unidas fomentam este relacionamento.

A intervenção nos assuntos de organização econômica interna dos Estados aqui referida, ocorre quando parte de sua produção é direcionada para o exterior. Ao internacionalizar o seu consumo, os Estados destinatários destes produtos podem manifestar a intenção de julgar as condições em que eles foram elaborados. Portanto não se trata de analisar o produto em si, mas como ele foi elaborado. Nesta ocasião, há nítida ingerência em matéria que, em princípio, deveria corresponder exclusivamente ao direito interno dos Estados, resguardadas os compromissos assumidos através de tratados internacionais.

Caso os países exportadores de produtos não se submeterem a ditames dos países consumidores, pode ser aplicado um boicote comercial. Enquanto a retorsão e as represálias são tipificadas como ações dos Estados, o boicote é iniciativa de particulares que renunciam a manter relações comerciais com particulares do país boicotado.

Esta forma de ingerência prende-se a tentativa de fazer respeitar condutas nos chamados *temas emergentes* que, como o seu nome indica, são escassamente codificado nas relações internacionais. O primeiro exemplo provém da vinculação do comércio internacional com a proteção do meio ambiente. Apesar de sofrer restrições por parte de um grande número de países membros da Organização Mundial de Comércio (OMC), que recusam-se a discutir a possibilidade deste vínculo nas instâncias internacionais, devemos constatar que, na prática, está sendo introduzida a etiquetagem ecológica ou *sêlo verde*, afim de identificar, para os consumidores, os produtos que são fabricados respeitando princípios ambientalistas[5].

Apesar da etiquetagem ecológica ser voluntária, portanto os países exportadores são livres de adotá-la ou não, os mercados consumidores dos países industrializados exigem a sua apresentação. Portanto, um produto que não a apresente certamente será jogado fora do mercado.

O segundo tema emergente manifesta-se pela discussão em torno da chamada *cláusula social*[6]. Um certo número de países industrializados expressam, através de seus governos e sindicatos, a idéia de vincular o comércio com padrões trabalhistas. Com o objetivo de diminuir os riscos de uma concorrência desleal, os países desenvolvidos ingerem-se diretamente na forma de organização laboral e econômica dos países em desenvolvimento[7].

Finalmente, uma aberta e importante maneira de intervir nos assuntos internos dos Estados é representada pela concessão de empréstimos de órgãos multilaterais, como o Banco Mundial (BIRD) e Banco Interamericano de Desenvolvimento (BID), na me-

---

5 O GATT permitiu, no início da década de 1990, que os EUA usassem uma etiqueta ecológica para a identificação do atum importado que fosse pescado segundo as regras definidas na US Marine Mammal Protection Act de 1972. Este precedente, praticamente eliminou a importação de atum mexicano.

6 Também chamado *dumping social*. Considero errônea as duas denominações pois trata-se tão somente de questionar as condições trabalhistas em que foram produzidos tais bens. Portanto, deve-se adotar a expressão *dumping laboral* para designar esta hipotética prática desleal de comércio.

7 Nas concessões de créditos aos países em desenvolvimento, muitos países concedentes vinculam a utilização de tais recursos à aquisição de bens exlusivamente dos países concedentes. A concessão do crédito, portanto, consiste numa operação de venda de produtos dos países concedentes. Ao eliminar a liberdade de escolha, o chamado *crédito vinculado*, obriga o concessionário a abrir mão de uma essencial prerrogativa. Nestas circunstâncias, é problemática a identificação do beneficiário da operação ser o concedente ou o concessionário.

dida em que os tomadores adotem medidas internas preconizadas por estas instituições ou pelo Fundo Monetário Internacional (FMI). A negociação das dívidas externas de muitos países e questões fundamentais tais como o papel do Estado, o processo de privatização e o gerenciamento da máquina pública, são assuntos que, ao vincular-se com estratégias forasteiras, fogem da alçada dos Estados. Os governos destes transformam-se, muitas vezes, em meros gerentes de planos e projetos estabelecidos alhures[8].

2.2.3. a ingerência como conseqüência de um processo institucional

A interferência externa será, neste caso, juridicamente aceitável, o que não quer dizer que seja justa ou inconteste. Encontra sua justificativa no próprio direito das gentes, como resultado de acordos ou da atividade de foruns de jurisdição internacional *aceitos voluntária e antecipadamente* pelos Estados que a sofrem. Exemplos podem ser extraídos da experiência da Corte Internacional de Justiça, do Tribunal de Luxemburgo e da prática da arbitragem internacional.

Os casos de intromissão classificados sob este critério são evidentemente os menos numerosos, como nos demonstra a história das relações internacionais. A institucionalização de um conflito significa, precisamente, a antecipação de sua ocorrência pois pressupõe (I) a atitude anterior do Estado passivo em aceitar tal jurisdição; (II) a atitude da instituição em prever a conduta passível de sanção e estabelecer qual será esta; (III) a atitude posterior da instituição de interpretar o caso concreto e dosar a penalidade, constituindo um processo decisório próprio e autônomo.

É fácil detectar aqui o problema de não ser a ordem jurídica internacional provida de um poder de sanção que conceda automaticidade entre a materialização do suporte fático da regra internacional e a efetivação do preceito da mesma regra.

---

[8] CACHAPUZ DE MEDEIROS, A.P., em seu artigo *Natureza jurídica e eficácia das Cartas de Intenções ao FMI*, in Boletim da Sociedade Brasileira de Direito Internacional, ns. 75/76, julho-dezembro 1991, pp.51-72, ressalta que o comprometimento externo de natureza financeira da União exige, contrariamente ao invocado pelo Executivo, a prévia autorização do Senado. Portanto a ausência desta, caracteriza, segundo nosso entendimento, a nítida ingerência destes organismos internacionais nos assuntos internos dos Estados membros.

2.3. Classificação da ingerência segundo sua finalidade

2.3.1. a ingerência como proteção aos estrangeiros residentes em território instável

Tem sido comum nas últimas décadas a alegação de que a vida e os bens de estrangeiros estão sob risco em dado território. Percebido do ponto de vista do interventor, trata-se de proteger os interesses e direitos dos seus nacionais e neste sentido possui uma clara dimensão humanitária. Exclue-se, desde logo, a possibilidade de intervir nos assuntos políticos de um país através do reforço concedido ao governo local ou a tentativa de instaurar outro. Ela cessaria quando os cidadãos em tela estivessem protegidos e tivessem seus direitos respeitados.

Opera-se, logo, quando o Estado que deveria proteger e dar segurança a todos os que se encontram no seu território não o faz. Sobretudo, é constatada quando há anarquia e não se sabe quem responde pelo Estado, ou quando o próprio Estado incita, pela ação ou pela inação, as atividades de grupos paraestatais.

Trata-se de situações-limite, cujo deslinde normalmente está vinculado a uma intervenção estrangeira que foi, em uma célebre sentença, aceito pelo árbitro suíço Max Huber. Este reconhece que é "incontester que, até um certo ponto, o interesse de um Estado em proteger seus nacionais e seus bens deve ter primazia sobre a soberania nacional, mesmo na ausência de obrigações convencionais". Para Huber, não deve ser discutido o chamado *direito de intervenção* mas tão somente os seus limites[9].

2.3.2. a assistência humanitária

As catástrofes provocadas junto à população civil pelas guerras ou a situação de descontrole de um país, que aproxima-se da anarquia, sempre existiram. Certamente não com a dimensão que hodierna, marcada pela modificação das formas de extermínio. Perante esta situação, foi criado o Comitê Internacional da Cruz Vermelha e depois assinados os Protocolos de Genebra que tentam humanizar a guerra e restaurar um mínimo de normalidade em situações caóticas.

---

[9] Ver *Reclamações britânicas na zona espanhola do Marrocos*, RSA, vol. II, p. 601, citado por PELLET, A.. *Droit d'ingérence ou devoir d'assistance humanitaire*. La documentation Française: nºs. 758-759, Paris, p. 4.

O elemento fundamental destas iniciativas é a divulgação das imagens destas situações desumanas. Por exemplo, se o mundo ocidental tivesse sabido do genocídio nazista em toda a sua dimensão e seu horror, provavelmente teria tomado atitudes que, no contexto do passado, restaram impossíveis. O cotidiano da imagem, reproduzida infinitas vezes pela televisão, cria uma espécie de opinião pública mundial.

Por outro lado, constatou-se que aquilo que foi feito via Cruz Vermelha internacional, e mais tarde via Alto Comissariado para refugiados das Nações Unidas, está muito aquém das necessidades. Foi transposto para o direito internacional um princípio jurídico que é uma regra dos países ocidentais, da obrigatoriedade de prestar socorro a pessoas em perigo, para justificar esta intervenção humanitária. Ele está sintonizado com um dos princípios básicos do mundo ocidental cristão, o direito à vida.

Baseado nestas experiências, surgiram movimentos privados, vinculados às ONGs, que atuam acima das fronteiras nacionais, junto a situações de grave risco e grande urgência. Assistem populações depauperadas em tema que vão de saneamento básico à escolaridade, de forma permanente. Mas também promovem ações pontuais em razão de catástrofes naturais, terremotos, secas, tufões, que desestruturam uma sociedade já frágil ou ações pontuais de conflitos tribais ou conflitos étnicos, civis.

O direito humanitário foi, outrora, o direito de humanização da guerra, ou seja, a imposição de normas que orientassem os beligerantes. Mas os desafios do direito humanitário ampliaram-se para muito mais do que as normas que regem a guerra, porque outras situações fazem mais mortos que a guerra. O direito humanitário não regra, por exemplo, a atuação das ONGs. Existem ONGs que intervém apenas onde são aceitas. Existem outras que tentam intervir sem ser aceitas.

Além das ONGs, como se poderia impor uma ação do coletivo humanitário internacional em razão da enorme necessidade de recursos? Através da intervenção unilateral, sem prévia autorização?

Existem, nestes termos, programas específicos de assistência. Mas não existe institucionalização que os exceda, portanto não há uma codificação que permita falar em um novo direito humanitário.

2.3.3. *a ingerência como imposição da paz*

O direito internacional, ao enumerar os métodos de solução pacífica para os litígios interestatais, não prevê a possibilidade de imposição da paz. A mediação, os bons ofícios e a arbitragem são recursos que, para serem aceitos, dependem da vontade dos contendores. Sendo assim, as Nações Unidas não dispunham de meios coercitivos para efetivar a paz.

Entretanto, o agudo conflito desenrolado na ex-Ioguslávia levou a ONU, após um acirrado e longo processo de discussão interna, a delegar à OTAN a tarefa de agir militarmente, inclusive de forma ofensiva, para bloquear a guerra, numa literal luta pela paz. No caso específico da Bósnia, o conflito tem duas faces, por ser uma guerra internacional, mas também uma guerra civil. E assim se abre um caminho para intervenção não consentida do coletivo internacional.

As resoluções relativas à Bósnia certamente foram provocadas pelo grande impacto que representou estar a barbárie localizada dentro da Europa. De toda forma, é nítido o precedente de ter o coletivo levado os guerreiros a depôr as armas, de estarem os litigantes desprovidos do direito de matar-se, em que pese o ódio encontrar-se intacto entre eles. Parece que a razão determinante desta decisão do coletivo não foi o ingrediente conceitual, se guerra civil ou internacional, mas sim o fator geográfico e da opinião pública. Justa ou injusta, houve na Bósnia uma paz ofensiva. Tardia para os que a desejavam, imberbe para os que devem explicar a teoria das relações internacionais.

2.3.4. a ingerência como restauração da democracia

As idéias deste Século confirmam a democracia como o regime de governo, por excelência, do Estado contemporâneo. Um exemplo desta afirmação é o *Compromisso de Santiago* (1991), pelo qual a Organização dos Estados Americanos define a democracia como o regime de governo do continente.

À parte da discussão dos meios dos quais dispõe a organização internacional para realizar os postulados que determina, não se pode negar a importância da democracia como referência das modernas relações internacionais.

Num primeiro plano, lembre-se os casos em que um regime democrático foi pressuposto para que Estados tivessem acesso a interesses que reputavam relevantes, como foi o ingresso da Grécia, da Espanha e Portugal às Comunidades Econômicas Européias. Tais países vieram a integrar este bloco econômico apenas quando conseguiram dar fim aos regimes ditatoriais que lhes governavam.

Ainda sob este prisma, o Mercado Comum do Sul (MERCO-SUL), motivado pela tentativa de golpe militar ocorrida no Paraguai nos primeiros meses de 1996, decidiu fixar como condição indispensável para plena participação no processo a manutenção do regime democrático.

Até o momento, pode-se classificar a disposição da democracia como condição *sine qua non* de certas relações econômicas ou políticas como uma pressão em sentido *lato,* mas claramente uma forma de ingerência.

Um segundo plano, contudo, desvela a restauração material da democracia, com o restabelecimento do Estado de Direito naqueles locais em que ele se encontra violado. Aqui, é assídua a imprecisão conceitual, com uso indiscriminado da expressão ingerência como intervenção armada.

Diversas vezes, este gesto, armado ou não, de aparente solidariedade aos regimes constitucionais assentados no mundo foi utilizado como mero pretexto para uma ação fundada em interesses bastante diversos e, como já foi dito, freqüentemente expectativas nacionais do interventor.

Como a percepção da democracia atine à axiologia, a restauração democrática somente poderia ser um verdadeiro objetivo em si mesmo caso decidida pelo coletivo internacional. É bem certo, contudo, que ainda perduraria o problema da legitimidade decisional dentro da instância internacional. Em outras palavras, um direito de ingerência fundado na violação da democracia só poderia ser coletivo e apenas haver num contexto em que a organização internacional escapasse à dominação de interesses pontuais.

Ao tratamento do processo decisional em si deveria somar-se a discussão de condições bastante precisas do *modus operandi* da intervenção restauradora. O período de imissão é um dos temas centrais para discussão; uma vez restaurado o regime, deve cessar a ação do interventor, ao menos sob esta modalidade. Nada impede que perdure sob outras formas, como a da assistência humanitária, por exemplo.

Todavia, a pergunta principal a ser respondida é: qual ação do interventor? Sob a finalidade de restaurar a democracia, em que termos deve expressar-se a decisão do coletivo internacional?

Refutada, de toda forma, a ação unilateral, enfrenta-se basicamente o dilema de conferir ou não ao coletivo o recurso à força. Parece claro que as demais sanções internacionais são aceitáveis em tese. Na prática, são contestadas mais pelas condições objetivas, como o caso de um Estado repudiar uma sanção porque apóia o regime sancionado, do que pela ação em si mesma.

A polêmica acende-se propriamente quando se pretende militarizar a sanção. Parafraseando o enunciado sobre a Bósnia, tratar-se-ia da literal luta pela democracia. Não é propriamente uma novidade que as sanções que prescindem da força têm dificuldade de real implementação. Portanto, a opinião pública tende a exigir, quando diante de uma ditadura, sobretudo se ela é cruel, uma verdadeira atitude e não apenas o repúdio formal contido no discurso para consumo da mídia. Ou seja, exige a eficácia da decisão internacional que opõe-se ao regime ditatorial, cuja oposição não consegue efetivar-se.

Mas quando os Estados ditos defensores da democracia têm a concreta vontade de agir? É bem certo que muitas ditaduras sanguinárias passaram desapercebidas quando interesses outros não estavam em jogo.

De outra parte, a fraqueza do coletivo forja a disposição de agir de inúmeros ditadores. Rasgando a constituição e impondo uma inaceitável concepção de soberania nacional, eles nada têm a temer: a história ensina que os golpistas agem impunemente. Não há uma posição clara do coletivo internacional sobre as conseqüências da violação do Estado de Direito, que poderia servir como elemento de disuasão.

O caso do Haiti foi sintomático desta possibilidade de um grupo apropriar-se do Estado, destituir as autoridades constituídas, e construir uma *soberania dos ditadores*[10]. Este episódio é de grande relevância, mesmo em se tratando de um pequeno país marginal, porque a ingerência externa esteve tanto na raiz da violação da democracia e como na plenitude de sua restauração. A diferença entre estes dois momentos é que o golpe militar que depôs Jean-Bertrand Aristide em 1991 foi financiado pelo governo republicano dos EUA de forma unilateral e velada, indiretamente constituindo um recurso à força.

Já a recomposição do Estado de Direito operou-se com o permissivo do Conselho de Segurança da ONU para ação militar, realizada de maneira explícita. A OEA serve como o exemplo da declaração vazia, pois apesar de opôr-se ao golpe desde o primeiro momento, legou aos EUA a tarefa solitária de cumprir o *Compromisso de Santiago* pela democracia.

---

[10] Consultar o meu livro *Haiti, a soberania dos ditadores*. Porto Alegre: Livraria do Advogado, 1996.

A organização internacional deve dispor, de forma prévia e coletiva, um catálogo de atitudes que configurem uma resposta à violação da democracia. O discurso vazio faz proliferar os ânimos dos aprendizes de golpistas e nos obriga a assitir inertes fenômenos como o de Fujimori no Peru, flagrante ofensa ao Estado de Direito.

O item máximo, ao final desta escala de medidas, seria a intervenção armada? Segundo Dalmo de Abreu Dallari[11], a possibilidade de vir a existir um direito de ingerência, materializado em ação armada, é a juridicização da hiprocrisia das grandes potências, na medida em que lhe propiciaria meios legais para agir quando lhes interessasse. O renomado jurista sustenta ainda o possível direito de ingerência como oposição à auto-determinação dos povos, tema que será tratado mais adiante.

De fato, as situações de intervenção deveriam ser detalhadamente previstas, caso tal direito viesse a materializar-se. Sobretudo, a discricionariedade seria banida como critério para ação ou omissão, instalando-se uma solidariedade internacional efetiva. Bolzan de Morais propugna esta mesma solidariedade mas, embora reconhecendo que a ingerência (sob a forma de força) é um instrumento ágil, considera que a militarização das relações internacionais assim como a morte de civis, conduziriam a uma primeira oposição entre a democracia e a força, e um segundo antagonismo entre a democracia e os direitos humanos, principalmente à vida. Propõe, então, a ingerência, mas sob a forma de uma cooperação internacional que vise a longo prazo a construção da cidadania[12]. Assim, seria impossível dar uma resposta pronta e direta à lesão da democracia.

Mas restaria ainda o problema: qual democracia a ser restaurada? Antes de mais nada, trata-se de preservar o exercício de poder àqueles que detêm tal direito, como resultado do regime representativo e democrático. Se é bem certo que o conceito de democracia vai muito além do sistema de representação[13], também é posto que o mínimo a ser assegurado é o modelo representativo.

---

[11] DALLARI, D. *O Haiti e o direito de ingerência*, Folha de S. Paulo, 17 de setembro, p. 1-3.

[12] "Soberânia, direitos humanos e ingerência" *in O Mercosul em movimento*, Ed. Livraria do Advogado, Porto Alegre 1995, p. 149.

[13] Consultar os recentes trabalhos de Renato Janine Ribeiro sobre representação, entre eles *A crise da representação política em nossos dias*, Anais da 47ª Reunião Anual da SBPC, Vol. I, julho/95, p.238-239.

3. ORGANIZAÇÃO INTERNACIONAL E A INGERÊNCIA

É fundamental identificar a legalidade ou não, à luz do direito internacional positivado via organizações internacionais, da noção de ingerência nos assuntos internos dos Estados.

Criada em 1919, a Liga das Nações foi a primeira organização internacional de caráter universal. O seu Pacto, ou seja, o tratado constituinte indica três formas de ingerência ou de solidariedade.

O parágrafo 4º do artigo 4 estipula que o "Conselho tomará conhecimento de toda questão que entrar na esfera de atividade da Sociedade ou que interessar à paz do mundo". Pode-se discutir o significado da expressão *tomará conhecimento*, mas o que deve ser ressaltado é que o órgão executivo da Liga tem um amplo poder de interpretação sobre o que pode vir a ser uma ameaça a paz mundial. Esta forma de redação não permite distinguir entre assuntos internos e externos.

A segunda forma de interesse da Liga visa os territórios "que são habitados por povos ainda não capazes de se dirigir" (art.22, par.1) e por esta razão "o melhor método ...é confiar a tutela desses povos às nações desenvolvidas" (par.2). Uma atenção especial merece a África Central que exige que o Mandatário assuma a administração do território "em condições que, com a proibição de abusos, tais como o tráfico de escravos, o comércio de armas e o do alcool, garantam a liberdade de consciência e religião" (par. 5).

Finalmente o artigo 23 elenca uma série de atividades que podem somente podem ser realizadas através de uma compulsória e estreita colaboração internacional. Trata-se de princípios genéricos como a manutenção de "condições de trabalho eqüitativas e humanas para o homem, a mulher e a criança" (par. a), o comprometimento de assegurar um "tratamento eqüitativo das populações indígenas" (par. b) e a transferência de responsabilidade à Liga pelo controle e fiscalização do "tráfico de mulheres, crianças, ópio (par.c) e do comércio de armas e munições (par. d)".

A característica principal dos dispositivos da Liga é a sua falta de praticidade e a ausência de indicação dos meios para alcançar tão amplos objetivos. De todos os modos, nota-se que responsabilidades exclusivas dos Estados em temas específicos e setores de sua população, podem vir a ser objeto de ações coletivas, segundo os redatores do Pacto.

A Carta das Nações Unidas dispõe em seu art. 2º, par. 7 que "nenhum dispositivo da presente Carta autorizará as Nações Unidas a intervir em assuntos que dependem essencialmente da jurisdição de qualquer Estado ou obrigará os Membros a submeterem tais assuntos a uma solução, nos termos da presente Carta; este princípio, porém, *não prejudicará a aplicação das medidas coercitivas constantes do Capítulo VII*"[14].

O artigo 39 do Capítulo VII concede faculdade ao Conselho de Segurança (CS) de determinar "a existência de qualquer ameaça à paz, ruptura da paz ou ato de agressão, e fará recomendações ou decidirá que medidas deverão ser tomadas de acordo com os arts. 41 e 42".

A leitura do texto da Carta demonstra que a ONU não permite a intervenção nos assuntos internos dos Estados membros exceto quando trata-se da manutenção da paz. Ora, ao mencionar como inaceitável a simples *ameaça* à paz, a Carta abre a possibilidade da adoção de medidas coercitivas *preventivas*. Por outro lado, trata-se de *qualquer* ameaça, o que faz supor uma ampla liberdade concedida ao CS para analisar a sua concretude.

Contudo, a adoção das medidas coercitivas do Capítulo VII não configura, segundo o texto da Carta, a intervenção nos assuntos internos. O infrator, a depender da interpretação do texto pelo Conselho, poderá sofrer a ação do coletivo onusiano. Esta ressalva do art. 2º, item 7, é que possibilita a ação coletiva dentro da jurisdição de domínio reservado de um Estado. Exceto por este enunciado, a ação coletiva só poderia desenrolar-se fora do território soberano[15].

O art. 41 estabelece medidas de bloqueio, ações que objetivam isolar o país faltoso mas ainda não configuram a utilização das forças armadas. Esta somente intervirão, segundo o art. 42, para manter ou restabelecer a paz e segurança internacionais, em ações que poderão "compreender demonstrações, bloqueios e outras operações, por parte das forças aéreas, navais ou terrestres dos Membros das Nações Unidas". A possibilidade de utilização das forças armadas coletivas para *outras operações*, ultrapassa agora o âmbito da coerção para atingir, de maneira militar e com a amplitude resultante da indefinição, o fenômeno da intervenção nos assuntos internos[16].

---

[14] Grifo meu.

[15] Consultar PECOURT, E., *La soberania de los Estados ante la Organizacion de las Naciones Unidas*, Ed. Sagitario, Barcelona 1962, sobretudo a partir da página 101.

[16] Contudo a Assembléia Geral (AG) das Nações Unidas tomou posição em duas oportunidades sobre a "inadmissibilidade da intervenção nos assuntos internos dos Estados". Em 1965 a AG aprovou a Resolução 2131 e em 1981 a Resolução 36/103 redigidas em termos similares. No entanto, a AG declara nos textos que tais Resoluções se submetem às disposições contidas nos Capítulos VI e VII da Carta.

No Capítulo VIII, relativo aos acordos regionais, a Carta da ONU declara que o CS "utilizará, quando for o caso, tais acordos e entidades regionais para uma ação coercitiva sob a sua própria autoridade. Nenhuma ação coercitiva será, no entanto, levada a efeito de conformidade com acordos ou entidades regionais sem autorização do Conselho de Segurança...". Portanto, a Carta indica duas funções essenciais dos acordos regionais no que se refere a coerção. Por um lado, eles podem servir de executores das medidas e, por outro, não podem chamar a si a responsabilidade pela decisão.

A Carta da Organização dos Estados Americanos (OEA) reconhece, em seu artigo 136, a primazia da ONU ao declarar que "nenhuma das estipulações desta Carta se interpretará no sentido de prejudicar os direitos e obrigações dos Estados Membros, de acordo com a Carta das Nações Unidas".

Longa e exaustiva para definir regras, a Carta da OEA torna-se contraditória à medida que não prevê mecanismos que garantam seu fiel cumprimento. Em geral, baseia-se em princípios do direito internacional, da igualdade entre os Estados e, em particular, no respeito à soberania. Um dos pontos essenciais da Carta, é o art. 2º, par.b, pelo qual os países membros se comprometem a "promover e consolidar a democracia representativa, respeitado o princípio da não-intervenção"[17].

Em seu artigo terceiro, onde a OEA estabelece sua principiologia, a Carta reforça novamente sua preocupação com a forma de governo dos países membros e estipula no parágrafo *d*, que a "solidariedade dos Estados americanos e os altos fins a que ela visa requerem a organização política dos mesmos, com base no exercício efetivo da democracia representativa".

Contudo, o parágrafo seguinte contém uma contradição: "todo Estado tem o direito de escolher, sem ingerências externas, seu sistema político, econômico e social, bem como de organizar-se da maneira que mais lhe convenha, e tem o dever de não intervir nos assuntos internos de outro Estado". Para além da conduta omissiva da não-intervenção, a Carta exige um posicionamento dinâmico de seus membros, que deverão cooperar "amplamente entre si, independentemente da natureza de seus sistemas políticos, econômicos e sociais".

---

[17] Um terceiro *considerandum* da Carta, reforçando a luta pela democracia, foi aprovado em 5 de dezembro de 1985 com a seguinte redação: "Seguros de que a democracia representativa é condição indispensável para a estabilidade, a paz e o desenvolvimento da região".

As disposições antagônicas do texto espelham o permanente confronto entre a visão de Washington e a perspectivas dos países latino-americanos. Em todo caso, devemos sublinhar que a Carta jamais menciona a possibilidade de tomar medidas coercitivas tais como as sanções ou ainda a exclusão de um país da Organização, caso viole os dispositivos da Carta.

É enfatizado o princípio da segurança coletiva. Contudo, quando "a inviolabilidade, ou a integridade do território, ou a soberania, ou a independência política de qualquer Estado Americano forem atingidos por um ataque armado...os Estados Americanos, em obediência aos princípios de solidariedade continental, ou de legítima defesa coletiva, *aplicarão as medidas e processos estabelecidos nos Tratados especiais existentes sobre a matéria*"[18].

Ao contrário da Carta da ONU, a carta constitutiva da OEA delega expressamente aos denominados *Tratados especiais*, em particular ao Tratado Inter-americano de Assistência Recíproca (TIAR), as medidas coercitivas que devem ser tomadas para resguardar a paz continental. Ora estes Tratados especiais são documentos formalizadores de alianças militares defensivas e não podem ser assimilados a tratados constitutivos de uma organização internacional de caráter regional. Em conseqüência, do ponto de vista jurídico, não se configura o traço coercitivo ou de ingerência que se tenta identificar nas organizações internacionais.

Finalmente, o reiterado condicionamento dos países membros da OEA aos princípios da democracia representativa, impõe que se identifique o modo pelo qual será promovida a "ação coletiva pelo direito à democracia nas Américas"[19].

Mais tarde, em 1991, o já referido *Compromisso de Santiago* ressaltou, uma vez mais, a importância de uma luta coletiva pela democracia nas Américas. Contudo, na reunião de dezembro de 1992, em Washington, firmou-se novo texto - ainda não ratificado - objetivando uma reforma da Carta. O dispositivo mais importante do *Protocolo de Washington*, proposto pela Argentina, prevê a suspensão da Organização daqueles Estados membros cujo governo seja deposto através do uso da força. Trata-se, portanto, de dispositivo similar ao adotado pelo Mercosul, mencionado anteriormente.

---

[18] Cf. o artigo 28, do capítulo VI. Grifo meu.

[19] Cf. o título do artigo publicado por Heraldo MUÑOZ na Revista *Política Externa*, n. 4, vol. 4, março/maio 1995, Ed. Paz e Terra, São Paulo, pp. 16-35.

Do ponto de vista prático, retomando o primeiro texto mencionado, a Liga das Nações não é exemplificativa, pois inoperante e fraca frente às diversas agressões ocorridas no entre-guerras, que desaguaram justamente no deflagramento da Segunda guerra mundial.

Outra dimensão tem a atuação da ONU, que tentará, ao longo de sua história, intervir nos conflitos internacionais. A Assembléia Geral e o Conselho de Segurança confrontam-se incessantemente. A primeira, concebendo a ingerência de forma restritiva, sendo integrada por todos os Estados membros, reflete o temor da maioria numérica de pequenos países, mas seu processo decisional resulta apenas em recomendações. O analista deve ater-se à posição do Conselho, que dispõe de força executória e concebe a ingerência de maneira mais ampla, de todo maleável às circunstâncias objetivas.

O Conselho de Segurança decidirá conforme o grau de interesse que seus membros permanentes tiverem no caso analisado. Deve ser feita nota, entretanto, que a regra da unanimidade que resulta no poder de veto, levará, por vezes, à paralisia em casos nos quais o coletivo efetivamente poderia intervir. Por esta razão foi possível a intervenção do CS nas questões marginais das relações internacionais até o final da década de 80. O desaparecimento da União Soviética e a atuação mais moderada da China deverão reduzir ou descartar as situações de bloqueio, do que a Guerra do Golfo pode ser um bom exemplo.

Inobstante, a negativa da organização internacional em intervir não impede que países tomem medidas unilaterais, obviamente quando dispõe de poder para impô-las. É o caso do combate ao terrorismo, sob a forma de medidas que atingem Irã e Líbia, reiteradamente rejeitadas pelos organismos multilaterais, que inspiraram recentemente a Lei D'Amato-Kennedy.

4. SOBERANIA, AUTODETERMINAÇÃO E INGERÊNCIA

O princípio da auto-determinação dos povos é freqüentemente apresentado como obstáculo da ingerência externa. Ele significa que os povos tem capacidade de auto-organizar-se, basta que manifestem este desejo através de plebiscito.

Surgiu como elemento que embasou juridicamente o processo de independência das colônias européias situadas na África. Portanto, é um princípio basilar do movimento de descolonização,

—— 32 ——

detentor de uma origem geográfica e histórica bem definida. Torna-se problemático invocar este princípio para um contexto de países com a independência política consolidada. Caso contrário, a ordem interna não estaria garantida sob o regime representativo, como por exemplo nos casos dos Bascos na Espanha e os Córsegos na França.

O que é um povo? Modernamente, este princípio seria o precioso alimento para os separatismos e os afãs nacionalistas. Quem seriam os interessados na hora de votar no plebiscito?

De outra parte, a soberania nacional é o mais forte argumento a opôr-se em tese e na prática à paulatina definição de um direito ou um dever de ingerência. Ora, ao analisar o elenco de formas assumidas pela ingerência, viu-se que a soberania está muito mais próxima do mito do que da realidade. O viver em sociedade impõe continuamente que se sofra ou se exerça a ingerência.

Todo o conceito de soberania que não compreender esta realidade, será insuficiente para explicar o Estado contemporâneo e servirá como instrumento para toda sorte de manipulações internas[20].

A força da qual dispõe um Estado é que vai definir sua posição relativamente à ingerência. Por esta razão é que se tenciona codificá-la, a fim de resguardar os interesses dos mais fracos, prevendo situações e atribuindo-lhes conseqüências também previsíveis. No estágio em que se encontra a organização internacional, além da existência de contraditórios textos, alarga-se o divórcio entre os compromissos formais e a realidade.

Não se pode negar que, entre os opositores a tal regulamentação, encontram-se tanto os candidatos a ditadores, que refutam todo tipo de controle, inclusive quanto aos direitos humanos, como setores progressistas que vêem na ingerência externa uma ameaça de imposição completa de um sistema perverso, de padronização da cultura e de fenecimento absoluto de uma possibilidade de insurreição.

A experiência histórica demonstra que a falta de critérios, a flexibilidade das interpretações, tem levado efetivamente à ingerência indiscriminada do forte sobre o fraco. Este argumento serve mais à codificação do que a sua recusa. Portanto, é paradoxal a atuação dos progressistas neste campo. Ao mesmo tempo em que refutam a ingerência, são os primeiros a utilizar as instituições

---

[20] Consultar a inovadora percepção do conceito de soberania in VENTURA, D.F.L., *A ordem jurídica do Mercosul*, Livraria do Advogado, Porto Alegre 1996.

—— 33 ——

internacionais para influir nas questões internas, como é o caso dos Relatórios de direitos humanos e sobre as minorias, as questões ambientais e indígenas.

Eles mesmos demonstram que o exterior não é um ente unívoco, homogêneo, que possa ser temido ou desejado como um todo. A reiterada oposição à ingerência externa, ao insistir na negação do cotidiano, desgasta o postulado do controle e reforça a discricionariedade dos mais fortes. É necessário controlar, regrar e construir uma espécie de ingerência assentada na solidariedade, como forma de combate ao egoísmo e à indiferença que se instalam mortalmente no cenário internacional deste fim de século.

5. REFERÊNCIAS BIBLIOGRÁFICAS

BETTS, Richard K. *The Delusion of Impartial Intervention*. Foreign Affairs, Nova Iorque: Council on Foreign Relations, Vol. 3, Nº 6, novembro-dezembro/1994, p. 20-33.

BERTRAND, Maurice. *Refaire l'ONU!* Un programme pour la paix. Genève: Zoé, 1986, 126p.

CORTEN, Olivier; KLEIN, Pierre. *Droit d'ingerence ou obligation de reaction?* Bruxelas: Bruylant/Université de Bruxelles, 1992, 283p.

DALLARI, Dalmo de Abreu. *O Haiti e o direito de ingerência. Folha de S. Paulo.* São Paulo, 17 de setembro de 1994, p. 1-3.

DAUDET, Yves (org.). *Aspects du système des Nations Unies dans le cadre de l'idée d'un nouvel ordre mondial.* Paris: Pedone, 1992, 203p.

_____. *Les Nations Unies et la restauration de l'État.* Paris: Pedone, 1995, 190p.

GELB, Leslie H. *Quelling the Teacup Wars.* Foreign Affairs, Nova Iorque: Council on Foreign Relations, Vol. 3, Nº 6, novembro-dezembro/1994, p. 2-5.

KALPYRIS, Eugenios; VORK, Richardt; NAPOLITANO, Antonio. *Les sanctions des Nations Unies dans le conflit de l'ex-Yougoslavie.* La coopération OSCE/Union européenne. Bruxelas: Bruylant ; Paris : Librairie Générale de Droit et de Jurisprudence , 1995, 185p.

KOHUT, Andrew; TOTH, Robert C. *Arms and the People.* Foreign Affairs, Nova Iorque: Council on Foreign Relations, Vol. 3, Nº 6, novembro-dezembro/1994, p.47-61.

MORAIS, Jose Luis Bolzan de. *Soberania, direitos humanos e ingerência : problemas fundamentais da ordem contemporânea. O Mercosul em movimento.* Porto Alegre: Livraria do Advogado, 1995, p. 130-150.

MUÑOZ, Heraldo. *A ação coletiva pelo direito à democracia nas Américas. Política Externa,* São Paulo: Paz e Terra/USP, Vol. 3, N. 4, março-maio/1995.

NOEL, Jacques. *Le principe de non-intervention: Théorie et pratique dans les relations inter-américaines.* Bruxelas: Bruylant/Université de Bruxelles, 1981, 241p.

PECOURT, Enrique. *La soberanía de los Estados ante la organización de las Naciones Unidas.* Barcelona: Sagitario, 1962, 275p.

PELLET, Alain. *Droit d'ingérence ou devoir d'assistance humanitaire?* Paris: La documentation Française, 1995, 133p.

RUSSBACH, Olivier. *ONU contre ONU. Le droit international confisqué.* Paris: La Découverte, 1994, 310p.

SEITENFUS, Ricardo. *A soberania dos ditadores. Folha de S. Paulo.* São Paulo, 17 de setembro de 1994, p. 1-3.

_____. *Haiti, a soberania dos ditadores.* Porto Alegre: SóLivros, 1994, 137p.

_____. *O Itamaraty e o dever de ingerência. Folha de S. Paulo.* São Paulo, 13 de setembro de 1991, p. 1-3.

SMITH, Tony. *In defense of intervention. Foreign Affairs,* Nova Iorque: Council on Foreign Relations, Vol. 3, Nº 6, novembro-dezembro/1994, p. 34-46.

TOURNAYE, Cécile. *Kelsen et la sécurité collective.* Paris: Librairie Générale de Droit et de Jurisprudence, 1995,121p.

VALANCE, Georges. *Les maîtres du monde. Allemagne, États-Unis, Japon.* Paris: Flammarion,1992, 295p.

As crises do Estado contemporâneo

JOSÉ LUIS BOLZAN DE MORAES

Professor e Diretor da Faculdade de Direito da UFSM, doutor em Direito
do Estado pela Universidade Federal de Santa Catarina, pesquisador do
CERTE/Faculté de Droit/Université de Montpellier I e do
TRANSCRIAR/CCS/UFSC.

SUMÁRIO: 1. Introdução; 2. Crise conceitual; 2.1. A questão
da soberania; 2.2. A questão dos direitos humanos; 3. Crise
estrutural; 3.1. O Welfare state; 3.2. As crises de um modelo;
4. Notas finais.

1. INTRODUÇÃO

Pensar o Estado hoje, significa raciocinar acerca de suas crises.

No transcurso de sua história, o Estado Moderno, erigido como tal a partir do século XVI, viu-se envolto em um largo processo de consolidação e transformações, passando contemporâneamente por uma longa crise. Ou melhor, por várias crises.

Para pensá-las, impõe-se propor para o debate duas grandes versões. A primeira delas diria respeito à crise que atinge as suas características conceituais básicas, em particular a idéia de soberania. A outra atingiria não a idéia mesma de Estado, mas uma de suas materializações, o Welfare state, ou Estado do Bem-Estar Social.

Aquela poderia ser discutida sob duas variantes: uma, pelo surgimento de pretensões universais da humanidade, referidas pela emergência dos direitos humanos; outra, pela superação da supremacia da ordem estatal por outros loci de poder, tais como as organizações supranacionais e, particularmente, pela ordem econômica privada ou pública.

A segunda, diria respeito à evolução do modelo de Estado do Bem-Estar Social e as barreiras que enfrenta para a sua permanência. Os entraves que aqui se colocam são de três ordens distintas: fiscal-financeiro, ideológico e filosófico. Neste ponto emerge como contraponto o projeto neoliberal que busca nas insuficiências do État-Providence um retorno a um modelo reduzido de ordem estatal;

São a estas duas grandes vertentes que pretendemos dirigir nossa atenção neste trabalho. Para tanto, nos ocuparemos primeiramente daquilo que nominaremos *crise conceitual* para, depois, atentarmos para sua *crise estrutural*.

2. CRISE CONCEITUAL

Neste momento, nossa problemática aponta para o questionamento da inflexão sofrida pelo Estado no que tange às suas características fundamentais, particularmente a idéia de soberania e, ao lado, o problema dos direitos humanos.

2.1. A questão da soberania

A idéia de soberania, antiga conhecida dos lidadores no campo da teoria do Estado, é um conceito que emerge e se consagra já nos anos 1500. De lá para cá o tema tem sofrido transformações significativas, especialmente no que tange ao seu conteúdo, para adaptar-se às novas circunstâncias históricas impostas pelas mutações por que passaram os Estados, bem como pelos novos laços que os unem nas relações interestatais.

Tendo emergido como uma característica fundamental do Estado Moderno, a soberania é tratada teoricamente por primeira vez em *Les Six Livres de la République* de Jean Bodin, no ano de 1576. Antes disso, a construção deste conceito vem se formando, embora não apareça, ainda, permeada pela idéia que lhe será fundante, como poder supremo, o que irá acontecer já no final da Idade Média, quando a supremacia da monarquia já não encontra poder paralelo que lhe faça sombra - o rei tornara-se, então, detentor de uma vontade incontrastada em face de outros poderes, ou melhor, de outros poderosos, e. g., os barões ou os senhores feudais nos limites de sua propriedades. Ou seja, deixa de existir uma concorrência entre poderes distintos, e ocorre uma conjugação dos mesmos em mãos da monarquia, do rei, do soberano.

O poder que se conjuga neste momento reflete a idéia de sua absolutização e perpetuidade. Absoluto, pois não sofre limitações sequer quanto à sua duração, por isso também perpétuo. Resta, apenas, adstrito às leis divinas e naturais.

Com Rousseau, a soberania sai das mãos do monarca e sua titularidade é consubstanciada no povo, tendo como limitação, apesar de seu caráter absoluto, o conteúdo do contrato originário do Estado. É esta convenção que estabelece o aspecto racional do poder soberano. A *vontade geral* incorpora um conteúdo de moralidade ao mesmo.

Todavia, o desenvolvimento histórico do conceito de soberania prossegue, atribuindo-se-a à burguesia, à nação para, já no século XIX, aparecer como emanação do poder político. Posteriormente, será o próprio Estado, como personalidade jurídica, quem deterá a titularidade da mesma, acrescentando-a como uma de suas peculiaridades.

Assim, a soberania caracteriza-se, historicamente, como um poder que é juridicamente incontrastável, pelo qual se tem a capacidade de definir e decidir acerca do conteúdo e aplicação das normas, impondo-as coercitivamente dentro de um determinado espaço geográfico, bem como fazer frente a eventuais injunções externas. Ela é, assim, tradicionalmente tida como una, indivisível, inalienável e imprescritível.

Por outro lado, o que nos importa aqui é salientar a transformação que vai se operar no conteúdo mesmo do poder soberano que, nascido e criado sob a égide de poder supremo em sua relação com as demais forças, aparece no campo das relações internacionais, ao lado de seus homólogos, como colocado no mesmo plano horizontal e a eles igualado nas suas relações. Entretanto, a imbricação dos poderes soberanos na ordem internacional implica uma revisão em muitos dos seus postulados, favorecendo uma revisão de seu conceito mais tradicional como poder superior. Considere-se, por óbvio, que aqui não referiremos o problema relativo aos chamados micro-Estados.

Muito embora a soberania permaneça adstrita à idéia de insubmissão, independência e de poder supremo juridicamente organizado, deve-se atentar para as novas realidades que impõem à mesma uma série de matizes, transformando-a por vezes.

Falar em soberania, nos dias que correm, como um poder irrestrito, muito embora seus limites jurídicos, parece mais um saudosismo do que uma avaliação lúcida dos vínculos que a circunscrevem. Destes, muito já se falou de seus parâmetros democráticos que implicam um efetivo controle conteudístico de sua atuação. Ora, se o Estado caracteriza-se por uma organização democrática, é evidente que a sua atuação fica vinculada inexoravelmente ao conteúdo mesmo da democracia e a tudo o mais que isto implica relativamente a controles públicos, limites procedimentais, garantias cidadãs, etc.

Mas, ao lado de tais circunscrições, outras assumem relevância. Neste viés pode-se apontar, além dos vínculos criados pelo Estado Constitucional, a crise do Estado Moderno em apresentar-se como *centro único e autônomo de poder, sujeito exclusivo da política, único protagonista na arena internacional*[1].

O que se percebe neste movimento é que, ao lado do aprofundamento democrático das sociedades, o que ocasionou um descompasso entre a pretensão de um poder unitário e o caráter plural das mesmas, ocorre uma dispersão nos centros de poder. Pode-se vislumbrar como que uma atitude centrífuga, de dispersão dos "loci" de atuação política na sociedade, seja no âmbito interior, seja no exterior.

No plano internacional, em especial, observa-se fenômeno semelhante relacionado ao caráter de independência dos Estados soberanos, como capacidade de autodeterminação. A interdependência que se estabelece contemporaneamente entre os Estados aponta para um cada vez maior atrelamento entre as idéias de soberania e de cooperação jurídica, econômica e social, o que afeta drasticamente a pretensão à autonomia[2]. Por mais que se argumente no sentido de que esta colaboração só é possível em razão da própria soberania, a qual permitiria a um Estado vincular-se a outro(s) em questões que lhe interessem ou para fazer frente a situações paradigmáticas, o que se observa na prática é a revisão radical dos postulados centrais da mesma.

As chamadas *comunidades supranacionais* - Comunidade Econômica Européia/CEE/União Européia, NAFTA, MERCOSUL, etc. - particularmente a primeira, impuseram uma nova lógica às relações internacionais e, conseqüentemente atingiram profundamente as pretensões de uma soberania descolada de qualquer vín-

---

[1] BOBBIO, Norberto et all. *Dicionário de Política*. 2ª ed. Brasília: UnB. 1986. Verbete SOBERANIA, em especial pp. 1187-1188.

[2] O termo autonomia não está utilizado, aqui, no seu contraste à soberania, como capacidade que têm os entes federados de um determinado País de se auto-organizarem, mas como seu sinônimo.

culo ou limitação. O que se percebe, aqui, é uma radical transformação nos poderes dos Estados membros, especialmente no que se refere a tarifas alfandegárias, aplicação de normas jurídicas de direito internacional sujeitas à apreciação de Cortes de Justiça supranacionais, emissão de moeda, alianças militares, acordos comerciais, etc[3].

Sob o aspecto das organizações econômicas não se pode olvidar o papel jogado pelas chamadas empresas transnacionais que, exatamente por não terem nenhum vínculo com algum Estado em particular e, mais ainda, por disporem de um poder de decisão, em especial financeiro, que pode afetar profundamente a situação de muitos países, especialmente aqueles débeis economicamente, adquirem um papel fundamental na ordem internacional e, em especial, impõem atitudes que não podem ser contrastadas sob o argumento da soberania estatal. Deve-se ter presente que, como diz Renato Janine Ribeiro, *o sério crescimento do poder econômico, a ponto de escapar ao controle dos governos nacionais e até de órgãos multinacionais, como a União Européia,* esvazia de poder as autoridades eleitas, deixando-as mesmo sem comporem um Poder de Estado. Não há mais a quem se queixar. Diz ele ainda: *o poder efetivo está tão confiscado por esses circuitos mais ou menos anônimos, quase inidentificáveis de poder financeiro, que a autonomia do Estado praticamente se desfez e, com ela, as instâncias de atendimento a agravos*[4].

Outro agente fundamental neste processo de transformação - de eclipse, para alguns - da noção de soberania são as Organizações Não-Governamentais (ONGs). Estas entidades, que podem ser enquadradas em um espaço intermediário entre o público, representado pelos organismos internacionais, e o privado, representado pelas empresas transnacionais, atuam em setores variados, tais como: ecologia(Greenpeace), direitos humanos(Anistia Internacional), saúde(Médicos Sem Fronteiras), etc. O papel das mesmas vem se aprofundando, sendo, nos dias que correm, muitas vezes imprescindíveis para que certos Estados tenham acesso a

---

[3] Neste ponto poder-se-ia levantar a questão de até que ponto a emergência e consolidação destas novas realidades não significam também uma radical transformação na idéia mesma de Estado Nacional. Todavia, tal debate fugiria aos propósitos deste estudo. Deve-se, contudo, lembrar que situações importantes surgiram, apontando para tal problemática: veja-se, e.g., a chamada "guerra do camembert", na qual os produtores de tal tipo de queijo na França colocaram em debate a construção da unidade européia face à imposição de que o mesmo fosse elaborado a partir de leite pasteurizado, o que acabaria com uma tradição francesa de fazê-lo com leite cru.

[4] Ver, deste autor, *Um Adeus à Democracia*, Folha de S. Paulo, 15.10.95, p. 5-3.

programas internacionais de ajuda, possam ser admitidos em determinados acontecimentos da ordem internacional, etc. Tais vínculos, incongruentes com a idéia de poder soberano, são uma realidade da contemporaneidade onde os relatórios destas entidades podem significar reconhecimento ou repúdio a nível internacional, com reflexos inexoráveis na ordem interna de tais países, em especial naqueles que dependem da "ajuda" econômica internacional[5].

Voltando-se ao âmbito do próprio Estado, deve-se referir que a emergência e consolidação de novas relações sociais, tendo como protagonistas sujeitos outros que não os indivíduos isolados, implicaram um açambarcamento por tais atores de funções tradicionalmente públicas. Assim, os sindicatos e as organizações empresariais, além de outros movimentos sociais, passaram a patrocinar determinadas atividades e produzir certas decisões que caracteristicamente se incluiriam no rol do poder soberano do Estado.

Ainda, deve-se referir a transformação mesma do Estado como outro aspecto relevante a considerar. A passagem do modelo de estado mínimo ao feitio liberal clássico para o tipo de Estado de Bem-estar Social impõe a reconsideração do fenômeno da soberania. Enquanto o modelo liberal incorporava uma idéia de soberania como poder incontrastável, próprio a uma sociedade de "indivíduos livres e iguais" para os quais importava apenas o papel de garantidor da paz social atribuído ao Estado, o modelo de *Welfare state* adjudica a idéia de uma comunidade solidária onde ao poder público cabe a tarefa de produzir a incorporação dos grupos sociais aos benefícios da sociedade contemporânea. Nesta função de *patrocínio da igualdade* transfere-se ao Estado um novo atributo que contrasta com este poder ordenador, qual seja a *solidariedade*. O caráter solidário do poder estatal, para muitos, substitui a sua característica soberana para incorporá-lo na batalha cotidiana de superação das desigualdades e de promoção do bem-estar social, percebido como um benefício compartilhado pela humanidade toda[6].

Não se olvide, por fim, o papel marcantemente interventivo assumido por alguns organismos internacionais que acabam por respaldar, sob as alegações as mais variadas, ações contraditórias

---

[5] No momento em que a Polícia Federal brasileira expulsou do País ativistas do Greenpeace muitos salientaram as repercussões internacionais desta atitude.

[6] Esta idéia se fará presente novamente quando nos debruçarmos na problemática dos direitos humanos.

—— 42 ——

às possibilidades de atuação desvinculada dos Estados, o que tanto pode gerar situações de interferência direta[7], como também tomada de atitudes por organismos públicos dos Estados centrais que afetam direta ou indiretamente interesses de algum(ns) país(es)[8].

Efetivamente, o quadro esboçado impõe que repensemos o caráter soberano atribuído ao Estado contemporâneo. Percebe-se, já, que não se trata mais da constituição de uma ordem todo-poderosa, absoluta. Parece, indubitavelmente, que se caminha para o seu esmaecimento e/ou transformação como elemento caracterizador do poderio estatal. A nível das relações externas, mais visivelmente, percebe-se a construção de uma ordem de compromisso(s) e não de soberania(s)[9], muito embora, para alguns, a possibilidade de construir aqueles esteja assentada nesta.

2.2. A questão dos direitos humanos

Perseguindo um outro viés analítico, devemos privilegiar neste estudo o aspecto relativo aos direitos humanos que, por sua importância merece tratamento apartado. São, os direitos humanos, a nosso ver, um dos aspectos fundamentais para que entendamos privilegiadamente o quadro das relações internacionais contemporâneas, em especial no que diz respeito ao problema da soberania.

Parece-nos fundamental a compreensão não só do estabelecimento mas, em especial, do *conteúdo* dos ditos direitos fundamentais, assim como do processo de transformação por que passam com a emergência de novas realidades.

---

[7] Por evidente que possa parecer a necessidade de se pôr fim a certas situações paroxísticas no contexto internacional, não se pode negar a contradição que tal atitude implica com respeito à idéia mesma de soberania. Pense-se, e.g., na Guerra do Golfo, na Ex-Iugoslávia, Panamá e, recentemente, no Haiti, evidentemente que todos eles dentro de suas especificidades.

[8] No caso brasileiro há um exemplo característico. Um relatório do Departamento de Trabalho do governo norte-americano, dando conta da utilização de trabalho de crianças em determinado ramo industrial no Brasil, gerou uma política de boicote à importação de calçados, o que afetaria drasticamente o faturamento não só de empresas exportadoras como do próprio Estado através do recuo das tarifas de exportação e nas entradas de divisas internacionais.

[9] Parece que o maior risco que se pode correr nesta trajetória é que alguns Estados permaneçam soberanos, enquanto outros fiquem sujeitos a tal poderio. Ou seja, que a cooperação nada mais seja do que a imposição do mais - único - forte. Parece ser este o papel pretendido pelos EUA, ou seja, guardião militarizado de uma certa (a sua) ordem.

Neste sentido, é mister que tracemos breves considerações a respeito do tema, na tentativa de lograr o estabelecimento de uma compreensão mínima acerca do papel reservado aos direitos humanos.

Para tanto, é preciso que se tenha desde logo a aceitação de que os direitos humanos, como tais, não formam um conjunto de regras cujo conteúdo possa ser adquirido e construído de uma vez por todas. Não são direitos elaborados a partir da compreensão do que seja uma dada "natureza" inerente à pessoa humana, como fora pensado em determinados momentos históricos - veja-se o caso de John Locke, para quem, com o desvelamento do conteúdo desta "natureza" seria viável a elaboração dos próprios direitos humanos[10]. O que se deve ter como assente, portanto, é o caráter fundamentalmente circunstancial, o que não significa necessariamente efêmero, destes. Em razão mesmo deste caráter de historicidade que deve ser posto sob evidência no trato dos direitos humanos observa-se a total inadequação da tentativa de se estabelecer qualquer sentido de absolutização na definição dos mesmos.

Tal assertiva pode ser corroborada inapelavelmente pela transformação que se percebe nos próprios direitos fundamentais desde a sua formulação mais festejada no transcurso do século XVIII. Percebe-se neste percurso a transposição dos chamados direitos de primeira geração (direitos da liberdade), circunscritos às liberdades negativas como oposição à atuação estatal, para os de segunda geração (direitos sociais, culturais e econômicos), vinculados à positividade da ação estatal e preocupados com a questão da igualdade, aparecem como pretensão a uma atuação corretiva por parte dos Estados e, posteriormente, os de terceira geração que se afastam consideravelmente dos anteriores por incorporarem, agora sim, um conteúdo de universalidade não como projeção mas como compactuação, comunhão, como direitos de solidariedade, vinculados ao desenvolvimento, à paz internacional, ao meio-ambiente saudável, à comunicação. Fala-se, já, de uma quarta geração de direitos que incorporariam novas realidades, tais como aquelas afetas às conseqüências, e.g., da pesquisa genética.

Tal "evolução" na construção dos direitos humanos não deixa dúvida quanto ao seu caráter de historicidade. Como diz N. Bobbio, ...*os direitos não nascem todos de uma vez. Nascem quando devem ou podem nascer. Nascem quando o aumento do poder do homem sobre*

---

[10] No caso de Locke, o que se percebe é que a "natureza" humana à qual estão vinculados os direitos humanos é aquela própria de um determinado segmento da sociedade, qual seja a burguesia.

— 44 —

o homem - ... - ou cria novas ameaças à liberdade do indivíduo, ou permite novos remédios para as suas indigências...[11].

Por outro lado, é preciso que, para além da aceitação desse aspecto mutante imposto aos ditos direitos inalienáveis, agregue-se ao nosso estudo a perspectiva de que a transformação histórica não significou apenas a incorporação de outros direitos aos já consagrados. A inovação repercutiu também, profundamente, em um aspecto que poderíamos nominar temporariamente de *abrangência*. Senão vejamos: embora sempre presente a universalidade, os direitos humanos foram primeiramente aqueles pertencentes a certas parcelas da humanidade mas, mais do que isto, representavam acima de tudo direitos individuais, ou seja, direitos incorporados ao patrimônio singular de cada indivíduo, malgrado o acesso possível de todos. A construção de novos direitos humanos, frutos de uma sociedade que se expandia economicamente e que produzia novos carecimentos, distintos dos anteriores, implicou na elaboração de direitos que não mais seriam apropriáveis individualmente mas, cuja dimensão se espraiaria para agrupamentos inteiros de indivíduos que se reúnem sob determinada situação que lhes é comum - os direitos de segunda e terceira gerações referem a idéia de um compartilhamento de situações.

Quando adentramos nos chamados direitos humanos de terceira geração somos tomados pela percepção de que estamos diante, efetivamente, de uma nova realidade para os direitos fundamentais que, neste momento, se apresentam como detentores de uma "universalidade comunitária" no sentido de que o seu objeto diz respeito a pretensões que atingem inevitavelmente a comunidade humana como um todo. Não se trata mais de fazer frente ao arbítrio do Estado relativamente a determinados indivíduos, nem mesmo de demandar a solução/garantia de certas pretensões/benefícios a grupos determinados de pessoas. Trata-se, isto sim, de fomentar o caráter solidário do homem, fazendo-o compreender uma espécie de destino comum que o prende aos demais. A violação não se estabelece mais na relação do indivíduo com o Estado, sequer a pretensão se dirige a um Estado. Ambas refletem como que uma co-responsabilidade pela qualidade e continuidade da vida humana. A garantia ou a violação afetam a todos inexoravelmente.

Como se vê, há uma realidade mutante nos direitos humanos que implica na passagem das *liberdades* para os *poderes* e, por ora,

---

[11] Ver do autor: *A Era dos Direitos*. Rio de Janeiro: Campus, 1992. p. 6.

para *solidariedades*, sem que isto signifique que a emergência de uma nova geração imponha o desaparecimento, ou mesmo o enfraquecimento, da anterior. Cada uma delas dirige-se para circunstâncias que lhes são próprias[12].

3. CRISE ESTRUTURAL

A compreensão das crises que atingem o Estado Contemporâneo, sob a forma de Estado do Bem-Estar, impõe o entendimento prévio acerca do próprio modelo sob análise.

3.1. O Welfare state

A construção de um Estado como *Welfare state* está ligada a um processo histórico que conta já de muitos anos. Pode-se dizer que o mesmo acompanha o desenvolvimento do projeto liberal transformado em Estado do Bem-Estar Social no transcurso das primeiras décadas do século XX.

A história desta passagem, de todos conhecida, vincula-se em especial na luta dos movimentos operários pela conquista de uma regulação para a convencionalmente chamada *questão social*. São os direitos relativos às relações de produção e seus reflexos, como a previdência e assistência sociais, o transporte, a salubridade pública, a moradia, etc., que vão impulsionar a passagem do chamado Estado Mínimo - onde lhe cabia tão só assegurar o não-impedimento do livre desenvolvimento das relações sociais no âmbito do mercado - para o Estado Intervencionista - que passa a assumir tarefas até então próprias à iniciativa privada.

Neste ponto, algumas circunstâncias precisam ser aclaradas: 1)o processo de crescimento do Estado não beneficiou unicamente as classes trabalhadoras com o asseguramento de determinados direitos. A atuação estatal em muitos setores significou também a possibilidade de investimentos em estruturas básicas alavancadoras do processo produtivo industrial - pense-se, aqui, por ex., na construção de usinas hidrelétricas, estradas, financiamentos, etc...; 2)a democratização das relações sociais significou, por outro lado, a abertura de canais que permitiram o crescimento das demandas

---

[12] Não vamos discutir, aqui, o caráter antinômico que podem assumir as gerações entre si. Para tal debate veja-se o texto de N. Bobbio, *Sobre os Fundamentos dos Direitos do Homem*, incluso em *A Era dos Direitos*, pp. 15-24.

por parte da sociedade civil. Este fato será, posteriormente, um dos obstáculos críticos ao próprio desenvolvimento do Estado do Bem-Estar Social se pensarmos que, com o aumento da atividade estatal crescia, também, a sua burocracia, como instrumento de concretização dos serviços e, como sabido, democracia e burocracia andam em caminhos com sentidos opostos[13].

Deve-se salientar, por outro lado, que um aspecto assume grande importância, qual seja, o de que desaparece o caráter assistencial, caritativo da prestação de serviços e estes passam a ser vistos como *direitos* próprios da cidadania.

O modelo constitucional do *Welfare state*, principiou a ser construído com as Constituições Mexicana de 1917 e de Weimar de 1919, contudo, não tem uma aparência uniforme. O conteúdo próprio desta forma estatal se altera, se reconstrói e se adapta a situações diversas. Assim é que não se pode falar em "o" Estado do Bem-Estar dado que sua apresentação, por ex., americana - do Norte, é claro - se diferencia daquela do *État-Providence* francês. Todavia é correto pretender que há um caráter que lhe dá unidade, a intervenção do Estado e a promoção de serviços. Ou seja, o *Welfare state* seria aquele Estado no qual o cidadão, independente de sua situação social, tem direito a ser protegido contra dependências de curta ou longa duração. Seria *o Estado que garante tipos mínimos de renda, alimentação, saúde, habitação, educação, assegurados a todo o cidadão, não como caridade mas como direito político*[14].

Há uma garantia cidadã ao bem-estar pela ação positiva do Estado como afiançador da qualidade de vida do indivíduo.

Todavia, algumas situações históricas produziram um novo conceito. O *Estado Democrático de Direito* emerge como um aprofundamento da fórmula, de um lado, do Estado de Direito e, de outro, do *Welfare state*. Resumidamente pode-se dizer que, ao mesmo tempo em que se tem a permanência em voga da já tradicional questão social, há como quê a sua qualificação pela questão da igualdade. Assim, o conteúdo deste se aprimora e se complexifica, posto que impõe à ordem jurídica e à atividade estatal um conteúdo utópico de transformação do *status quo*. Produz-se, aqui, um pressuposto teleológico cujo sentido deve ser incorporado aos mecanismos próprios ao Estado do Bem-Estar, construídos desde há muito.

---

[13] Pode-se dizer, sinteticamente, que enquanto a democracia tem uma trajetória ascendente, a burocracia faz o seu percurso inversamente, ou seja, descendente. Ver: BOBBIO, Norberto. *O Futuro da Democracia. Uma defesa das regras do jogo*. São Paulo: Paz e Terra. 171 p.

[14] BOBBIO, Norberto et all. *Dicionário de Política*. Verbete Estado do Bem-Estar, am especial, p. 416.

—— 47 ——

E é este o conceito que, vindo estampado no texto constitucional (art. 1º)[15], define os contornos do Estado brasileiro, a partir de 1988, tendo-se presente que o constituinte nacional foi buscá-lo em Constituições produzidas em situações similares à nossa, como é o caso da Constituição Portuguesa pós-Revolução dos Cravos e da Constituição Espanhola seguinte à derrubada do regime franquista, ou seja, documentos legislativos produzidos no interior de processos de redemocratização.

3.2. As crises de um modelo[16]

A história deste projeto não é sem obstáculos. Pelo contrário, a institucionalização deste modelo, seja como aprofundamento do liberalismo, seja como sua reformulação/negação[17], se caracteriza por crises. Crises estas que podem advir da reação de seus opositores ou do seu próprio desenvolvimento contraditório.

Entretanto, é remarcada constantemente uma delas. A *crise financeira* - ou de financiamento - do Estado parece estar por trás de todas, ou da maioria, das críticas que se fazem a ele e das propostas de sua revisão tendentes a um retorno atrás.

Assumo, antecipadamente, parecer-me que estamos diante de um ponto de não-retorno. Não há como pensar-se em uma volta às bases do Estado Mínimo. Este é um caminho fechado. Isto não significa, contudo, que não estejamos sujeitos a ver minguadas algumas de suas características mais marcantes[18] - o que é perceptível nas políticas em voga nos anos 1980, em especial com os governos Reagan e M. Thatcher, mas que, mesmo estes, não alcançaram plenamente a (des)construção da totalidade dos mecanismos de *welfare* produzidos ao longo dos últimos 50 anos, principalmente.

Os problemas de caixa do *Welfare state* já estão presentes na década de 1960, quando os primeiros sinais de que receitas e despesas estão em descompasso, estas superando aquelas, são perce-

---

[15] Art. 1º CFB - A República Federativa do Brasil, formada pela união indissolúvel dos Estados, Municípios e do Distrito Federal, consitui-se em Estado Democrático de Direito...

[16] Sobre este tema, ver: Pierre ROSANVALON, *La Crise de l'Etat Providence*, de 1981 e *La Nouvelle Question Sociale*, de 1995, ambos publicados por Ed. du Seuil.

[17] Há quem proponha a questão de até que ponto se pode maximizar o papel do Estado e continuar-se falando em Estado Liberal. Ou seja: há um momento de ruptura da ordem liberal com o avanço do projeto do bem-estar?

[18] Aqui se poderia inverter a questão e perguntar: até que ponto se pode "enxugar" o *Welfare state* e, assim mesmo continuarmos em sua presença?

bidos. Os anos 1970 irão aprofundá-la, na medida em que o aumento da atividade estatal e a crise econômica mundial, implicam em um acréscimo ainda maior de gastos, o que implicará no crescimento do *déficit* público. Muitas das situações transitórias, para solução das quais o modelo fora elaborado, passaram, dadas as conjunturas internacionais, a ser permanentes - o caso do desemprego nos países centrais exemplifica caracteristicamente este fato.

Para superá-la duas perspectivas são apontadas: aumento na carga fiscal ou redução de custos via diminuição da ação estatal.

Os anos 1980 irão trazer à tona uma nova crise. Será, então, uma crise de legitimação que irá atingi-lo. A dúvida que se estabelece, então, é quanto às formas de organização e gestão próprias ao Estado do Bem-Estar. Ocorre, então, uma *crise ideológica* patrocinada pelo embate antes mencionado entre democratização do acesso e burocratização do atendimento.

Por fim, é ora de atentarmos para um terceiro questionamento. Talvez este seja, mesmo, uma conseqüência do aprofundamento das crises anteriores. A *crise filosófica* atinge exatamente os fundamentos sobre os quais se assenta o modelo do bem-estar. Esta crise aponta para a desagregação da base do Estado do Bem-Estar, calcada na *solidariedade*, impondo um enfraquecimento ainda maior no conteúdo tradicional dos direitos sociais, característicos deste Estado.

4. NOTAS FINAIS

O que se coloca neste momento é o enfrentamento das crises. Por um lado, o projeto neoliberal - particularmente depois de suas experiências americana e inglesa - parece propor-se ao Brasil. Neste sentido, é importante que se observe que o debate proposto pelo mesmo leva em consideração apenas a porção quantificável das mesmas. É a partir de um discurso econômico que se busca alcançar a inviabilidade da permanência de uma ordem - legislativa, não material ou substantiva, tenha-se presente - de bem-estar. Todavia, por outro ângulo, deve-se ter claro que não é suficiente que se discuta a (in)eficiência econômica do modelo, pois ele projeta algo mais do que um arranjo econômico-contábil.

Parece-nos que por trás da moldura do bem-estar vislumbra-se um projeto simbólico de rearranjo das relações intersubjetivas que está calcado não só no consenso democrático mas, também, na idéia de um viver comunitário, onde os interesses que atingem os indivíduos produzem inevitavelmente benefícios ou prejuízos compartilhados.

Por outro lado, devemos estar atentos às transformações conceituais que atingem a compreensão tradicional da idéia de Estado, assentada na compreensão tradicional do mesmo, calcada sobretudo no seu poder incontrastável - a soberania. São várias as implicações emergentes das novas configurações mundiais, seus atores, suas relações, etc.

— 50 —

Quais os fins da integração no MERCOSUL?

PAULO BORBA CASELLA
Doutor em Direito internacional pela Universidade de São Paulo,
Professor da Faculdade de Direito e advogado atuante
na área do Direito internacional.

Considerando o momento atual, vivido pelo MERCOSUL, cabe adequadamente oscilar entre o otimismo e a preocupação; o primeiro pelos resultados alcançados, neste primeiro qüinqüênio de excepcionais avanços e realizações, a segunda pelos rumos a serem imprimidos ao processo, a partir do patamar alcançado. Ao mesmo tempo em que se consolida uma zona de livre comércio e estão lançadas as bases que podem levar à plena configuração de uma união aduaneira, permanece indefinição tanto conceitual como de implementação em setores os mais variados do processo de integração.

Hesita-se com relação aos rumos e medidas a serem adotadas para a consecução desses rumos, também por estarem estes marcados pela indefinição, e não sabendo qual ponto de chegada se quer alcançar é impossível definir rumos. Estamos nos preparando para chegar a um efetivo "mercado comum" e é isso o que se deseja e espera alcançar? Está sendo preparado o caminho para tanto?

Essas indagações são tão incômodas como necessárias, na medida em que todo o futuro e a continuidade do processo de integração, bem encetado e desenvolvido com razoável sucesso até aqui venha a soçobrar no curso dos próximos anos. Por acreditar na integração e perceber quantos podem ser os frutos desta para a sociedade brasileira, no seu todo, parece-me inevitável suscitar debate como esse, cujas respostas permitirão avaliar as perspectivas de evolução e continuidade do processo de integração.

A diferença entre juristas e políticos, partindo do pressuposto de que não entre em discussão a boa-fé no que se está tentando fazer - o que não é preocupação extemporânea, mas nos levaria em direção completamente distinta - estaria nos mecanismos que adotam uns e outros para atuar: os primeiros o direito, os segundos, acordos, composição de forças e interesses. Não há valoração hierárquica, mas mera constatação de diversidade de mecanismos; podendo inclusive ocorrer igualdade de propósitos e objetivos de chegada, por trás da diversidade de caminhos, adotados por uns e outros.

Logicamente um processo de integração econômica, pela multiplicidade e complexidade de suas implicações e conseqüências, por definição, não pode ser unidisciplinar, mas tem de ser enfocado como um todo, e tem sua efetivação passando pelos setores os mais variados. De algum modo, os políticos e diplomatas estão desempenhando o seu papel; as negociações avançam; por consenso ou como for, estão sendo feitos progressos. Mas como estão trabalhando os juristas? Estão desempenhando o seu papel de profissionais do direito? Justamente pode o ordenamento jurídico ser base e ponto de partida para a consolidação do processo de integração.

Permanece a indagação: quem está pensando e administrando o processo de integração como um todo? quem está trabalhando para garantir a estabilidade e continuidade dos resultados que estão sendo alcançados? Como se vai poder dar continuidade ao processo em curso, além e acima das injeções políticas as mais voláteis, positivas enquanto favoráveis, mas tão rápida como imprevisivelmente sujeitas a mutações. De algum modo e em algum momento estas questões terão de ser enfrentadas.

Além e acima de seus fins imediatos, pode a integração ser o ensejo e a ocasião de se repensar o Estado e o direito entre nós, construindo estruturas mais simples, mais pragmáticas, mesmas, menos soberanamente indiferentes aos interesses e necessidades dos cidadãos e dos interesses gerais da sociedade, em favor de visões corporativas e estamentais.

Quanto isso pode ter de ilusório ou de realista, o futuro próximo poderá ir evidenciando. Alguns sinais positivos e favoráveis estão inequivocamente despontando, dentre os quais sem dúvida pode a integração no Cone Sul ser excelente balão de ensaio que nos ensine a pensar e praticar o Estado e o direito de modo menos bairrista e fechado sobre nós mesmos; se conseguirmos consolidar algo economicamente viável e sólido com estes vizinhos do sul do continente, dos quais tantas semelhanças mais nos separam do que unem, podemos esperar que se saiba, a partir desse primeiro círculo concêntrico elevar nossa visão e atuação um pouco mais adiante, em sucessivos círculos de atuação, onde se desenvolva e consolide a presença e atuação internacionais do Brasil, em dimensão muito maior do que foi amadoristicamente ensaiado até aqui.

O ordenamento jurídico brasileiro e a visão do direito, pela enorme maioria dos profissionais da área, ainda se faz totalmente marcada pela miopia do geocentrismo; como tantos outros antes, o Estado brasileiro quer se ver como o centro do Universo, o "império do meio", o *omphalos*, o umbigo do mundo, em torno do qual tudo tem de girar. Ora, se mesmo os grandes impérios, da antiguidade aos tempos modernos, já se afundaram e fracassaram ao tentar manter a ficção de ser o centro do universo como imperativo de atuação política, muito menos pode isso ser pretendido no mundo de hoje e muito menos país até hoje periférico como o nosso. Podemos aprender a enxergar o mundo exterior não como mera projeção de nós mesmos, para fora projetando tanto angústias como as idealizações as mais desvairadas, mas encarando o mundo exterior como realidade inafastável. Tanto em termos psicológicos individuais como em termos sociais e políticos e tão saudável como necessário ter consciência de que existe um mundo exterior, com o qual temos de estar em bons termos para poder viver. Isso não é entreguismo, nem significa moldar-se totalmente pelo mundo exterior, mas significa que para viver e operar é indispensável interagir. E o mecanismo para a integração entre Estados, na falta de autoridade superior institucionalizada é o direito. Ora a política, se dirá. Sim, ambas, conjugadas: a política e a diplomacia, negociando mas o direito consolidando aquisições. Ainda que tratados e acordos internacionais sejam também violados, existe indispensável conteúdo de estabilização, de consolidação de aquisições, por meio da cristalização de entendimentos politicamente alcançados, mediante a sua redução a temo escrito: *verba volant, scripta manent*, diziam os romanos; e do outro lado do mundo, a civilização chinesa nos transmite o respeito pela palavra escrita.

Existe muito a ser feito. Existe muito que já está sendo feito e produzindo resultados, mesmo antes do que seria de se esperar. De algum modo, os esforços para a construção da integração no Cone Sul estão dando resultados e estes estão sendo melhores, mais amplos e mais rápidos do que se teria esperado. Precisamos assegurar a continuidade da trajetória e a manutenção de sua dinâmica política, de modo a assegurar a continuidade dos resultados.

Do ponto de vista de um profissional do direito, enfatizando o conteúdo e a necessidade do direito internacional, o momento atual vivido pelo MERCOSUL nos coloca excelente oportunidade de absorver e consolidar patamar mais elevado de atuação internacional, de vivência do direito e da vida internacional de forma diversa do que foi feito até hoje, de modo incipiente, entre nós. Pode o MERCOSUL nos ensinar a fazer do direito internacional uma realidade e a partir daí podemos avançar nesse sentido, para poder viver de modo mais completo uma suposta vocação e conteúdo internacional.

Justamente como isso há de ser feito, pode ser ilustrado pelo processo de integração, tal como ora se encontra: estamos vendo a viabilidade do esforço encetado e estamos nos deliciando com seus resultados, até aqui alcançados - os custos dessa satisfação também estarão chegando depressa - mas podemos preparar o terreno para viver isso de modo mais completo, mediante a conscientização da necessidade de observância e implementação estrita do conteúdo e objeto de acordos internacionais.

Na medida em que consigamos aceitar a presença e atuação de um tribunal supranacional, gerindo a interpretação e aplicação de normas comuns de aplicação imediata, emanadas de órgãos gestores supranacionais, como intrinsecamente ligados e necessários para a existência e continuidade de um processo de integração estaremos preparando o caminho para transformar o direito internacional em realidade entre nós e não como mero capítulo ou excrescência do direito.

O direito internacional não é mero capítulo, mas configura toda uma concepção do direito e do Estado na ordem internacional, é forma de visualização da atuação do Estado e do ordenamento jurídico interno, além fronteiras, onde tem de haver clara e efetiva subordinação do Estado e do ordenamento jurídico interno não somente às normas de direito internacional convencional, pelas quais o Estado se tenha vinculado livremente, mediante a assinatura de tratados e acordos, mas também às normas de direito internacional geral, o *jus cogens* internacional, nos termos do artigo 53 da Convenção de Viena sobre direitos dos tratados.

Na medida em que processo de integração tal como o ora em curso no contexto do MERCOSUL, além e ao lado de suas exigências internas e estruturais, indispensáveis para a consolidação do processo de integração, nos permitam também aprender e viver e aplicar direito internacional e compatibilizar as exigências também estruturais da convivência e atuação dos ordenamentos jurídicos interno e internacional, nas suas respectivas esferas de "peculiar interesse", estaremos fazendo progressos que vão além do caso concreto, que por si já está sendo um sucesso e uma realização.

Além da supressão de barreiras internas, quer tarifárias como não-tarifárias, a construção da integração nos está ensinando a fazer face às exigências de ordenamento jurídico que por definição não se esgota nem pode ser totalmente controlado pelo Estado: isso me parece tão saudável como necessário. Desse modo, se pode ver no MERCOSUL, além e acima do caso concreto, também a utilidade como escola, como treinamento e aprendizado; estamos, simultaneamente à consolidação da experiência subregional com os vizinhos do Cone Sul preparando o caminho que pode tornar o conhecimento e aplicação do direito internacional uma realidade entre nós, cuja importância e papel sejam realizados na medida adequada, em extensão maior do que foi até hoje alcançado.

Em país onde se legisla com a rapidez e violência como o nosso, o mais das vezes sem nenhuma visão de conjunto ou perspectiva institucional, atropelando-se, no meio do caminho, o pressuposto da estabilidade e confiabilidade do ordenamento jurídico, diante da proliferação de casuísmos, torna-se o direito ciência hermética somente acessível aos iniciados que lhe dedicam preponderantemente se não a totalidade de seus esforços.

Desse pano de fundo destacam-se, por necessidade operacional intrínseca as normas de direito internacional convencional, ou seja o conjunto dos Tratados e Convenções livremente assinados e ratificados pelo Estado brasileiro. Descartando-se com equívoco de raciocínio a tese espúria e míope da revogação de normas de direito internacional convencional por lei interna superveniente, o que tanto legal como logicamente se afigura inaceitável, a estrita observância das normas de direito internacional convencional não são decorrentes de mera *comitas gentium*, mas configuram dever jurídico que obriga os Estados contratantes e podem, se descumpridos, caracterizar ilícito internacional praticado pelo Estado, pondo em jogo a responsabilidade deste.

A partir da aceitação e observância estritas das normas de direito internacional convencional, cujo desligamento somente pode ocorrer pelo mecanismo específico da denúncia de tratado - em paralelo ao que ocorre no direito interno de que o contrato se

—— 55 ——

desfaz pelo distrato - se pode preparar o caminho para a aceitação de patamar mais elevado de compromisso e vinculação com a ordem jurídica internacional, através da aceitação e observância das normas de direito internacional geral, *jus cogens*, independentemente de ratificação por instrumento próprio, tal como convenção ou tratado; é direito por ter o reconhecimento da comunidade internacional de sua juridicidade, é a constatação da *opinio juris sive necessitatis* que leva à consagração da observância e respeito a conteúdos e valores maiores. Desse modo, mesmo independentemente da existência de termos escritos, aceita-se o conteúdo jurídico da norma de direito internacional geral como obrigatório e vinculante, não somente para o Estado, na qualidade de sujeito de direito internacional, mas também criando direitos e obrigações na ordem jurídica interna, colocando termos e conteúdo que obrigam o Estado não somente em relação a seus pares, como também o Estado nas relações de direito interno, com seus cidadãos.

Certamente essa é concepção tanto solidamente arraigada como fundamentada na consciência da juridicidade internacional. Seu reconhecimento formal, sua positivação podem flutuar, mas as bases estão há muito colocadas e configuradas. Desse modo, se pode esperar e prever que a existência e consolidação da experiência de integração no quadrante no MERCOSUL nos prepare o caminho para viver de forma institucionalmente mais efetiva a realidade de ordem jurídica internacional cogente, mesmo que esta não tenha sido precedida de formalização instrumental, através de tratado ou convenção. Desse modo se estará preparando o caminho para situar o Estado brasileiro em bases mais realistas de atuação internacional.

Temos de passar da ilusão de "umbigo do mundo" - deitado eternamente em berço esplendido, em termos psicológicos configura desastroso estado de regressão e incapacidade de fazer face a exigências crescentes e de complexidade sempre maior - para a vivência de centros e esferas de poder e interesse internacionais, onde, na impossibilidade bem como não desejabilidade de nos impormos como potência, devemos nos fazer arautos e protetores de ordenamento internacional, pelo qual nos vinculamos e pelo qual outros Estados também tenha de pautar-se, nas relações com o Brasil.

Além de sua utilidade intrínseca e utilização como mecanismo de projeção internacional e busca de inserção mais competitiva, o projeto MERCOSUL pode servir também para nos ensinar a

—— 56 ——

viver e praticar direito internacional. Talvez esse anseio leve algum tempo para ser alcançado, talvez não estejamos prontos ainda para fazer face a isso, mas estamos podendo preparar o caminho para poder alcançar algo melhor e mais completo em futuro não muito distante. Se e em que medida isso vai poder ser alcançado ainda permanece em aberto, mas pode ser mais do que mero subproduto interessante e benfazejo de processo que, não obstante lacunas de implementação e falhas conceituais, vem dando excelentes resultados em pouco tempo, muito mais e além do que até recentemente se poderia ter esperado.

Direito internacional convencional, entre nós, não é novidade, mas tem permanecido excessivamente circunscrito, como espécie de oásis de estabilidade e previsibilidade, exceto quando minado por injunções internacionais desfavoráveis. No entanto tal aparente simplicidade não pode negligenciar exigências e contornos setoriais, em vista de sua condição específica: trata-se de direito interno, norma vigente, que, como tal deve ser interpretada e aplicada, com conseqüências diretas e inafastáveis, nas suas hipóteses de incidência na ordem interna, mas constituem simultaneamente, tratados e convenções internacionais celebradas pelo Brasil com outros Estados, criando direitos e obrigações entre sujeitos de direito internacional, no que diz respeito ao conteúdo de referidos tratados e convenções.

As normas de direito internacional convencional cristalizam, no ordenamento jurídico pátrio, a expressão mais concreta do ramo da ciência jurídica denominado direito internacional ou direito internacional público. Por meio e através destas são ordenadas e reguladas as matérias as mais variadas, que possam ser objeto de um tratado ou convenção. Ou seja, trata-se de direito internacional quanto à forma e modo de positivação da norma, mas seu conteúdo, ao lado de direito internacional propriamente dito, pode se estender a praticamente todos os ramos do direito, da proteção ao meio ambiente ao direito internacional tributário, da cooperação jurisdicional em matéria civil, processual ou penal ao reconhecimento de sociedades comerciais ou de julgamentos e documentos oriundos de jurisdição ou Estado estrangeiro, entre a República Federativa do Brasil e seus co-contratantes estrangeiros, conforme estipule cada texto convencional. Ao mesmo tempo, como norma interna vigente, em cada um dos ordenamentos jurídicos dos Estados contratantes, criam-se, através destes tratados e convenções, direitos e obrigações para as Administrações fiscais e operadores privados, sejam estes pessoas físicas ou jurídicas, sobre cujas atividades possam incidir as normas decorrentes de tais tratados e convenções. Assim fica expressa a inarredável interligação entre os aspectos de direito internacional e os aspectos de direito interno nas normas de direito internacional convencional.

Falar em direito internacional convencional ou direito internacional geral não coloca mera oscilação dos elementos que compõem a denominação, mas justamente ilustra, duas vertentes e concepções distintas da expressão da juridicidade internacional, vinculada a primeira a conteúdo e forma específicos, enquanto decorre a segunda de percepção mais ampla, conceitualmente arraigada como valor e conteúdos a serem preservados, independentemente da existência de instrumento de positivação.

Em lugar de estender doutas - e, provavelmente, estéreis - considerações a respeito de qual deva ser o elemento preponderante, pode-se ter presente tanto o fenômeno do surgimento como do desenvolvimento da noção de um direito internacional geral de caráter cogente e seus desdobramentos - como reflete o já referido dispositivo da Convenção de Viena sobre direito dos tratados.

Fenômeno cujo reconhecimento é relativamente recente, o direito internacional geral pode mesmo revogar norma expressa, contida em tratado internacional, desde que configure a violação de norma de caráter cogente de direito internacional geral.

Não é preciso longa digressão para captar a dimensão do fenômeno e a revolucionária mudança de atitude dos países que passam a celebrar e adotar tal conceito, conforme estipula a Convenção de Viena sobre direito dos tratados. Com destaque, a soberania dos Estados se manifesta de modo particularmente vigoroso, no campo jurídico, como expressão da prerrogativa do Estado de impor padrões de comportamento aos seus nacionais. Sem prejuízo de concepção estritamente positivista do direito internacional, os Estados, visando a melhor proteção de seus interesses, aceitam limitação voluntária de sua capacidade de legislar seus sujeitos, em troca da segurança, ainda que seja esta relativa, dirão vertentes críticas, resultante da adoção de mecanismos convencionais. Mas, no reconhecimento da existência e necessidade de observância de normas imperativas de direito internacional geral, o Estado não está assegurando nenhuma reciprocidade ou vantagem direta.

Em lugar de permanecermos em dilema insolúvel, trata-se de adotar solução pragmaticamente responsável, optando por formulação neutra que assegure a maior eficiência possível ao enfoque: são as normas imperativas de direito internacional geral, nos termos do artigo 53 da Convenção de Viena, "norma aceita e reconhecida pela comunidade internacional dos Estados no seu conjunto, como norma da qual nenhuma derrogação é permitida e que só pode ser modificada por nova norma de direito internacional geral da mesma natureza", independentemente de qualquer mecanismo de celebração, ratificação, entrada em vigor e inserção na ordem jurídica interna, como ademais, quaisquer tratados ou convenções.

As normas de direito internacional geral, por seu conteúdo, são normas de direito, cuja interpretação e aplicação deve reger-se segundo as normas e princípios gerais da hermenêutica jurídica, sem prejuízo de normas setoriais específicas, de direito interno. Seu reconhecimento e observância não decorrem de norma positiva, quer internacional ou interna, mas diretamente da consciência de estarem refletindo a *opinio juris sive necessitatis* da juridicidade intrínseca daquele conteúdo ou regulação.

Sem retomar correntes nem escolas de direito internacional, em formulação sintética, as normas de direito internacional geral tratam de matéria comportando valor a ser preservado, independentemente da ocorrência ou não de positivação do conteúdo. Ou seja, ante a impossibilidade de conter todos os elementos do direito nos limites de ordenamento jurídico positivo, seja este internacional ou interno, coloca-se a imperativa necessidade de ordenar a proteção de tais valores e conteúdos, mesmo ante a inocorrência de leis aplicáveis.

Aspecto relevante, ainda incipientemente considerado entre nós, é a inserção das normas de direito internacional geral no direito brasileiro: diversamente das normas de direito internacional convencional cuja incidência e aplicação, em diversos setores, até hoje permanecem sendo objetos de debate, tanto na jurisprudência como na doutrina, a respeito da natureza jurídica e posição hierárquica da norma internacional em relação ao direito interno superveniente, seja este de nível constitucional ou ingra-constitucional - somente em matéria de direitos humanos e em matéria tributária a controvérsia fica superada, em virtude de dispositivo constitucional, no primeiro caso e previsão expressa do Código tributário nacional, no segundo caso, cf. art. 98 do CTN, estipulando expressamente: "Os tratados e as convenções internacionais revogam ou modificam a legislação tributária interna, e serão observados pela que lhes sobrevenha".

Quão desejável e quanto seria útil contar com dispositivo equivalente, de alcance geral, inserido da Constituição da República, dirimindo as controvérsias em torno das relações entre a lei interna e a lei internacional, para o conjunto do direito brasileiro, não somente em relação a normas de direito internacional convencional mas sobretudo em relação a normas de direito internacional geral, é desnecessário repetir. Mas, ante tal inocorrência, permanece a necessidade de determinar parâmetros, sejam estes jurisprudenciais como doutrinários, ou congregando elementos de ambos, em razão da ausência de dispositivo legal expresso a respeito.

As normas de direito internacional convencional como as normas imperativas de direito internacional geral tem de ser situadas no contexto internacional presente, onde se fazem mais freqüentes e complexas as relações entre Estados, ou entre Estados e organizações internacionais, bem como entre Estados e entidades não-estatais, configurando relações comerciais transnacionais ou multinacionais, onde não possam ser aplicados, como tais, ordenamentos jurídicos nacionais, sob pena de colocar obstáculo significativo ao comércio e ao fluxo internacional de agentes e fatores de produção econômica, de mercadorias a investimentos.

A existência concomitante e a diversidade de mecanismos de atuação de normas de direito internacional convencional e normas imperativas de direito internacional geral não pode ser negligenciada, sob pena de acarretar a perda da visão do conjunto e dos princípios norteadores do sistema jurídico, no seu todo, quer interno ou internacional.

Em lugar de nos atermos somente à questão das relações entre normas internas e normas internacionais, pode-se colocar proposta mais abrangente e mais ambiciosa, no sentido de conceber sistema novo de direito internacional positivo, em relação ao direito brasileiro, abrangendo tanto as normas de direito internacional convencional como as normas imperativas de direito internacional geral, e regulando as relações destas com as normas de direito interno de maneira mais simples, mais transparente, mais ágil, mais consentâneo com a complexidade, o ritmo e o volume de relações jurídicas inter- ou transnacionais, de Estados engajados em níveis crescentes de integração, inseridos em contexto de relações internacionais em constante evolução.

A ocorrência de processos de integração econômica, sejam estes mais ou menos bem sucedidos, sejam distintos os modelos adotados, no continente europeu como nas Américas, tornando, mais e mais, necessário conceber e aplicar sistemas jurídicos que levem em conta não somente os reflexos internos, mas atentem,

—— 60 ——

igualmente, para a indispensável componente inter- ou transnacional.

Além ou ao lado de estrita coincidência entre soberania legal e soberania política, o contexto mundial exige reformulação de conceitos tradicionais para permitir seu ajuste e adequação a novas exigências e necessidades, tendendo a exigir em ainda maior medida, mecanismos para assegurar a validade e estrita observância da norma internacional, seja esta norma de direito internacional convencional ou norma imperativa de direito internacional geral, sem prejuízo da edificação de ordenamentos jurídicos supranacionais autônomos, em áreas onde mais e melhor se desenvolveram esforços visando a consolidação de espaços econômicos integrados, nas matérias relevantes para a consolidação de tais processos e espaços.

Os prazos mínimos dos contratos de arrendamento e parceria rural no MERCOSUL

José Fernando Lutz Coelho

Advogado e Professor da Faculdade de Direito da
Universidade Federal de Santa Maria.

SUMÁRIO: 1. Introdução; 2. No Brasil; 3. No Uruguai; 4. Na Argentina; 5. No Paraguai; 6. Conclusão; 7. Referências bibliográficas.

1. INTRODUÇÃO

Os contratos agrários nominados, de arrendamento e parceria rural que relacionam-se ao exercício da atividade de exploração agrícola, pecuária, agroindustrial, extrativa ou mista, no que diz respeito à legislação dos quatro países que integram o Mercado Comum do Sul, apresentam aspectos semelhantes e posicionamentos discrepantes, quanto aos textos legais que disciplinam os prazos mínimos de duração dos contratos.

É importante ressaltar, que torna indispensável o objetivo de buscarem-se elementos capazes de obterem uma harmonização das legislação dos quatro países (Brasil, Uruguai, Argentina e Paraguai), que compõem o MERCOSUL, embora se conheça os sistemas próprios e peculiares, dificultando o ordenamento em virtude do complexo e extenso conteúdo da matéria agrária.

Embora muitos entendam como tarefa "das mais delicadas", e consoante entendimento de L. Lima Stefanini, em seu artigo de doutrina, na Revista de Direito Civil, nº 21, quando trata do Sistema Unitário de "Direito Agrário" na América Latina, que aduz: "Todavia, perquirir e buscar uma sistemática, ou uma sistematização unitária do Direito Agrário na ou para a América Latina é transpor-se um (mar das tormentas) e perder-se no oceano das elucubrações voláteis, inconsequentes e irreais, sem nenhuma pertinência com a objetividade das emanações do Direito Agrário presentes no Terceiro Mundo".

Não pensamos assim, quando nos voltamos para a realidade do MERCOSUL, pois é transparente o estágio de desenvolvimento do direito agrarista dos países componentes, com a composição de elementos técnico-jurídicos que proporcionam uma autonomia do Direito Agrário, fenômeno que pelos seus institutos básicos objetivam um conjunto harmônico de princípios e diretrizes, dentre os principais, elevamos a função social da propriedade, característica irrefutável que encontra-se como fundamento basilar das legislações, para o uso da terra de forma racional e adequada, patrimônio dos maiores, onde observam-se as regras de uma justa relação do homem-terra-comunidade.

2. NO BRASIL

No direito pátrio, o legislador brasileiro fixou para os contratos agrários de arrendamento e parceria, prazos mínimos com o intuito de evitar o mau uso da terra, proporcionando ao arrendatário ou parceiro-outorgado maior espaço de tempo, evitando que o tempo exíguo do prazo estabelecido, venha a ensejar ao usuário um proveito irregular, no sentido de desgatar a terra, não obedecendo a capacidade produtiva, vindo a desgastá-lá no curto período eventualmente pactuado.

Os prazos mínimos para os contratos de arrendamento rural, que dependem da modalidade de exploração, estão fixados no art. 13, inciso II, letra a, do Dec. nº 59.566/66, que são assim disciplinados:

a) três anos nos casos em que ocorra atividade de exploração de lavoura temporária (arroz, feijão, milho, trigo etc.) e ou de pecuária de pequeno (apicultura, avicultura, psicultura etc.) e médio porte (suino, ovino e caprino), ou em todos os casos de parceria.

b) cinco anos nos casos de arrendamento em que ocorra atividade de exploração de lavoura permanente (café, cacau, frutas cítricas etc.) e ou de pecuária de grande porte (gado vacum, equino, bufalino etc.) para cria, recria, engorda ou extração de matérias-primas de origem animal.

c) sete anos nos casos em que ocorra atividade de exploração florestal, em atividade relacionadas ao plantio de florestas, tais como o eucalipto, a cerejeira, o pinus e outras formas de vegetação, que estão amparadas pela preservação dos recursos naturais, nos termos do Estatuto da Terra, Lei nº 4.504/64, e Código Florestal, Lei nº 4.771/65,

É de ressaltar, que no art. 95, II, do Estatuto da Terra, prevê como princípio, a presunção do prazo mínimo de três anos para os contratos de arrendamento ajustados por tempo indeterminado, dispondo no mesmo sentido o art. 21 do regulamento (Dec. nº 59.566/66), em que deve-se estender as parcerias rurais, bem como aos contratos agrários que não forem convencionado prazo.

Ainda como característica que beneficia os contratos de arrendamento e parceria, no tocante a agricultura, é de que terminarão sempre depois de ultimada a colheita, inclusive de plantas forrageiras temporárias cultiváveis, considerando-se também, prorrogados os contratos em caso de retardamento da colheita por motivo de força maior, consoante expressamente dispõe o art. 95, I, da Lei nº 4.504/64 e art. 21 do regulamento. Para os fins de pecuária, os contratos de arrendamento e parceria, terminarão os prazos após a parição dos rebanhos ou depois da safra de animais de abate.

Sendo assim, os prazos mínimos são fixados para uma exploração mais eficiente da agricultura e pecuária, no dizer de Pinto Ferreira, Curso de Direito Agrário, Saraiva, pág. 243, um sistema normativo tendo em vista amparar sobretudo os arrendatários e os parceiros-outorgados, ou como Paulo Torminn Borges, Institutos Básicos do Direito Agrário, Saraiva, pág. 89, em que o prazo mínimo é estabelecido principalmente para evitar o mau uso da terra, e frisa " E a conservação da capacida produtiva da terra interessa ao presente e ao futuro, para ambos os tempos estando voltadas as regras protetivas da lei.".

3. NO URUGUAI

A legislação uruguaia, que possuiu distintas etapas, desde 1868, a partir de 1920 começa a adotar prazos mínimos para os contratos agrários de arrendamento e parceria rural, sendo que em 1975, através do Dec. Lei 14.384/75 (El decreto-ley 14.384 de 7/75), ampliou os prazos mínimos de duração dos contratos, para *seis* anos, podendo ocorrer a prorrogação por mais *quatro* anos, desde que preenchidos os requisitos enumerados na Lei nº 12.100/54, dentre eles, ter o arrendatário cumprido todas as obrigações legais e contratuais.

Mas surpreendentemente, contra uma tendência de muitas décadas, e até mesmo contra a forma adotada pelo direito comparado, inclusive no tocante dos países do MERCOSUL, por meio da Lei 16.223 de 22 de outubro de 1991, com a justificativa de que ocorrera uma forte retração na oferta de imóveis para arrendamento rural, extinguiu peremptoriamente o sistema que estabelecia os prazos mínimos, proporcionando uma ampla autonomia das partes para estipular os prazos de duração dos contratos, ou seja, a partir da nova lei, encontram-se as partes livres para ajustarem os prazos, sem qualquer necessidade de prenderem-se a prazos mínimos como acontecia até a vigência da "ley 16.233".

No dizer do mestre uruguaio Juan Pablo Saavedra, em Contratos Agrários, da Fundacion de Cultura Universitária, " Tal grado de autonomía introduce una importante variación en lo que era la orientación predominante de nuestro ordenamiento jurídico hasta entonces vigente. La legislación anterior (ley 12.100 y decreto-ley 14.384), por el contrario, presentaba una orientación diametralmente opuesta. Preceptuaba con carácter de derecho necesario, unos determinados plazos mínimos y de prórroga a que estaban sujetos rígidamente y con carácter general, los contratos de arrendamiento y parceria rural".

Como exceção a regra, apenas os contratos agrários que tenham como destinação principal a produção leiteira, deverão respeitar o prazo mínimo de *quatro* anos, conforme dispõe o art. 2º da Lei 16.223, estabelecendo nesse caso, uma importante limitação a liberdade de contratar em matéria de prazos, conforme matéria publicada pela Dra. Rosario Silva Gilli, em artigo compartilhado com o Dr. Alencar Mello Proença da Universidade Católica de Pelotas, na Revista de Derecho Agrario Uruguay, vol 6. pág. 22.

4. NA ARGENTINA

Os prazos mínimos foram primeiramente tratados pela Ley nº 11.170 de 1921, que fixou como prazo mínimo de quatro anos para os contratos de arrendamento e parceria, quando não existisse prazo fixado no contrato, ou o prazo fosse inferior ao determinado pela lei.

A Lei nº 11.627 de 1932, ampliou o prazo mínimo para cinco anos, sendo que a Lei nº 13.246 de 1948, estabeleceu um prazo mínimo obrigatório de cinco anos, com uma prorrogação automática de três anos, atingindo o prazo de oito anos, caso o arrendatário procedesse uma notificação ao arrendador, no prazo de até seis meses que antecedesse o vencimento do contrato.

Atualmente, em razão da Lei nº 22.298 de 09/10/80, dispõe o prazo mínimo de *três* anos para os contratos de arrendamento, considerando-se tal prazo de três anos, mesmo aos contratos ajustados por periodo inferior, a nova lei de 1980, que vige até hoje, também eliminou a hipótese de prorrogação automática do contrato pelo arrendatário.

5. NO PARAGUAI

Os contratos de arrendamento e parceria rural, estão disciplinados pelo Estatuto Agrário, através da Lei nº 854 de 29/03/63, dispondo que todo contrato relacionado com a exploração indireta da terra, será considerado arrendamento, e o trabalho societário como parceria.

Nos ensinamentos do destacado Professor Alencar Mello Proença, organizador das Primeiras Jornadas de Direito Agrário do Cone Sul, realizada nos dias 26 e 27 de maio de 1995, na Universidade Católica de Pelotas, inclusive premiada com a publicação da Revista de Direito Agrário do Cone Sul, Editora Educat, menciona que o Paraguay nada contempla acerca de prazos mínimos, salvo o que dispõe o Código Civil, no artigo 808, letras "a" e "b", significando que se as partes não convencionarem o prazo de duração do contrato, se entenderá como anualmente, salvo se existirem frutos a serem colhidos, quando deverão obedecer o periodo necessário para a colheita.

6. CONCLUSÃO

Portanto, após a forma legal estabelecida pelos países que integram o MERCOSUL, pergunta-se como sistematizar a realidade jurídico-agrária, diante das várias facetas da legislação de cada país ?

No nosso pensar, a sistematização não poderá ser artificial nem defasada, devendo-se arquitetar uma forma compatível em que a propriedade atinja a sua função social, originando uma perfeita relação do homem com a terra, e por efeito em relação a própria comunidade, para a racionalização e adequação qualitativa e quantitativa do uso da terra.

No que tange aos prazos mínimos, como fazem o Brasil e Argentina, e também a Europa moderna, com a prática de contratos com prazos inclusive superiores, esperamos seja contemplado pela legislação uruguaia e paraguaia, pois os prazos mínimos de duração, não apenas protegem a parte débil da relação contratual rural, acima de tudo, permite um periodo mínimo de utilização da terra, de maneira adequada sem desgastá-la, evitando o mau uso da propriedade.

7. REFERÊNCIAS BIBLIOGRÁFICAS

BORGES, Paulo Torminn. *Institutos Básicos do Direito Agrário*, 8ª ed., São Paulo, Saraiva, 1994.

FERREIRA, Pinto. *Curso de Direito Agrário*, São Paulo, Saraiva, 1994.

GILLI, Rosário Silva. *Revista de Derecho Agrario*, Uruguay, FCU, vol. 6, 1994.

L. LIMA Stefanini. *Revista de Direito Civil*, ano 6, nº 21, Ed. RT Revista dos Tribunais.

PROENÇA, Alencar Mello. *Direito Agrário no Cone Sul*, Pelotas, Educat, 1995.

SAAVEDRA, Juan Pablo. *Contratos Agrarios - arrendamientos y aparcerías rurales*, Fundación de Cultura Univesitária, Montevideo, 1994.

Os Estados Unidos e a Guerra dos Farrapos

TEÓFILO OTONI VASCONCELOS TORRONTEGUY

Professor Aposentado da Universidade Federal de Santa Maria, Doutor em História Social pela Universidade de São Paulo e Membro do Instituto Histórico e Geográfico de Santa Maria.

SUMÁRIO: 1. Apresentação; 2. Alguns dados históricos; 3. Comentários

1. APRESENTAÇÃO

Existem obras importantes acerca da presença dos Estados Unidos no Rio Grande do Sul. Sobre a Guerra dos Farrapos (1835-1845) sua principal historiografia registra dados significativos. Na tentativa de resgatar as principais informações, procurou-se desenvolver tal assunto dentro do relacionamento bilateral que existiu entre os Estados Unidos e os farroupilhas.

Muito se explorou o fato do Rio Grande do Sul estar mais próximo dos países platinos do que do Brasil. Isto tanto do ponto de vista geográfico quanto do ponto de vista das idéias. O movimento contra o Império possuiu a motriz republicana. A Argentina e o Uruguai influenciaram líderes sulinos no pensamento político. Encontra-se toda uma discussão a respeito. No entanto, não passaria de mais uma revolução brasileira, dentro do quadro de contradições regenciais, se não houvesse a secessão. O comandante republicano, General Sousa Neto, depois da vitória de Seival, 10 e 11 de setembro de 1836, proclamou a *República Rio-Grandense*. Textos bibliográficos e documentais exploraram, ao máximo, aquele fato. O Rio Grande do Sul era inimigo do Brasil e estava associado aos rivais platinos. Esta visão pode ser vista de outra maneira.

Quando as antigas colônias espanholas e a portuguesa se fizeram independentes, nutriram uma certa esperança de união. Os Estados Unidos forneceram o modelo de libertação e de organização política. A América, como um todo, por vários motivos, não conseguiu unir-se num sentimento pan-americano depois dos movimentos emancipacionistas. Ocorreram esforços, sintetizados por alguns aspectos da Doutrina de Monroe e do pensamento de Bolivar. O Brasil, por sua vez, optou por um atrelamento europeu que o colocou numa redução de dependência.[1]

Os Estados Unidos, preocupados em resolver seus problemas territoriais e comerciais, viam a América Latina como um promissor mercado consumidor e fornecedor. Os países que surgiram com a decadência do império colonial espanhol não tiveram o peso econômico suficiente para organizarem tal união. Por estas razões fracassou, em 1826, o Congresso do Panamá. Todos os países americanos voltaram-se para seus problemas intestinos. Em relação aos vizinhos, iniciou um processo de identificação nacional, contrário à visão colonial européia. Este motivo levou os vizinhos a se desconfiarem mutuamente. A expansão territorial norte-americana, a herança da organização colonial espanhola em vice-reinados e a expansão portuguesa no Prata e na Amazônia deixaram fortes marcas adversas entre os países próximos.

O Brasil organizou seu Estado Nacional diferentemente dos outros países americanos. A ruptura com a metrópole ocorreu como se tivesse havido uma separação interna portuguesa. O governo colonial de Dom Pedro transformou-se em governo nacional brasileiro. A estrutura colonial foi mantida e alicerçada na forte hierarquia lusa, na grande propriedade e na escravidão. No entanto, o principal destaque brasileiro foi a montagem de um Estado dependente da Europa. O fato de manter o regime coroado, a monarquia, é apenas um sinal de que aqueles que fizeram a independência estavam mais preocupados em se aproximarem dos modelos europeus. Inclusive com o estreitamento das relações com a antiga metrópole, Portugal. Mas, o que foi impar, segundo a unanimidade da historiografia, foi o fato do Brasil reconhecer na Inglaterra seu parceiro prioritário, numa clara relação de subserviência.

O governo de D. Pedro I não via com bons olhos a situação interna dos países platinos. Era indisfarçável a arrogância imperial

---

[1] CERVO, Amado Luiz & BUENO, Clodoaldo. *História da Política Exterior do Brasil*. São Paulo, Ática, 1992, p. 23.

em relação às repúblicas daquela região. O medo da "anarquia" republicana e da quebra hierárquica afastaram o Brasil das boas relações com o Prata. O nacionalismo platino, que fervia nas veias dos caudilhos, irritava o governo imperial. Este desejava "criar" um Estado europeu na América, e extinguir, se possível, com o caudilhismo[2]. Em resumo, o governo considerava o Brasil bem diferente dos demais países da América Latina. Em contra-partida, a Argentina, o Uruguai e o Paraguai temiam o Brasil. O braço forte inglês intervencionista e a expansão de interesses brasileiros no Prata justificavam, em parte, aquele temor.

O Brasil só conseguiu aproximar-se, política e comercialmente, dos Estados Unidos quando políticos norte-americanos reconheceram a possibilidade da liderança brasileira junto aos seus vizinhos[3].

A Guerra da Cisplatina e seu epílogo, com a Independência da República Oriental do Uruguai, em 1828, foi a epifania da noção que os sul-rio-grandenses tiveram de sua identidade. Esta identidade ultrapassava os caracteres formais da diferença puramente regional, como a indumentária, o regionalismo lingüístico e outros costumes. Penetrou na forte tomada de conta da singularidade cultural frente às demais populações brasileiras. O mesmo ocorreu em relação aos vizinhos argentinos e uruguaios. O surgimento da noção de nação sul-rio-grandense, ou gaúcha brasileira, foi a síntese telúrica, não só das diferenças sócio-culturais, mas de um justificado complexo de abandono.

O imperador usou do Rio Grande do Sul em suas aventuras no Prata. Tropas de peões-soldados, tropas de gado e o fisco da Província foram sacrificados. Nada foi devolvido, não houve nenhuma indenização. Como se isto não bastasse, restou o gosto amargo da derrota de Ituzaingó, ou Batalha do Passo do Rosário, onde um oficial português, Barbacena, mal conduziu as tropas brasileiras que encheram de vergonha a cavalaria gaúcha. O ódio aos portugueses, que já existia, aumentou. D. Pedro I, português, travestido de verde-amarelo, não ganhou a confiança dos sulinos. Ele, a monarquia, representavam uma só lembrança, a época colonial. Portanto, significavam o velho e o opressor[4].

---

[2] RODRIGUES, José Honório e SEITENFUS, Ricardo Antônio Silva. *Uma História Diplomárica do Brasil (1531-1945)*, Rio de Janeiro, Civilização Brasileira, 1995, p. 63.

[3] Idem, p. 66.

[4] TORRONTEGUY, Teófilo Otoni Vasconcelos. *As Origens da Pobreza no Rio Grande do Sul.* Porto Alegre, IEL/Mercado Aberto, 1994, p. 102-103.

As idéias republicanas fervilhavam junto aos políticos sulinos. A possibilidade idealizada de uma federação republicana fascinava os líderes sul-rio-grandenses. O contrabando, as ligações familiares e militares facilitaram a entrada das idéias republicanas do Prata, em direção ao Rio Grande do Sul.

Intelectuais visitantes, um ramo da maçonaria e comerciantes estrangeiros, principalmente norte-americanos, igualmente aumentavam as informações sobre a República. O fato principal de tudo isto era que a monarquia era estrangeira, européia, colonialista; enquanto que a república representava a verdadeira nacionalidade. Vale lembrar que o Brasil, quando de sua Independência, possuia todas as condições para liderar uma federação ou confederação de antigas colônias portuguesas, incluindo, é claro as africanas. Todavia, Dom Pedro não quis aproximar-se da África. Ele julgava que ela não poderia se europeizar; e, tampouco, seria imperador de "escravos". Além disto, ele não queria trair seu país de origem e facilitar o bom entendimento com a Inglaterra. O Atlântico, abaixo do equador, era um "mare nostrum" português, passou a ser inglês e jamais poderia ser brasileiro. Na época, todos os opositores do imperador sabiam disto.

O Rio Grande do Sul, além de não ser indenizado, pela sua participação nas lutas de fronteira, foi penalizado: A - Postos de comando militar e civil foram entregues a oficiais portugueses ou autoridades ligadas a eles. B - Os cofres da Província foram esvaziados a títulos de "empréstimos" que nunca foram pagos; o dinheiro foi socorrer outras Províncias como São Paulo e Santa Catarina. C - O Rio Grande do Sul representava a "barbárie", sob o ponto de vista do Rio de Janeiro, por isto foi colocado sob suspeição. A Monarquia decretou a Lei Marcial na Província pelo medo da revolta, da sociedade com os demais povos platinos e, também, para diminuir a influência das "novas idéias": a propaganda republicana.

Autoridades monárquicas mantiveram a retórica da superioridade. Seu discurso era a favor da ordem e os gaúchos eram bandidos, desordeiros e nada produziam; enquanto que as demais populações eram sossegadas, ordeiras e produtoras[5].

O contrabando e as visitas comerciais de navios levaram os sulinos a entrarem em contato com norte-americanos. As novidades dos produtos, a exportação do charque, do sebo e de pelos foi

---

[5] TORRONTEGUY, Teófilo Otoni Vasconcelos. A Assembléia Legislativa Provincial de São Paulo e a Guerra dos Farrapos. *Palaión*. Santa Maria, UFSM, 1992, pg. 64-65.

intensificada. Junto deste relacionamento comercial vieram, também, as idéias políticas. Idéias estas que aproximavam-se mais com as da Argentina e Uruguai do que as do Brasil.

As causas da Guerra dos Farrapos não repousam somente na "revolta econômica" contra o Império Brasileiro. Porém, contra a subserviência do Império às influências inglesas e portuguesas. Os documentos confirmam que os farroupilhas foram nacionalistas; em momento algum tentaram associar-se a qualquer país estrangeiro.

Todas as relações com os estrangeiros foram para manter a luta. Os farroupilhas necessitavam de produtos. O único porto marítimo do Rio Grande do Sul, Rio Grande, estava nas mãos dos imperiais. Portanto, o porto mais próximo era o de Montevidéu. A rota contrabandista foi intensificada com a participação, também, de norte-americanos, franceses e italianos.

2. ALGUNS DADOS HISTÓRICOS

Antes da abertura dos portos brasileiros para o comércio internacional, em 1808, e o posterior Tratado com a Inglaterra de 1810, os Estados Unidos já interessavam-se por produtos sul-rio-grandenses. O contrabando pelo Prata teve, no final do século XVIII, a sua participação junto com outros países.

Os dados econômicos oficiais de importações e exportações da Capitania de São Pedro do Rio Grande do Sul, de 1810, registram, em Cruzados que, enquanto importou 1.018:996$270 exportou 970:895$560. Este desequilíbrio foi fruto da queda do monopólio português. Pois, dados oficiais do final do século XVIII mostram o contrário. As exportações irão superar as importações, a partir de 1815.

O volume comercial possui apenas registros oficiais. Não se tem, com precisão, dados econômicos do tráfico ilegal das mercadorias. Alguns dados poder-se-ão encontrar nos registros alfandegários do Porto de Montevidéu. Para isto é importante procurar o acervo do Archivo General de La Nación de Montevidéu.

Em 1810, os Estados Unidos importaram do Rio Grande do Sul mercadorias no valor de 5:930$000, enquanto, no mesmo ano, exportaram apenas 1:807$200. Relação comercial favorável à Capitania sulina[6]. Os principais produtos sul-rio-grandenses que che-

---

[6] SANTOS, Corcino Medeiros dos. *Economia e Sociedade do Rio Grande do Sul - Século XVIII.* São Paulo, Nacional, 1984, p.133.

—— 73 ——

gavam na América do Norte eram: charque, sebo, graxa e couro. Em contra-partida os norte-americanos traficavam escravos e vendiam trigo, sal e algodão, principalmente.

Em relação à economia brasileira, depois de 1816, o comércio com os Estados Unidos representava o terceiro maior volume. A independência do Brasil e suas consequentes lutas, principalmente no nordeste, fez com que mercenários lutassem no movimento. Soldados e oficiais ingleses, franceses e norte-americanos engajaram-se pela autonomia. Aos Estados Unidos interessava a nossa independência. Enfraqueceria a influência européia na América e manteria o promissor comércio com o Brasil. Aos ingleses, também, interessava a nossa independência; porém, eles não viam com bons olhos a penetração norte-americana no comércio brasileiro. Como os Estados Unidos participavam intensamente no tráfico de escravos para o Brasil, como a escravidão não correspondia ao projeto de expansão de mercado consumidor, a Inglaterra procurou, por todos os meios, proibir tal tráfico. Com o tempo os Estados Unidos foram diversificando as mercadorias. Em 1821, no porto do Rio de Janeiro, atracaram 54 navios norte-americanos contra 194 ingleses. Vinte anos depois, no mesmo porto, estavam empate. O comércio entre o Brasil e os Estados Unidos, desde a abertura dos portos teve crescimento ascendente.

A medida que foi enfraquecendo a produção de trigo no Rio Grande do Sul, foi aumentando a entrada do trigo norte-americano. Esta processo acelerou-se a partir de 1820. O trigo estrangeiro era mais barato. O nacional não pode concorrer com os Estados Unidos. Em 1820, e por mais dois anos, pragas e problemas metereológicos arruinaram boa parte da produção tritícola gaúcha.

O trigo representou, entre 1820 e 1850, 70% a 75% das importações brasileiras dos Estados Unidos[7]. Só para o Rio Grande do Sul vieram 9.000 barrís de trigo no primeiro semestre de 1834. Os norte-americanos compensaram, com isto, a compra volumosa de couro, sebo, charque e pelos. Chegaram até exportar um maior volume do que importar do Rio Grande do Sul.

Os Estados Unidos, por muitos anos, praticaram o comércio triangular com o Rio Grande do Sul. Navios saíam de Boston, Nova Iorque, Baltimore e Alexandria carregados de aguardente e panos. Dirigiam-se para Ilhas do Cabo Verde e lá vendiam seus produtos por um preço elevado. Além do dinheiro, carregavam

---

[7] LEITMAN, Spencer Lewis. *Raízes Sócio-Econômicas da Guerra dos Farrapos*. Rio de Janeiro, Graal, 1979, p. 86.

seus porões de sal. Chegavam no Rio Grande do Sul, Rio Grande, ou em Montevidéu, e entendiam-se com os grandes consumidores do sal, que eram os charqueadores e os comerciantes de couro. Tudo isto era feito sem o contato com outros portos brasileiros. Havia uma preferência em os sulinos realizarem o comércio com os norte-americanos[8].

O enfraquecimento da pecuária gaúcha refletiu no comércio com os Estados Unidos. A Guerra da Cisplatina desvastou os campos; a concorrência com os "saladeros" argentinos e as chuvas intermitentes que provocaram cheias, com perda de rebanhos, foram os principais motivos da diminuição do tráfico do sal. Mas ele não parou, continuou, junto com o tráfico de escravos e a venda do trigo.

Por estas razões, quando iniciou a Guerra dos Farrapos, em 1835, os Estados Unidos estavam procurando compensar aquelas perdas comerciais com a exportação de outros produtos. Os comerciantes, produtores de couro e charqueadores eram simpáticos ao comércio com os Estados Unidos. A flexibilidade, a praticidade e a agilidade ganharam o mercado consumidor sulino. Além do fortalecimento de muitas amizades que tiveram origem no comércio. A simpatia ia aumentando à medida que as idéias republicanos avançavam no Rio Grande do Sul. A Constituição, a economia e o sistema político norte-americano eram debatidos pelos farroupilhas em sua propaganda pelos jornais[9].

A elite econômica sul-rio-grandense era politicamente esclarecida e sabia das vantagens do sistema federativo norte-americano. Ela também valorizava sobremaneira, a noção de cidadão, exportada pelos norte-americanos. A camada patrimonial sulina conhecia os poderosos do antigo Vice-Reinado Espanhol do Prata. Eles eram arrogantes e a todo momento lembravam que eram fidalgos espanhóis[10]. Os portugueses, de certa maneira, possuíam igualmente o costume de se impor pela origem. Depois da tomada completa das Missões (1801) e da vinda das Cortes portuguesas para o Brasil (1808), o Rio Grande do Sul foi visitado por nobres portugueses. Muitos deles, militares, serviram em Rio Grande, Porto Alegre, Rio Pardo e Viamão. Dentre eles alguns receberam sesmarias de terras pelos serviços prestados. Era comum se levar

---

[8] idem,pgs. 99-100.

[9] FLORES, Moacyr. *Modelo Político dos Farrapos*. 2a. Ed. Porto Alegre, Mercado Aberto, 1982, pgs. 31-32.

[10] VELLINHO, Moysés. *O Rio Grande e o Prata: Contrastes*. Porto Alegre, IEL, 1962, pgs. 20-21.

em conta a ascendência nobre, principalemente com a manutenção da monarquia, após a independência do Brasil. O discurso norte-americano era que lá, o importante era o que a pessoa fazia, e não quem ela era.

As camadas proprietárias que sustentaram a guerra iriam, mais tarde, entrar em contradição. Sustentaram a federação, mas só em relação ao Brasil, pois internamente, no território da República Rio-Grandense, puzeram em prática o unitarismo, enquanto a noção norte-americana de cidadão serviu apenas como propaganda. Os grandes proprietários farroupilhas mantiveram as distâncias sociais e econômicas entre as diversas camadas sociais das populações. Exemplos gritantes foram a escravidão e o aumento da grande propriedade.

Durante toda a Guerra dos Farrapos (1835-1845) cidadãos norte-americanos foram considerados suspeitos pelas autoridades do Império Brasileiro. Suas ligações com os farroupilhas eram insofismáveis. O vice-cônsul norte-americano de Porto Alegre, Isaac Austin Hayes, ostensivamente auxiliou os republicanos. Ele e outros seus patrícios mantiveram estreitos contatos com os principais chefes farroupilhas. Ele acabou sendo preso pelos legalistas e enviado para o Rio de Janeiro.

O comércio entre o Rio Grande do Sul e os Estados Unidos era tão forte, que a partir de 1830 o governo norte-americano criou, em Porto Alegre, sua representação para facilitar o relacionamento comercial com o sul do Brasil. Ela ficou em Porto Alegre até 1840 quando foi transferida para a cidade de Rio Grande.

Quando José Garibaldi, em 1837, chegou no sul, veio no veleiro "Mazzini" com alguns tripulantes norte-americanos. De Montevidéu, dirigiu-se para a estância do Brejo em Camaquã, de propriedade de familiares de Bento Gonçalves. Lá estava John Griggs e outros norte-americanos. Eles estavam construindo dois lanchões.

..."Fora inicialmente encarregado da superintendência desses serviços John Griggs, curiosa figura de norte-americano, apelidado pelos mais íntimos, pela sua fina constituição e grande estatura, de "João Grande". Alexandre Dumas, que redigiu as "Memórias" de Garibaldi diz que ele "era nascido de família rica, e tinha vindo oferecer seu ouro, sua inteligência e seu sangue à república nascente, dando-lhe tudo quanto havia oferecido. Um dia chegou uma carta dum dos seus parentes da América do Norte, convidando-o a ir receber uma enorme herança. Mas Griggs já havia recebido a mais bela herança que se pode dar aum homem de convicção e fé - a coroa do martírio"[11].

Garibaldi pode transportar os lanchões da Laguna dos Patos até o Oceano Atlântico com a ajuda de experientes marinheiros norte-americanos. Com a concorrência de Davi Canabarro, Garibaldi instalou a República Juliana em Laguna, Santa Catarina, em 1839. Esta nova República, associada à República Rio-Grandense, durou pouco. Caiu nas mãos imperiais a 15.11.1839. Neste dia muitos republicanos farroupilhas tombaram sob o fogo intenso da artilharia dos navios do Marechal Mariath. Entre os heróis republicanos mortos estava John Griggs. Ele morreu lutando no tombadilho do "Caçapava", pequeno navio que comandava. Como "Manfred", personagem de Byron, buscou romanticamente desfiar o destino. Griggs não foi homem das letras; porém, não teve menos brilho e idealismo do que o poeta.

Muitos norte-americanos sustentaram o tráfico de armas para os farroupilhas, a partir de Montevidéu. Tropas de gado de corte, cavalos e móveis eram outros produtos traficados a partir da Banda Oriental.

Em 1840 o governo da República Rio-Grandense entrou em contato com o representante norte-amaricano no Império Brasileiro, Willian Hunter. O motivo era o reconhecimento internacional da nova república. O representante de Bento Gonçalves não teve sucesso. Os Estados Unidos estavam tendo enormes lucros com o comércio com o Brasil, incluindo o Rio Grande do Sul. Caso reconhecesse a autonomia do sul, perderia, com certeza a grossa fatia do comércio com os portos do Rio de Janeiro, Salvador e Santos. Hunter procurou manter apenas relações comerciais[12].

No entanto, o governo norte-americano sabia da íntima relação existente entre cidadãos dos Estados Unidos e os sul-rio-grandenses. Desde os tempos de crises, que antecederam a Guerra dos Farrapos, os norte-americanos participaram da propaganda da república. A maçonaria do Rio Grande do Sul mantia laços estreitos com a maçonaria de Filadélfia. Muitos escritos maçônicos e obras políticas dos Estados Unidos eram amplamente difundidas entre as elites sulinas. Emblemas e bandeira da República Rio-Grandense, de forte significação maçônica, tiveram a participação de maçons italianos e norte-americanos. O lenço farroupilha, com o emblema republicano, foi impresso nos Estados Unidos.

[11] FAGUNDES, Morivalde Calvet. *História da Revolução Farroupilha*. Caxias do Sul/Porto Alegre, EDUCS/EST/MARTINS, 1984, p. 237.

[12] FLORES, M. Op. Cit., p. 94.

Outra presença norte-americana, naqueles tempos de crises, foi registrada na falsificação de moedas brasileiras. Elas foram, em grande quantidades, falsificadas, nos Estados Unidos. Vários motivos existiram para isto.

Interessava aos traficantes norte-americanos, a confusão de moedas no Rio Grande do Sul. Atrapalharia, com certeza, o comércio interno e principalmente a fiscalização oficial. Interessava, igualmente, aos farroupilhas que tiraram proveito político com a presença de moedas falsas. Elas provocaram a desconfiança generalizada. O próprio fisco ficou parado. Não sabia se recebia cu não as moedas. O resultado mais imediato foi a desconfiança geral. Tudo isto veio numa época em que estava justamente faltando moedas. O governo brasileiro tinha cunhado moedas insuficientes. Principalmente as moedas de pequeno valor estavam sumicas. O que mais se usava, além das trocas de mercadorias, eram os papéis, as notas-promissórias. Inclusive, elas, na época possuiam boa aceitação. E, para os grandes proprietários e comerciantes endinheirados o uso de moeda estrangeira era comum.

As moedas falsas vinham de Nova Iorque, elas eram fabricadas nas minas de cobre de Nova Jersei. Há indícios de que as encomendas, pelo menos algumas, foram feitas por sul-rio-grandenses. Fato este que aumenta a desconfiança de uma relação entre as moedas falsas e a propaganda farroupilha. A verdade é que entre 1830 e 1834 era difícil encontrar um navio norte-americano sem portar moedas falsas brasileiras. Houve um fato de um navio, em Nova Iorque, estar com um grande carregamento daquelas moedas. As autoridades norte-americanas, "sem saber o que fazer", as embarcaram em outro navio que tinha como destino o Brasil[13]. As autoridades brasileiras foram avisadas, e parte do carregamento foi apreendido. Este estado de desconfiança com as moedas circulantes gerou dificuldades para o pequeno e médio proprietário e comerciante. Isto provocou revolta contra o fisco e as autoridades imperiais no Rio Grande do Sul. Era justamente o que os republicanos desejavam.

Os Estados Unidos nunca se envolveram tanto com contestadores do Império Brasileiro como se envolveram com os farroupilhas. Outras revoltas existiram no Pará, na Bahia, em São Paulo e Minas, principalmente, e em nenhuma delas se constata a sensível presença norte-americana. Pode-se até afirmar que o interesse que os Estados Unidos tinham pelo Rio Grande do Sul, igualava-se ao interesse que existia em relação à Argentina e ao Uruguai.

---

[13] LEITMAN, Op. Cit., p. 142.

3. COMENTÁRIOS

Quando brasileiros procuraram os Estados Unidos para receberem ajuda contra Portugal, desejavam soldados, armas e dinheiro. Queriam libertar e defender as regiões ricas do Rio de Janeiro, Bahia e Minas Gerais. Regiões como a Capitania do Rio Grande, serviriam apenas como distância saneadora entre os espanhóis e os brasileiros[14]. Assim, também, entenderam os inconfidentes.

Toda a contra-propaganda legalista era de que os farroupilhas eram bárbaros, desordeiros e contra o trabalho ordeiro. Mas a verdade era outra. Os chefes farroupilhas eram ilustrados e mantiveram a ordem das instituições públicas e privadas. Mantiveram a religião oficial, a escravidão , a grande propriedade e as leis costumeiras do Império Brasileiro.

" ...Cette rébellion fut conduite par un groupe de chefs civils e militaires renommés pour leur élévation morale et culturelle."[15]

Os políticos sul-rio-grandenses estavam desconfiados do nacionalismo da monarquia: os acordos com a Inglaterra nos submetendo de forma aviltante, as relações com Portugal, a manutenção de oficiais e autoridades portuguesas em nosso território, foram fatos claros demais que acirraram a revolta contra a monarquia. A república era o contrário das formas antigas coloniais. Os republicanos entenderam que eles eram nacionalistas e os imperiais não. Os fatos favoreciam os farroupilhas.

Enquanto os brasileiros de outras regiões interessavam-se pelos Estados Unidos para um apoio de submissão e associação, os sul-rio-grandenses procuraram os Estados Unidos para se relacionarem de igual para igual. Observa-se que os Estados Unidos, em 1840, quando a República Rio-Grandense solicitou o seu reconhecimento, estavam iniciando, com passos firmes, a sua expansão territorial. A política do "destino manifesto" anexou boa parte do território mexicano, e, depois voltou-se para a América Central e para o Oriente.

E, outro fato, mais interessante ainda: em 1834 o deputado bahiano Ferreira Santos, apresentou projeto propondo que o Brasil se federasse com os Estados Unidos[16]. Diante de tantas demons-

---

[14] Carta de Thomas Jefferson a John Jay (1787), referindo-se à carta do brasileiro José Joaquim de Maia. in CASTRO, Terezinha de. *História Documental do Brasil*. Rio de Janeiro, Record, s.d., pgs. 113-115.

[15] ROCHE, Jean. *L'Administration de La Province du Rio Grande do Sul de 1829 à 1847*. Porto Alegre, URGS, 1961, pg. 28.

[16] FLORES, Op. Cit. p. 79.

trações de inferioridade e servilismo, os sul-rio-grandenses consideravam-se nacionalistas. Inclusive, por terem, no seio da República Rio-Grandense, a convicção de logo derrubar a monarquia no Brasil e tranformá-lo numa federação aos moldes dos Estados Unidos. Os farroupilhas traficaram com os estrangeiros. Inclusive, com os inimigos do Brasil, os argentinos. Mas,as relações não passavam das comerciais e das idéias. Tanto é verdade que, quando Rosas, ditador Argentino, ofereceu homens e armas para a República Rio-Grandense, Davi Canabarro não aceitou alegando o nacionalismo.

Numa forma ascendente as relações comerciais do Rio Grande do Sul com os Estados Unidos foram crescendo. Entre 1828 e 1835 entraram 34 embarcações norte-americanas no Rio Grande do Sul. Era o segundo número perdendo apenas para o número de embarcações brasileiras[17].

Bento Gonçalves da Silva, Davi Canabarro, Domingos de Almeida e outros farroupilhas mantiveram estreitos relacionamentos com cidadãos norte-americanos. Domingos de Almeida, que foi um dos principais administradores da República Rio-Grandense estava sempre em contato com traficantes e mercenários norte-americanos.

Marinheiros como John Griggs e Robert Bisley atuaram de forma determinante na Marinha Farrapa.

A importação e a exportação diminuiu a partir de 1841. Os dados oficiais confirmam isto[18]. Dois fiscos co-existiam: o da República Rio-Grandense e o da Província de São Pedro do Rio Grande do Sul, Unidade territorial e política do Império Brasileiro. Dados sobrepostos confirmam a queda comercial. Todavia, o contrabando acentuou-se e chegou num ponto em que passou a prejudicar tanto aos farroupilhas quanto aos imperiais.

O idealismo republicano era tanto que emissários farroupilhas andaram por todo o Brasil em busca de adeptos. Desejavam os farroupilhas disseminar as idéias de República; derrubar a monarquia e estabelecer uma federação. Quando estourou a Revolta Liberal de São Paulo e Minas, a República Rio-Grandense enviou o Tenente Francisco José Martins. Sua missão era fazer contato com Teófilo Otoni e outros chefes liberais[19]. Os revoltosos mineiros e paulistas foram pessimistas. Assim mesmo, houve uma ten-

---

[17] idem, pg. 96.

[18] LAYTANO, Dante de. *História da República Rio Grandense (1835-1845)*. Porto Alegre, Globo, 1936, p. 170.

[19] FAGUNDES, Op. Cit., p. 369-371.

tativa, por meio de parlamentares paulistas de propor na Assembléia Geral a República. Claro, aos moldes do sistema federativo norte-americano.

Na época o Rio Grande do Sul era a única fronteira cultural no Brasil[20]. Os sulinos formaram-se nas guerras de fronteira. Sempre souberam sobreviver, apesar da segregação sofrida pelo Impé- e pela concorrência platina. Aos portugueses, brasileiros (paulistas, bahianos e cariocas), argentinos e uruguaios, os sulinos conheciam. Estrangeiros como italianos[21] e norte-americanos foram simpáticos. O comércio de produtos e a influência de idéias republicanas formaram a simbiose necessária para o estímulo das ações políticas. Sem dúvida a "Jovem Itália" e o federalismo norte-americano foram as principais raízes do republicanismo sul-rio-grandenses.

Numa fronteira cultural se estabeleceu, em determinada época, uma fronteira política ativa, origens do nosso federalismo.

---

[20] LOVE, Joseph L. *O Regionalismo Gaúcho*. São Paulo, Perspectiva, 1975, p. 13.

[21] LEITMAN, S. L. Revolucionários Italianos no Império do Brasil. in FREITAS, Décio (Orgs.). *A Revolução Farroupilha: História & Interpretação*. Porto Alegre, Mercado Aberto, 1985, pgs. 98-109.

Escravidão e charqueada no Rio Grande do Sul

BERENICE CORSETTI
Professora Assistente da Faculdade de História da
Universidade Federal de Santa Maria.

SUMÁRIO: 1. Introdução; 2. Escravidão e charqueada no Rio Grande do Sul: a problemática fundamental; 3. A mão-de-obra escrava nas charqueadas gaúchas; 4. Considerações finais; 5. Referências bibliográficas.

1. INTRODUÇÃO

O tema aqui abordado é amplo e complexo, devendo estas características ao fato de se inserir numa problemática mais abrangente, ou seja, o processo de desestruturação do escravismo e de transição para o capitalismo, no contexto gaúcho.

Levando em consideração a dimensão deste artigo, de proporções reduzidas, necessitaremos realizar um recorte no objeto de análise, que permita uma visualização razoável dos elementos que integram o problema mais global, mesmo que uma série de considerações relevantes tenham que ser restringidas, pelas razões já apontadas.

A partir dos elementos apresentados a seguir, procuraremos oferecer subsídios pelo menos suficientes para o entendimento da relação entre "Escravidão e Charqueada no Rio Grande do Sul".

2. ESCRAVIDÃO E CHARQUEADA NO RIO GRANDE DO SUL: A PROBLEMÁTICA FUNDAMENTAL

A charqueada escravista gaúcha, no século XIX, no Rio Grande do Sul, desempenhou papel destacado na economia da província. Apesar disso, os estudos que tem sido desenvolvidos a respeito das charqueadas merecem ampliação no tocante aos mecanismos que provocaram a desarticulação deste tipo de empresa que, ao longo de considerável período, representou a principal mola de desenvolvimento econômico gaúcho.

Por outro lado, ha historiografia latino-americana pode-se considerar a existência de uma controvérsia entre autores brasileiros e argentinos, no que tange à concorrência desenvolvida entre a empresa capitalista dos "saladeros" platinos, bem como sobre os resultados dessa competição.

A discussão sobre o assunto parte, em uma de suas vertentes, da idéia de que a concorrência entre as charqueadas e os "saladeros" representava o confronto entre duas formas distintas de produção econômica: uma mais ligada à situação colonial e escravista e outra, mais capitalista.

Além disso, os resultados decorrentes deste processo de confrontação são apresentados de molde a gerar uma controvérsia até hoje não bem esclarecida, ou seja, de um lado colocou-se a idéia de que, dessa concorrência originou-se a ruína das charqueadas gaúcha e, de outro, tem-se o posicionamento de que, pelo contrário, em parte por conseqüência dela, teria ocorrido a decadência dos "saladeros" platinos.

Na historiografia brasileira, a obra que mais se destaca, no que se refere ao estudo das charqueadas no Rio Grande do Sul é o trabalho de Fernando Henrique Cardoso[1]. Seu assunto fundamental é a discussão que desenvolve sobre a formação, as características próprias e a desintegração da sociedade escravocrata do Rio Grande do Sul, vistas a partir da situação social que o negro nela assumia.

O perfil geral de sua interpretação aponta a constituição da sociedade escravocrata gaúcha a partir da tentativa para organizar a produção mercantil capitalista numa área onde havia escassez de mão-de-obra. Desde o início, entretanto, o sistema assim constituído trazia em seu bojo um conjunto de contradições que definiam o travejamento básico de suas possibilidades de existência. A escravidão fôra o recurso escolhido para organizar a produção em larga escala visando mercado e o lucro (formação do sistema capitalista), mas o desenvolvimento pleno do capitalista (a exploração da mais-valia relativa) era, em si mesmo, incompatível com

---

[1] CARDOSO, Fernando Henrique. *Capitalismo e escravidão no Brasil Meridional*; o negro na sociedade escravocrata do Rio Grande do Sul. 2. ed. Rio de Janeiro, Paz e Terra, 1977.

a utilização da mão-de-obra escrava, através da qual não é possível organizar técnica e socialmente a produção para obter a intensificação da mais-valia relativa. Essas contradições se aguçaram e evidenciaram desde o momento em que a produção escravocrata gaúcha entra em relações de competição com a produção assalariada platina, o que acelerou sua desagregação[2].

Mais especificamente, percebe-se que o objetivo do autor é de demonstrar as contradições do que denomina "sistema 'escravocrata-capitalista' de produção" e sua impossibilidade de concorrer com a produção capitalista assalariada (no caso, a dos "saladeros" do Prata).

A conclusão de Fernando Henrique Cardoso, inspirada por Eric Williams, é que o trabalho escravo numa economia capitalista (a escravidão moderna) apresenta-se como uma contradição em si mesmo quando o sistema capitalista em que ele se insere tende ao crescimento. As tensões criadas por esse tipo de organização do trabalho não conduzem à supressão do sistema capitalista, colocando apenas o problema do término da escravidão como requisito para a formação plena do sistema mercantil-industrial capitalista. O desenvolvimento das forças produtivas, nestas condições, coloca a possibilidade de supressão pura e simples do sistema escravista, que passa a apresentar-se como um obstáculo ao desenvolvimento do capitalismo[3].

A argumentação de Cardoso está intimamente vinculada a dois aspectos: a) a demonstração do caráter ruinoso da concorrência desenvolvida pelo charque importado, que era produzido com mão-de-obra assalariada. Os produtores gaúchos produziam um condições econômicas desvantajosas perante os concorrentes platinos; b) a comparação realizada por Louis Couty[4] entre as charqueadas do Rio Grande do Sul e os "saladeros" do Prata, ressaltando os elementos "irracionais" das primeiras.

Daí, segundo Fernando Henrique Cardoso, é possível entender, também, as contradições internas do sistema escravista de produção, bem como os empecilhos que este tipo de organização do trabalho colocava à divisão do trabalho e ao desenvolvimento da técnica de produção e, portanto, à sua própria expansão. Por

---

[2] Idem, Ibidem, p. 36.

[3] Idem, Ibidem, p. 184.

[4] COUTY, Louis. *L'Esclavage au Brésil*. Paris, Librairie de Guillamin, 1881; *Le maté e les conserve de viande. Rapport à son excelence Monsieur le Ministre de l'Agriculture e du Commerce sur la mission dans les Provinces du Paraná, Rio Grande do Sul et les Etats du Sud.* Rio de Janeiro, Typografia Nacional, 1880; *Lé Brésil en 1884.* Rio de Janeiro, Faro & Limo, 1884.

esse motivo, o sistema escravista estava condenado ao fracasso desde o instante em que competia com economias organizadas no trabalho livre.

Na historiografia argentina, encontramos a defesa de idéia oposta. Héctor Perez Brignoli, em sua tese de doutorado, em 1975, afirma que a grande seca que assolou o pampa, de 1830 a 1832, e o bloqueio francês, de 1838 a 1839, provocaram a estagnação da indústria do charque, após a grande expansão dela durante os anos consecutivos a 1820. Por volta de 1840, a concorrência do Sul do Brasil, de um lado, e Santa Fé, Corrientes e Entre Rios, de outro, se fez sentir, posto que os "saladeros" de Buenos Aires não puderam, então, reprisar seu ritmo anterior de atividade. Também, segundo Perez Brignoli, a exportação de lã começa a concorrer com o charque[5].

A clarificação da controvérsia identificada mereceu, de nossa parte, uma investigação aprofundada, que percorreu os diversos aspectos da produção e comercialização do charque no Rio Grande do Sul, no século XIX. Deste trabalho, estamos recuperando apenas alguns elementos e algumas considerações fundamentais que permitam perceber o nosso entendimento sobre a questão proposta neste artigo, alertando para os limites e riscos que decorrem de reduções de tal monta. As considerações que apresentamos estão fundamentadas nos dados empíricos que podem ser encontrados no referido estudo[6].

3. A MÃO-DE-OBRA ESCRAVA NAS CHARQUEADAS GAÚCHAS

A charqueada gaúcha se constitui, no século XIX, numa empresa que produzia os artigos de maior significação para as exportações rio-grandenses. Todavia, o simples fato de atuar transformando matéria-prima pastoril em produto final, o qual era comercializado em mercados externos ao Rio Grande do Sul, não caracteriza a charqueada como empresa capitalista. O elemento definidor do processo produtivo nela desenvolvido como não ca-

---

[5] PÉREZ BRIGNOLI, Héctor. "Agriculture capitaliste et commerce de grains en Argentine (1880-1955)." Tese de Doutorado. Paris, Institut d'Histoire Economique et Sociale, Université de Paris I, Ecole de Hautes Etudes (Vie. Section, 1975, p. 8)

[6] CORSETTI, Berenice. "Estudo da charqueada escravista gaúcha no século XIX." Dissertação de Mestrado, Niterói, Instituto de Ciências Humanas e Filosofia, Universidade federal Fluminense, 1983.

pitalista está representado pela presença de relações de produção escravistas, implicando, tal fato, numa análise da mão-de-obra escrava como elemento fundamental do processo atravessado pelas empresas gaúchas no século XIX.

Assim, entendemos que a problemática da desestruturação da charqueada escravista rio-grandense se insere no contexto mais amplo de transição do escravismo ao capitalismo dependente ou periférico, no Brasil, e também, no Rio Grande do Sul.

A transição ao capitalismo dependente significou, sob o ponto de vista econômico, um "reordenamento" profundo das estruturas de cada nação, visando adaptá-las às necessidades e à visão de mundo dos setores dinâmicos das classes dominantes, bem como no complexo e difícil caminho de estruturar a produção, em larga escala, de determinados produtos de exportação.

Este processo de transição a uma nova ordem colonial, caracterizado por um conjunto de mudanças a nível da economia e da sociedade, necessárias para possibilitar a expansão em grande escala das atividades exportadoras, se completou, em quase todos os países latino-americanos, até fins do século XIX. Marcado pela complexidade e variedade de situações, este período de passagem de uma situação dependente a outra se estende, segundo os casos, ao longo de todo um século.

Nos casos em que os países tenham se caracterizado, durante o período colonial, por uma economia baseada na produção escravista, o problema da abolição, ou seja, a exigência duma mundança radical no mercado de trabalho, definirá as alternativas consideradas como possíveis, para o conjunto maior de modificações necessárias: mercado de terras, de capitais, legislação, etc.[7].

Levando em consideração as tentativas de explicação sobre o caráter "limitado" da transição ao capitalismo no Rio Grande do Sul, no século XIX, apontaremos alguns elementos relativos à questão da mão-de-obra na economia charqueadora.

A escravidão teve uma importância significativa no contexto sulino. E, sem dúvida, foi nas atividades de produção de carne seca que a exploração da mão-de-obra escrava foi mais intensa e regular. Os percentuais elevados de presença do escravo na população gaúcha coincidem com os momentos em que a atividade charqueadora apresentou seu maior desenvolvimento, perdendo a sua representatividade a partir do instante em que a desarticulação da empresa gaúcha começa a se evidenciar.

---

[7] CARDOSO, Ciro F. S. & PERES BRIGNOLI, Héctor. *História econômica da América Latina*. Barcelona, Editorial Crítica, 1978, Tomo 11, p. 94.

Assim, durante toda a primeira metade do século passado, os escravos se constituíram num dos principais produtos de importação do Rio Grande do Sul, apresentando tendência crescente a partir dadécada de 1810, chegando a representar no exercício de 1831/1832, quase 35% do total das importações gaúchas, o que não deixa de ser uma cifra representativa.

A importância econômica dos escravos, para os charqueadores gaúchos, pode ser evidenciada através do investimento por eles realizado na aquisição de mão-de-obra. A partir da observação dos dados dos investários de charquedadores que consultamos, é possível perceber que os escravos, no total das propriedades dos charqueadores, chegaram a apresentar, até o início da década de 1860, valores bastante significativos. Em números relativos, no ano de 1862 é que encontramos a parcela mais elevada da riqueza do charqueador gaúcho expressa no valor dos escravos, ou seja, 34,17%. A partir de então, pode-se verificar que os investimentos realizados na aquisição de mão-de-obra escrava apresentam uma tendência decrescente, o que é compreensível dentro do contexto das dificuldades criadas pela legislação que limitava o acesso à mão-de-obra escrava.

Os inventários dos charqueadores nos permitem, ainda, outras observações. Chama a atenção a concentração mais acentuada de escravos na faixa de vinte e um a quarenta anos e, depois, na de quarenta e um a sessenta anos. As presenças menos numerosas estão representadas nas faixas de um a vinte anos e, sobretudo, na de sessenta e um anos ou mais. Esta situação nos parece um indicador claro da superexploração da força de trabalho, da presença da exigência de sobre-trabalho e da reposição da mão-de-obra por intermédio da aquisição de novas "peças" e não pela própria reprodução desta força de trabalho, caracterizando a subordinação formal do trabalho ao capital, na economia pré-capitalista das charqueadas.

Com relação ao valor médio alcançado ao longo do período especificado, percebe-se que a avaliação dos escravos das décadas de 1820 e 1830 se mantém em níveis baixos. Todavia, na década de 1850, observa-se uma acentuada elevação do valor da mão-de-obra, a qual se mantém em tendência ascensional, com algumas oscilações, até o início da década de setenta, o que se justifica em função da proibição do tráfico de escravos africanos determinada pela Lei de 1850.

Já no final da década de 70 e inícios da década de 80, é perceptível a acentuada queda dos valor dos escravos, fato este compreensível diante do gradativo desprestígio que vinha envolvendo a mão-de-obra servil, do fortalecimento da campanha abolicionista, o que se concretizará no final daquela década.

Outro aspecto que necessita ser examinado é o da organização do trabalho escravo. Certas posições a respeito do assunto definem a escravidão como um obstáculo insuperável ao desenvolvimento do capitalismo e como um sistema produtivo destinado ao fracasso perante a concorrência capitalista, em virtude de que o sistema escravocrata - e para tanto é usado o exemplo do Sul do Brasil - impossibilitava a intensificação do processo da divisão técnica do trabalho e a especialização profissional, em função de que o trabalho escravo apresentava índices mais reduzidos de produtividade que o trabalho livre.

Os inventários dos charqueadores gaúchos apresentam algumas informações sobre o tipo de organização do trabalho nas empresas chaqueadoras sulinas. É possível perceber, sem dúvida, a existência de um certo grau de divisão técnica do trabalho nas empresas charqueadoras gaúchas. Já nas charqueadas das décadas de vinte e trinta do século passado estavam presentes escravos carneadores, salgadores, graxeiros, sebeiros, entre outros. Isto nos leva à concluir que existia uma determinada divisão nas operações desenvolvidas pela mão-de-obra escrava, ao longo do processo produtivo, desde a matança do animal, passando pelo carneio, a salga e chegando às tarefas de elaboração dos subprodutos do gado.

Este tipo de situação se mantém, com poucas alterações, ao longo de todo o período indicado. Todavia, alguns aspectos, ainda chama a atenção do pesquisador. Um deles, é a concentração mais acentuada da força de trabalho em dois tipos de classificação, ou seja, como carneadores e serventes (entendendo-se estes últimos como "serventes de charqueada" conforme é indicado na maioria dos inventários examinados). Tal fato é um indicador de que diversas operações poderiam ser desenvolvidas, segundo os interesses momentâneos da situação de produção, por um mesmo elemento, como por exemplo, as tarefas de carnear, descarnear os ossos e salgar a carne, ou, ainda, as atividades vinculadas à produção do sebo e da graxa. Uma evidência disso é o caso da charqueada de Gonçalves Chaves, considerada modelar e que, no momento da elaboração de seu inventário, em 1871, foram indicados apenas escravos carneadores e serventes.

Por outro lado, merecem atenção as cifras elevadas de escravos sem especificação profissional. Aliás, individualmente, a soma dos escravos sem indicação de ocupação é superior a qualquer soma das ocupações apontadas. Esta ocorrência nos sugere, também, que a força de trabalho servil podia ser ocupada em diversas atividades do processo de produção. segundo parecia mais conveniente ao charqueador, de acordo com o que julgava mais racional.

Outra observação que nos parece interessante é a presença de determinadas profissões, como a de pedreiro, ferreiro, tanoeiro, carpinteiro, marceneiro, correiro, que evidencia a tentativa de tornar a charqueada auto-suficiente em insumos básicos. Levando em consideração que a importação desses insumos era difícil e de custo oneroso, a fabricação, na própria empresa, destes elementos, foi a alternativa lógica encontrada pelos charqueadores.

Esta tentativa de autosuficiência se estende, também, ao setor de transportes, o que justifica o número razoável de escravos marinheiros. No mesmo sentido se pode colocar a presença significativa de escravos campeiros, atestando a tendência de diversos charqueadores em manter uma produção de gado que lhes permitisse, pelo menos em parte, uma certa autonomia no que se refere ao abastecimento de suas empresas em matéria-prima animal.

O trabalho desenvolvido nas empresas charqueadas era um trabalho pesado e desgastante. Os escravos trabalhavam sob pressão, produzindo para um mercado de consumo que diversas vezes entrava em expansão e utilizando instalações até certo ponto de custo elevado. Assim, quanto mais trabalhasse o escravo, maior seria o retorno que daria ao seu senhor pelo capital nele investido, mais rápido seria este retorno e, conseqüentemente, maior seria o lucro que oportunizaria ao charqueador. O limite ao qual era exigido era constituído por sua própria resistência física e sua morte só era lamentada se seu trabalho não tivesse sobrepujado largamente o valor investido em sua aquisição.

Durante a época da matança, isto é, de novembro a maio, o trabalho das charqueadas se iniciava normalmente à meia-noite e acabava ao meio-dia. A violência estava presente em larga escala. Algumas vezes, os escravos eram estimulados com prêmios, porém, na grande maioria dos casos, as tentativas de obtenção de sobretrabalho eram feitas através do castigo, da tortura e da implantação do terror, o que servia, também, para manter subordinadas elevadas concentrações humanas submetidas a condições de vida degradantes.

Em função desta situação, o Rio Grande era considerado por alguns, como uma espécie de "purgatório dos negros", para onde eram encaminhados os negros de outras províncias, que se quisesse punir ou dos quais se desejasse se desfazer.

A grande concentração de escravos na região das charqueadas preocupava as autoridades locais, que requeriam aos setores administrativos provinciais, a ampliação de seus efetivos policiais, para prevenir possíveis rebeliões.

As fugas de escravos e a formação de quilombos estiveram presentes, também, na história do escravismo gaúcho, tendo sido, até agora, pouco estudadas. Dados estatísticos da província indicam a existência de numerosas fugas de escravos pertencentes a moradores da região, para o Paraguai, Estado Oriental, Corrientes, Entre Rios e Estados vizinhos, entre 1836 e fins da década de 1840.

Outras informações seriam possíveis de relacionar sobre estas e outras formas de resistência escrava no Rio Grande do Sul. Parece-nos importante, todavia, evidenciar a existência marcante na região das charqueadas, como a resposta escrava à violência existente nas mesmas, resistência esta manifestada contra a superexploração da força de trabalho servil, para a qual a violência era o instrumento utilizado, sem limites, pelos charqueadores.

A partir de 1850, a questão da mão-de-obra para as charqueadas gaúchas deve ser examinada dentro de um contexto que passou a configurar a conhecida crise de braços, ou seja, a limitação do mercado de mão-de-obra a uma situação de reduzida elasticidade e de quase nenhuma possibilidade de expansão, já que a reprodução natural da força de trabalho se fazia de forma extremamente restrita.

Desde então, a preocupação com a drenagem de mão-de-obra escrava no Rio Grande do Sul para as "províncias do Norte" passou a aparecer nos setores administrativos provinciais. Entretanto, neste aspecto, necessárias se fazem algumas precisões, já que o crescimento ou o declínio da população escrava, nas diversas regiões brasileiras, vincula-se diretamente ao seu sucesso econômico relativo. Assim, nos momentos em que a economia charqueadora riograndense apresentava sintomas salutares, a província sulina foi importadora de escravos, enquanto que, ao se apresentarem dificuldades no setor, predominavam as exportações do elemento servil.

A partir da década de 1870, acreditamos que a região sulina passou a perder mão-de-obra escrava sobretudo para a região cafeeira. Tal situação, aliada a outros fatores que se inserem no contexto problemático que caracterizam a economia charqueadora gaúcha desde então, se constituiu em elemento expressivo no processo de desarticulação da empresa rio-grandense.

De 1874 a 1884, os escravos escoados através do tráfico interprovincial atingiram um total de 14.302, representando um percentual de 38,9%, o quinto mais elevado do país. Todavia, de 1885 a 1887, o percentual de declínio atinge 69%, o segundo do país, o que deve ter íntima relação com o movimento emancipacionista de 1884, que através da cláusula de prestação de serviços, manteve o trabalhador, apesar de teoricamente ter libertado o escravo.

No que se refere à presença de mão-de-obra livre, nas charqueadas, constata-se que, na primeira metade do século, era bastante reduzida. Todavia, à partir da década de 1860, quando as dificuldades para a aquisição de força de trabalho escrava se acentuaram, com o fim do tráfico, é possível perceber o incremento da utilização da mão-de-obra não forçada nas atividades das empresas rio-grandenses.

Na década de oitenta, as relações de produção escravistas são definitivamente eliminadas das atividades charqueadoras. Entretanto, a adoção das relações de produção baseada no salário se caracterizará por um caráter bem menos real do que formal, em virtude da difusão da figura do "contratado", que veio substituir o ex-escravo, emancipado com a exigência da prestação de serviços, por um determinado período, preso ao seu antigo senhor. Esta situação pode ser nitidamente percebida através do inventário do charqueador Antonio José da Silva Maia e de sua esposa, realizado em 1884, no qual estão presentes cinqüenta e cinco ex-escravos que, como tal, não têm valor de avaliação estabelecido, e que deveriam prestar serviços por quatro ou seis anos.

Além disso, considerando as características específicas do tipo de produção desenvolvida nas charqueadas, marcado pelo caráter sazonal, ocorria, na época da entre-safra, a paralisação das atividades, o que implicava em desemprego e ausência de alternativas possíveis de remuneração, ao nível da atividade saladeril. Nestas condições, a mão-de-obra agora "livre" tendia a empenhar, ao dono da charqueada, seu trabalho futuro, para garantir o seu sustento nesse período.

Este estado de coisas, mais uma vez evidencia o caráter limitado da transição ao capitalismo no Rio Grande do Sul, pois o fim da escravidão não significou o pleno êxito das relações com base no salário.

A ideologia escravista foi assimilada no Brasil, desde o início da colonização, não tendo sido contestada até grande parte do século XVIII. Entretanto, no século XIX, a opinião anti-escravista, que já existia por razões morais, encontra ressonância, crescendo a condenação doutrinária da escravidão. Além disto, as restrições da Economia Clássica passam a fortalecer uma nova ideologia: a do liberalismo econômico.

Tal situação pode ser evidenciada, no Rio Grande do Sul, através do posicionamento de Gonçalves Chaves, cuja postura, nitidamente progressita, nos permite antever a formação de um setor das classes dominantes de tendências mais modernas.

Entretanto, a relutância que se percebe no Brasil em abandonar o sistema escravocrata não se vincula, apenas, à grande importância social e econômica da instituição, mas se relaciona, intimamente, com a sobrevivência de atitudes tradicionais que mantinham e preservavam a maioria dos costumes e instituições que o Brasil herdara do passado colonial. Não só a escravidão permaneceu vigorosa durante os primeiros dois terços do século XIX; notavelmente, a maior parte das outras características da fase do domínio português sobreviveram com pouca alteração.

Enfim, parece-nos claro que o tipo de sistema econômico imperante nas empresas charqueadoras gaúchas, de bases pré-capitalistas, desempenhou um papel importante no processo de desarticulação da charqueada escravista rio-grandense, e os problemas advindos dessa situação, aliados a outros, de caráter conjuntural, foram os responsáveis pela desestruturação desta empresa que acabará, no contexto mais amplo da transição ao capitalismo dependente no Rio Grande do Sul, por se caracterizar na única atividade econômica regional a passar por um reajuste verdadeiramente expressivo, ao final do século passado.

4. CONSIDERAÇÕES FINAIS

Outros aspectos mereceriam ser considerados, para ampliar o entendimento do quadro de desestruturação da charqueada escravista gaúcha, como, sobretudo, questões relativas à matéria-prima, tecnologia, papel do Estado, crédito e capital, comercialização e transporte do charque, política tributária, entre outros. Na impossibilidade de fazermos nos limites deste artigo, apresentarmos a conclusão geral a que chegamos, a partir do cruzamento das diversas variáveis e fatores que trabalhamos.

Sobretudo, a partir da análise da comercialização do produto gaúcho, foi possível perceber dois elementos diferentes atravessados pela economia charqueadora. Inicialmente, uma série de fatores que envolveram a economia similar dos platinos, como os conflitos militares de que participaram, as circunstâncias climáticas adversas e os acordos diplomáticos efetuados entre o Brasil e o Uruguai, interferiram de modo a causar a situação favorável atravessada pela economia do charque do Rio Grande, na primeira metado do século XIX, o que respaldou a opinião apresentada a respeito, por Pérez Brignoli.

Entretanto, num segundo momento - que começou a se definir a partir de meados do século e se configurou plenamente desde fins da década de sessenta e início da década de setenta -, as dificuldades apresentadas pela economia do charque do Rio Grande, decorrentes da extinção do tráfico de escravos e da conseqüente retração do principal mercado consumidor do produto gaúcho, representado pelas áreas escravistas brasileiras, aliadas aos problemas decorrentes da situação de subordinação da economia gaúcha à economia do centro do país e a outros derivados da confrontação entre a economia pré-capitalista gaúcha e a economia platina, permitiram caracterizar o processo de desarticulação da empresa gaúcha, em parte reforçando as colocações de Fernando Henrique Cardoso sobre o tema, mesmo que relativizada.

Reafirmamos, ainda, que o processo de desestruturação da charqueada escravista gaúcha tem seu elemento explicativo de maior peso no conjunto de características e modificações que marcaram a economia rio-grandense do século XIX, e que denominamos transição ao capitalismo dependente, periférico ou subdesenvolvido.

A existência de segmentos mais dinâmicos entre as classes dominantes do Rio Grande do Sul, cujos interesses e visão do mundo acabaram por se chocar com a estrutura escravista dominante nas charqueadas, se constituiu num dado fundamental para a explicação da problemática que abordamos.

As idéias progressivas desses setores mais "modernos", claramente identificadas através da defesa da industrialização da economia política, do espírito de associação e do liberalismo econômico, bem como através dos investimentos realizados no sentido do aprimoramento da infra-estrutura da produção e comercialização do charque, foram marcantes e decisivas para a construção do capitalismo no cenário gaúcho.

5. REFERÊNCIAS BIBLIOGRÁFICAS

AMARAL LAPA, José Roberto do (Org.) *Modos de produção e realidade brasileira*. Petrópolis: Vozes, 1980.

BARROS, Margaret M. *RS: escravismo e abolição*. Porto Alegre: Mercado Aberto, 1982.

BARTRA, Roger. "Sobre la articulación de modos de producción em América Latina". In *Historia y Sociedad*, n. 5, México, 1978.

CARDOSO, Ciro F. S. *Agricultura, escravidão e capitalismo*. Petrópolis: Vozes, 1979.

_____. "Escravismo e dinâmica da população escrava nas Américas". In: *Estudos Econômicos*. 1(13), São Paulo: Instituto de Pesquisas Econômicas, 1983.

_____. "Sociólogos nos domínios de Clio". In: *Tempo e Sociedade*. Niterói: UFF/Instituto de Ciências Humanas e Filosofia, 1982.

CARDOSO, Ciro F. S. & PÉREZ, Héctor. *História Econômica daAmérica Latina*. Barcelona: Editorial Crítica, 1979. Tomo II.

CARDOSO, Fernando Henrique. *Capitalismo e escravidão no Brasil Meridional*: o negro na sociedade escravocrata do Rio Grande do Sul. 2. ed. Rio de Janeiro: Paz e Terra, 1977.

CASTRO, Antonio Barros de. "A economia política, o capitalismo e a escravidão". In: AMARAL LAPA, José Roberto do (Org.) *Modos de produção e realidade brasileira*. Petrópolis: Vozes, 1980.

CORSETTI, Berenice. "Estudo da charqueada escravista gaúcha no século XIX." Dissertação de Mestrado, Niterói, Instituto de Ciências Humanas e Filosofia, Universidade Federal Fluminense, 1983.

GORENDER, Jacob. *O escravismo colonial*. 3. ed. São Paulo: Ática, 1980.

_____. "Questionamento sobre a teoria econômica do escravismo colonial". In: *Estudos Econômicos*, 1(13), São Paulo, Instituto de Pesquisas Econômicas, 1983.

MAESTRI FILHO, Mário J. "O Escravo africano no Rio Grande do Sul". In: DALCANAL, Hildebrando & GONZAGA, Sergius (Org.). *RS: Economia e política*. Porto Alegre: Mercado Aberto, 1978.

_____. *Quilombos e quilombolas em terras gaúchas*. Porto Alegre/Caxias do Sul, Est/UCS, 1979.

PESAVENTO, Sandra J. *História do Rio Grande do Sul*. Porto Alegre: Mercado Aberto, 1982.

A evolução do federalismo gaúcho a partir do século XIX

MARIA BERNADETE MEDEIROS PAUST

Professora Substituta da Universidade Federal de Santa Maria e
Mestranda no Curso de Mestrado em Integração Latino-americana.

SUMÁRIO: 1. Introdução; 2. A Guerra dos Farrapos; 3. A implantação da República; 4. O Borgismo; 5. Conclusão; 6. Referências bibliográficas.

1. INTRODUÇÃO

Na América Latina, a idéia de confederação, historicamente, está ligada ao conceito de unitarismo notadamente às experiências de Simon Bolivar.

Várias iniciativas de integração foram tomadas dentro deste princípio em diferentes oportunidades e todas elas se frustraram.

O unitarismo emergiu enquanto proposta de integração interestatal como uma das correntes dominantes na América Latina hispânica, ainda no período pré-nacional. Em contraposição, o federalismo voltado para a organização interna das novas nações, se impôs quando da formação dos estados nacionais americanos.

As idéias federalistas vão estar presentes na constituição do império de 1824.

No Rio Grande do Sul, estas idéias vão aparecer primeiramente no movimento armado dos farrapos que se debatia contra o centralismo do Império tendo como fonte inspiradora correntes de pensamento norte-americano e platino.

No período republicano estas idéias aparecem com a criação do PRR liderado por Júlio de Castilhos. As demarcações de idéias levaram à chamada Revolução de 1893.

A liderança eficiente e carismática de Júlio de Castilhos deixará para o seu sucessor o terreno preparado para a efetiva implantação de uma "república" positivista com ampla repercussão nacional. Este fato se fez sentir no Rio Grande do Sul através do longo mandato de Borges de Medeiros e, nacionalmente pela liderança forte, no senado, de Pinheiro Machado.

2. A GUERRA DOS FARRAPOS

Os ideais que antecederam a ação de revolta dos farroupilhas (1835-1845) traduziam os desejos de liberdade política, de rompimento com o autoritarismo e ranço do sistema colonial, com a monarquia, com o absolutismo do Império e depois de 07 de abril, com o rompimento com a Regência.

Neste discurso farroupilha se encontra a sobrevivência extemporânea dos ideais de revolução francesa quase meio século depois. Foi uma explosão de efeito retardado do Iluminismo.

Sem dúvida os farroupilhas não desejavam somente trocar de bandeira e de regime; desejavam modernizar o Rio Grande do Sul, introduzindo efetivamente a economia de mercado, fora dos interesses portugueses e brasileiros, por sua vez submetido à Inglaterra. A ação fiscal e colonialista do Rio de Janeiro prejudicava os interesses das camadas proprietárias do sul, pois interferiam nas explorações dos produtos da província. Entretanto, os farroupilhas desejavam uma política econômica perfeitamente de acordo com as relações internacionais com os Estados Unidos.

Assistimos ao fortalecimento de um ideal político ajustado com as relações comerciais: a República.

O republicanismo no Rio Grande do Sul não teve suas origens no comércio com os EUA, porém encontrou nele a sua força. Foi na política dos caudilhos platinos que se buscou os ideais republicanos, que influenciaram primeiro os chefes militares sul-rio-grandenses.

O fato da Argentina e o Uruguai, no processo de suas independências, passarem de colônia diretamente ao regime republicano, pesou na análise política feita sobre o Rio Grande do Sul, por seus líderes.

Estes souberam esperar o momento político apropriado do governo provincial, para contestar o Império.

—— 98 ——

Não foi difícil para aqueles líderes farroupilhas convencer os pequenos proprietários e a massa de não-proprietários para participar da revolta.

Assim, a grande maioria se levantou em armas e formou batalhões. Nem todos os grandes proprietários aderiram à revolta. Importantes líderes, chefes militares e muitos charqueadores foram fiéis ao Império. Sem dúvida, se tivermos em conta a duração do conflito, podemos afirmar que a maioria dos sulinos, independentemente de sua posição social apoiou a revolta. A razão que se destaca é de que havia um âmbito coletivo propício para a contestação do governo central brasileiro. A relação entre o Rio Grande do Sul e o governo Imperial, a partir da Guerra da Cisplatina, se foi deteriorando, mas além da típica resistência ao poder central, cada vez mais buscou-se sua identidade política.

Nesta busca, o coletivo fortaleceu o poder das classes proprietárias da sociedade em detrimento das demais, na consolidação da cidadania. Embora o Rio Grande do Sul tenha tido uma formação tardia em relação ao Brasil colonial, sempre apresentou uma relativa autonomia, se compararmos com outras capitanias coloniais. Sua formação histórica se diferenciou e por isso seu estudo também toma forma independente dos estudos sobre as formações históricas de outras regiões pertencentes ao Brasil.

O território do Rio Grande do Sul é de fácil acesso, sempre se temeram invasões, por esse motivo cada estância da fronteira era um forte, mantinha postos de observações, os "mangulhos" e homens armados.

As lutas na vizinhança platina também assustavam os sulinos, muitos temiam que a disputa no Uruguai entre Lavalleja e Rivera pudesse ser transferida para a província.

Em 1835 o governador da província, Antonio Fernandes Braga não tinha o apoio de toda a sociedade. O apoio que recebeu foi do Exército e dos comerciantes associados ao charque e à comunidade portuguesa, esta mantinha um verdadeiro monopólio comercial; a maioria dos estancieiros estava contra este monopólio e o governo central, que aumentava a cobrança fiscal.

O governo provincial ameaçou diminuir a importância dos municípios diminuindo a influência dos estrangeiros. Entretanto muitos deles se colocaram contra os farroupilhas por motivos diversos, com fortes interesses econômicos entre si e com o comércio ligado às charqueadas.

Em abril de 1835 se sucederam várias manifestações hostis aos portugueses em inúmeras cidades sulinas. O Governador, na Assembléia Provincial, acusou aos exaltados farroupilhas, republicanos, como os responsáveis.

Tropas integradas por estancieiros, oficiais da guarda nacional, se concentraram nos arredores de Porto Alegre. Em 20 de setembro de 1835 Onofre Pires e Gomes Jardim, chefes farroupilhas, atacaram Porto Alegre e venceram aos imperiais no combate da Ponte da Azenha. O governador e seus oficiais fugiram, no dia seguinte Bento Gonçalves comandando as tropas ocupou a capital da província.

O governador provincial foi transferido para Rio Grande sendo substituído por Araújo Ribeiro. Este último fato colocou a favor do governo central o comandante Bento Manoel Ribeiro; Porto Alegre foi retomada por este estancieiro.

Por um ano as duas partes conviveram à espera de novidades. Bento Gonçalves sitiou Porto Alegre, entretanto o Gal. Neto derrotou os imperiais na batalha de Seival (10.09.1836) e em pleno campo de batalha proclamou a república Rio-grandense.

No combate da Ilha de Fanfa o comandante farroupilha Bento Gonçalves, foi derrotado e mandado preso para o Rio de Janeiro e posteriormente para a Bahia.

A guerra durou dez anos, neste período de 1835/45 sucederam reveses em ambas as partes. Os farroupilhas gozavam das vantagens do apoio popular e das facilidades dos rebanhos de gado, por outro lado os imperiais dominavam o único porto, o de Rio Grande.

Ocorriam pressões para que os farroupilhas não utilizassem o porto de Montevidéu, impedindo o acesso a armas e outros produtos.

Depois da derrota de Fanfa, os farroupilhas sofreram duras perseguições dos imperiais. Este fato gerou maior revolta ainda entre os gaúchos; o movimento armado que parecia morrer com a prisão de Bento Gonçalves recobrou o alento. Os farrapos passaram a dominar grande parte do território do Rio Grande do Sul. Em maio de 1838 os farroupilhas entraram em Lages, Santa Catarina. No ano de 1839 a marinha farrapa liderada por Garibaldi e Griggs praticou atos de corso contra embarcações imperiais.

Os republicanos catarinenses se aliaram aos farroupilhas e proclamaram a República Juliana. Bento Gonçalves fugiu de sua prisão do nordeste (1837) e presidiu a república Rio-grandense até 1839.

Embora Bento Gonçalves fosse um líder de destaque sofreu muita oposição interna.

Outros chefes republicanos se destacaram em inumeráveis vitórias contra os governistas, entre eles Antonio de Souza Neto, David Canabarro, Domingos Crescêncio, Onofre Pires etc.

Os anos de 38 e 39 são considerados áureos em termos de vitórias militares. Em 1840, os Farroupilhas foram derrotados em São José do Norte, porém logo tomaram Vacaria, na serra.

No ano seguinte (1841) Bento Gonçalves reassumiu a presidência da República, e em 1842 se realizaram reuniões para a eleição da Assembléia da República que mesmo em meio à guerra teve 75% dos eleitores votando.

Logo após a posse dos deputados em Alegrete, terceira capital da República, reuniram-se para logo em seguida avaliarem o projeto constitucional. Os Farroupilhas, embora influenciados pelo federalismo estilo norte-americano, projetaram para a República, um Estado Unitário (ver Projeto de Constituição Farrapa de 1843).

Devido às estreitas relações entre Bento Gonçalves e Lavalleja (caudilho uruguaio) o Império sempre desconfiou da influência platina na guerra dos farrapos.

Os sérios desentendimentos entre os chefes republicanos não permitiram uma avaliação da carta constitucional, que não chegou a ser votada.

Um dilema ficou claro, o Império desconfiava das relações dos farrapos com o caudilho argentino Rosas, porém os farrapos temiam de certa forma a Rosas, por suas ambições expansionistas.

No inverno de 1844 as contínuas querelas entre os farrapos proporcionou a Caxias, comandante das forças imperiais, ganhar várias posições, levando o exército farroupilha a uma situação insustentável.

Diante do quadro difícil começaram as conversações de paz, pois a revolta impedia ações comerciais brasileiras e inglesas no Prata. Os farrapos, também entenderam que a paz era uma alternativa viável, já que ocorrera uma decomposição nos rebanhos que em última instância, era o bem mais importante, devido a um aumento na demanda internacional do charque.

Acertos entre o representante do Império, Caxias, e os farrapos levaram à suavização de antigas taxas e impostos que descontentaram, no passado, os latifundiários. Em primeiro de março de 1845 foi estabelecido a Pacto de Poncho Verde e com ele, a guerra dos Farrapos. Os gaúchos imediatamente elegeram o seu governador. O tratado de paz anistiou dívidas da então República Riograndense, os soldados escravos foram emancipados e outras reinvindicações foram atendidas, oficiais farrapos foram incorporados ao exército imperial.

3. A IMPLANTAÇÃO DA REPÚBLICA

Até o ano de 1859 no Rio Grande do Sul liderou o partido liberal chefiado por Gaspar Silveira Martins, com pequena participação dos conservadores que não contestavam o seu poder; mas, os republicanos davam mostra de querer mudar esta situação.

Em 1882 surge o Partido Republicano Rio-grandense, PRR, caracterizado pelo federalismo. Sugeria, inclusive, a separação da província do resto do Brasil. Desejo este expressado nos vários congressos do PRR entre 1885 até 1888. Entre os traços republicanos, além do federalismo, a escravidão era combatida e simpatizantes do positivismo aderiram a estas idéias.

O PRR vai aparecer com a eleição de Assis Brasil para a Assembléia Provincial em 1884. Este, junto a Júlio de Castilhos, Borges de Medeiros, Pinheiro Machado, constituíam um grupo republicano empenhado em fundar uma república brasileira.

Júlio de Castilhos, fazendo jus ao seu talento e liderança, foi um dos maiores chefes políticos do Rio Grande do Sul. Na década de 1880, esses jovens republicanos prepararam a queda do Império, fazendo propaganda, formando clubes e apresentando candidatos a eleições nacionais e provinciais.

Os membros do PRR participaram de duas questões que abalaram o Império: A Questão Militar com seus desdobramentos políticos, e a Questão da Câmara Municipal de São Borja, onde se propôs a República, após a morte de Dom Pedro II.

O PRR conduziu-se com firmeza e organização, já nos primeiros anos da República, com inteligência de Júlio de Castilhos, sua tenacidade e vontade férrea de governar, este partido teve um dos chefes mais poderosos do Rio Grande do Sul.

Castilhos era adepto do positivismo de Comte, que vinha do encontro das aspirações da época contra o atraso brasileiro contra a escravidão e a favor do desenvolvimento nacional.

O positivismo de Comte teve adeptos em toda a América Latina, pois pregava "o progresso material" sem prejuízo da hierarquia social.

Castilhos, através do jargão "conservar melhorando", abraçou a teoria de Comte promovendo uma república ditatorial. Castilhos

—— 102 ——

propôs uma ação revolucionária para evitar o terceiro reinado, após a morte de Dom Pedro II, mas o episódio que enterrou a monarquia e proclamou a república teve pouca participação dos políticos gaúchos.

Foi organizada a brigada militar para enfrentar os opositores ao regime autoritário de Castilhos em substituição à antiga guarda nacional, cujo comandante era escolhido por lealdade aos republicanos. Conflitos entre republicanos e monarquistas, levam a renúncia de Castilhos e seus seguidores, mas devido a sua habilidade lhe é oferecido, por Deodoro, o governo do Rio Grande do Sul. Contra o PRR surge a União Nacional, propondo a República Parlamentar. Castilhos pede apoio de vários seguidores e é nomeado para a comissão dos 21, representantes de estado, para fazer a revisão final em um projeto de constituição; Castilhos prega a interpretação radical do federalismo. A Constituição Federal de 1891 era mais liberal que conservadora, mas os gaúchos conseguiram alguns objetivos como aprovar a proposta de eleições diretas do presidente e vice-presidente. Na eleição do primeiro presidente constitucional, Castilhos deu o maior número de votos a Deodoro. Já no Sul, controla a eleição da Assembléia Constituinte Estadual.

Ele mesmo elabora a nova constituição. Caracterizava-se por uma monocracia republicana, o governo de um só; Castilhos é eleito governador, mas já não contava com o apoio absoluto da população.

O Rio Grande do Sul deixa de ser beneficiado com tarifas preferenciais, o que prejudica o comércio e também o contrabando.

A diferença de taxas entre os gêneros de exportação como o charque e o couro, beneficiaram o litoral e a serra, já produzindo bens manufaturados. Em 1891, Deodoro, com um golpe de estado, tentou restabelecer sua ditadura e tem o apoio de Castilhos, enquanto outros gaúchos iniciaram um movimento para depor Deodoro. Os militares queriam a queda de Deodoro e os políticos a queda de Castilhos.

A revolta no Rio Grande do Sul leva Castilhos à renúncia; Assis Brasil, Barros Cassal e Barreto Leite, assumiram o poder e organizam uma força com 6 mil homens, para depor Deodoro, que renuncia, assumindo Floriano Peixoto. Castilhos chama o governo de "Governicho", não reconhecendo sua autoridade e inicia uma lenta reconstrução de oposição ao imobilismo do novo governo.

Ocorreu uma seqüência de tumultos, os republicanos sendo perseguidos, desordens na fronteira, regresso de Silveira Martins do exílio, o que vai acirrar os ânimos entre os republicanos liberais, sendo que o partido republicano federal se desintegra, surgindo o Partido Federalista.

Com a sede do partido em Bagé e agrupando rivais políticos. O forte do programa dos federalistas era proposta do regime parlamentar.

Enquanto isso, os castilhistas tentavam trazer seu chefe novamente ao poder, conspirando com estratégias militares para os seus planos.

Neste período, ocorreram diversas atitudes isoladas de extrema violência, atribuídas ao governo federalista.

Com a renúncia de Deodoro assumiu Floriano Peixoto, e seu governo foi sacudido por revoltas em quase todo o Brasil. Floriano procurava líderes fortes como Castilhos no Rio Grande do Sul. Seguindo um plano, Castilhos deu um golpe e assumiu o governo do estado e renuncia para que ocorram novas eleições.

Com o apoio da Brigada Militar, Castilhos depôs o governo eleito, não encontrando resistência e assumindo o governo legal de restauração.

Embora aumentasse consideravelmente o número de estabelecimentos bancários, as exportações de charque diminuíram consideravelmente, resultado da abolição da escravidão. A crise abalou também o Uruguai e a Argentina. Contrabalançando a crise gaúcha das charqueadas, ocorreram avanços tecnológicos - ferrovias, cerca de arame, novas raças de gado - que levaram o desemprego na campanha, marginalizando o trabalhador não especializado.

Neste contexto, Castilhos no poder deu mostras de seu autoritarismo controlando os governos estadual e municipais como renovada autoridade, demitindo os funcionários federalistas. Intensificou-se a violência, com a prática da degola, forma de execução comum para este período.

A situação contava com o poio do aparato da Brigada Militar, com mais de 1.000 homens, e criou o corpo provisório da Brigada em que estancieiros e republicanos podiam militarizar seus homens com o consentimento do governo estadual.

Júlio de Castilhos em 1893 foi o primeiro governador eleito do Rio Grande do Sul desde o início da república, suas medidas repressivas afastaram do Estado os federalistas que foram para a Argentina e Uruguai.

Os federalistas queriam a extinção da constituição de 1891 e indiretamente a deposição de Floriano que apoiava o governo estadual; um sonho maior era a troca da república presidencialista pelo parlamentarismo, no que contavam com o apoio também dos republicanos dissidentes.

Em fevereiro de 1893 os federalistas cruzam as fronteiras e são chamados de maragatos pelos republicanos, termo que passa a designar todos os federalistas.

Os maragatos perdiam em organização e número de combatentes. Após vários combates, Gumercindo Saraiva, chefe militar dos revoltosos, fugiu para o Uruguai, onde organizou um movimento de deposição de Castilhos. Invadindo o Rio Grande do Sul, defrontou-se com as forças republicanas que logo repeliram os 6.000 federalistas mal equipados e despreparados para a luta (Batalha do Inhandui).

Com a vitória governista, Floriano decretou o estado de sítio no Rio Grande do Sul, preparando uma intervenção militar. Como forma de demonstrar apoio a Castilhos, nomeou castilhistas como embaixadores nos países do Prata, para controlar os rebeldes além fronteiras.

Após grandes conflitos e sucessivos reveses os federalistas são derrotados, inclusive com a morte de seu líder, Gumercindo Saraiva.

No Rio de Janeiro, Floriano havia sido substituido pelo civil Prudente de Morais, que era apoiado pelos cafeicultores do país e que precisava da paz do Rio Grande do Sul para firmar-se no poder. Acalmando o sul e evitando a participação do Brasil em uma guerra externa, Prudente poderia enfraquecer a posição do exército, até então sustentáculo dos governos estadual e federal. As negociações de paz insistiam para que se fizesse uma nova constituição federal. Em 23 de agosto de 1895 estabeleceu-se a paz no Rio Grande do Sul. Um dos resultados mais importantes deste estado de guerra que viveu o sul foi a politização extremada em todo o Rio Grande, enquanto nos demais estados podia-se vislumbrar uma apatia política.

A guerra consolidou o sistema político centralizado, produziu heróis militares que irão se destacar nacionalmente. Outro efeito político foi a ligação entre o PRR e o Exército Nacional. Socialmente a guerra trouxe prejuízo aos estancieiros da fronteira; emergiu uma aristocracia nas províncias sem tirar o domínio dos proprietários.

4. O BORGISMO

Durante os primeiros anos da República, estava centralizado o poder nas mãos de Júlio de Castilhos, da mesma forma que ele dominava o partido.

Castilhos era chefe do partido e Borges de Medeiros o governador subordinado à direção de Castilhos. O governo republicano nacional dependia do controle sobre o governo estadual que deveria manter sob seu comando baseado na ordem e na obediência, nem que fosse através da violência. Contava também com a Brigada Militar para a sustentação do poder que podia ser acrescida com os chamados corpos provisórios, além de ter o apoio do Exército. O Rio Grande do Sul sobressaiu-se no contexto nacional por ter o maior exército e onde o governador com o apoio deste e pela força, dava ao governo federal o maior número de votos.

A Brigada era um exército estadual tal o seu aparato e a força que emprestava ao governo.

O positivismo teórico que foi aplicado no Rio Grande do Sul passou por diferentes etapas de desenvolvimento, ajustando-se às condições históricas para sobreviver politicamente, mediado pelo pensamento de Júlio de Castilhos, catalizando diferentes forças sociais, consolidando o poder dos coronéis, evitando o enfraquecimento das forças políticas. Após a morte de Castilhos o PRR passou a sublinhar, de preferência, as virtudes moralizadoras do comtismo, aproximando as fórmulas positivistas das virtudes moralizadoras do comtismo, aproximando as fórmulas positivistas das virtudes naturais do gaúcho. No período de propaganda, enaltece a rebelia dos riograndenses, para depois valorizar o seu respeito à hierarquia e sua disposição de obediência. Essa obediência em torno do chefe acentuava mais o fator de coesão social e a legitimação política.

Com a morte de Castilhos (1903) o partido perdeu os traços carismáticos que aglutinavam os republicanos sendo necessário, daí para frente, a organização e hierarquização do mesmo. Vão ser acentuadas no coronelato as idéias de lealdade e obediência tanto a nível pessoal como em relação ao estado, sendo que a lealdade exigida é para com o partido e não para com a nação, uma entidade abstrata, distante da realidade do município.

Borges soube aproveitar o argumento teórico positivista da obediência e submissão com os traços sócio-psicológicos da sociedade Riograndense, onde a formação militar, a familiaridade com a guerra, levava à aceitação psicológica da necessidade de disciplina e hierarquia, da ordem e legalidade. Essa nova articulação de poder inaugurada por Borges para dar sustentação ao poder, foi a responsável pelo modelo borgista integrando os coronéis nas bases partidárias, atendendo seus interesses, transformando-os em intendentes que com o seu poder e força local transformavam em votos para o Estado seu prestígio político, recebendo em troca, respaldo para suas ações no município.

Essa cooptação e mascaramento vão ser necessários para a coexistência de duas realidades então irreconciliáveis, a centralização do PRR e o coronelismo; uma vez que o coronelismo típico não era compatível com uma ação política muito centralizada.

O PRR não se valeu só do aparato jurídico, para a realização de seus propósitos, mas dos interesses de grupos da classe dominante; é de salientar-se que os coronéis nunca foram afastados de seu poder pois legitimavam o poder de Borges. No caso do Rio Grande do Sul, o poder regional e os proprietários fizeram concessões para se manterem, o que é uma novidade das adaptações gaúchas. Borges ouve os proprietários e estes recebem parte do poder, num intrincado jogo burocrático.

No modelo borgista é necessário lembrar a tática de manter o partido sempre fracionado, dividindo a base dos proprietários para obter o poder de barganha.

A carta constitucional deixada por Castilhos, preparava o caminho para uma eventual intervenção no município, habilmente manobrada pelo chefe político local, subserviente à Borges de Medeiros.

Ao organizar os conselhos municipais, em geral, como os coronéis de prestígio local asseguravam a fachada legal garantindo votos, permitindo a continuidade do papel funcional dos chefetes, viabilizando a reciprocidade de favores.

A articulação do poder do Estado com poder local, foi fundamental para manter a carta constitucional gaúcha, conservadora, elitista e autoritária, na medida em que pregava a solução orgânica, sem rupturas bruscas, que o progresso fosse atingido sem transformações radicais. Para os castilhistas o que importava era o objetivo final: a ordem política, o governo esclarecido, a contestação do sistema liberal e o poder a qualquer preço. A idéia de moralização do indivíduo e da sociedade sob a tutela do Estado é fundamental e deve ser realizada pelo governante esclarecido; o poder é uma missão.

Embora conservador, o borgismo teve um fator de modernização, quanto à preocupação com a propriedade material, dando atendimento ao desenvolvimento do setor médio urbano e médio criador. Outro fator importante no borgismo foi a valorização da ordem social e a preocupação da segurança da ordem do estado e do indivíduo. Dentro desse contexto situa-se a montagem do aparato repressivo do estado com a Brigada Militar e os corpos provisórios.

Ao adotar o princípio federativo, a Constituição federal de 1891 permitiu a descentralização administrativa, dando ampla autonomia aos municípios, mas como cabia ao Estado regular a lei orgânica de cada município estes tiveram sua autonomia diminuída, o que favoreceu a continuidade do poder privado local , mas sujeita ao jogo dos interesses oligárquicos do Estado, principalmente em época de eleição, mas, o positivismo do PRR reconhecia o município como a primeira unidade política da nação, lhe dava o direito de opinar sobre os projetos de lei elaborados pelo executivo; o fazia apenas aparência democrática, pois os conselhos municipais eram criados pelo próprio presidente do Estado. Borges de Medeiros ocupou o cargo de governador por dois períodos, teve o apoio do partido mesmo após a morte de Júlio de Castilhos, nessa época, novo grupo de estudantes, notadamente de direito começavam a despontar na política como o Bloco Acadêmico Castilhista em que emergiu Getúlio Vargas. Nas eleições de 1907 ficou evidenciado o poder de Borges para assegurar a vitória do PRR ante outros candidatos, deixando claro que não havia lugar para três partidos.

A partir de 1910 a hegemonia Minas/São Paulo na disputa presidencial começou a ser ameaçada pela presença do Rio Grande do Sul que contava com o apoio militar.

A luta pela conquista do patronato passou a ser uma constante nas eleições e os cargos políticos podiam ser alcançados através de alianças familiares.

Após a morte de Castilhos seus adeptos começaram a mostrar interesse pelos assuntos nacionais, pois o Rio Grande já havia estendido seus vínculos econômicos com o centro do Brasil, como por exemplo: a ferrovia ligando o Rio Grande a São Paulo.

Os gaúchos tinham estreita ligação com o exército e ligações no governo com o senador Pinheiro Machado. A importância do Rio Grande do Sul se deve ao colégio eleitoral, na época um dos maiores, resultado de um processo de alfabetização.

5. CONCLUSÃO

Tanto as idéias unitaristas quanto as idéias federalistas foram desenvolvidas no Rio Grande do Sul.

A guerra dos Farrapos ocorreu em sintonia com as idéias federalistas, mas foi contraditória: pois internamente a República Rio-grandense (1836-1845) foi unitarista.

No Rio Grande do Sul ocorreu um fato ímpar, o poder positivista foi civil; ora, o governo do Estado assumiu uma semi-autonomia em relação à federação brasileira. Os políticos gaúchos defenderam o federalismo na carta de 1891 mas organizaram o poder regional tipicamente unitarista.

Júlio de Castilhos e Borges de Medeiros foram verdadeiros ditadores regionais. Com uma centralização de poder de tal ordem, que nenhum governo republicano, antes de 1930, teve. Os representantes do Rio Grande do Sul junto à Câmara Federal, ao senado e no Governo da República aliaram-se aos blocos políticos majoritários que apoiaram a Prudente de Morais, a Campos Sales e a Hermes da Fonseca. Destacou-se a figura impoluta de Pinheiro Machado como o mais poderoso articulador da política brasileira na primeira República.

6. REFERÊNCIAS BIBLIOGRÁFICAS

DALCANAL, J.H. *A revolução farroupilha: história versus interpretação.* Porto Alegre, Mercado Aberto, 1975.

FELIX, L. O. *Coronelismo, Borgismo e cooptação política.* Porto Alegre, Mercado Aberto, 1987.

FLORES, M. *O Modelo político dos farrapos: as idéias políticas da revolução farroupilha.* Porto Alegre, Mercado Aberto, 1978.

FONSECA, P.C.D. *Economia versus conflitos políticos na república velha.* Porto Alegre, Mercado Aberto, 1983.

LOVE, J.L. *O regionalismo gaúcho e as origens da revolução de 1930.* São Paulo, Editora Perspectiva, 1975.

TORRONTEGUY, T. O. V. *Notas sobre las ideas Politicas Republicanas en el Rio Grande del Sur, del siglo XIX. Cuadernos de História de las Ideas, I.* Montevideo, Universidad de la República, 1993.

Livro II

ANAIS DO SEMINÁRIO INTERNACIONAL AMÉRICA LATINA

16 a 20 de abril de 1996

Apresentação

RICARDO ANTÔNIO SILVA SEITENFUS

Coordenador do Seminário Internacional América Latina, Vice-Diretor do Centro de Ciências Sociais e Humanas, Coordenador do Mestrado em Integração Latino-americana/UFSM.

Realizou-se, em abril de 1996, por iniciativa do Centro de Ciências Sociais e Humanas (CCSH) da Universidade Federal de Santa Maria, o *Seminário Internacional América Latina - cidadania, desenvolvimento e Estado,* cuja coordenação coube ao Mestrado em Integração Latino-americana e à Faculdade de Direito do mesmo Centro.

Procurando debater as questões mais pertinentes e atuais que envolvem a realidade latino-americana, reuniram-se especialistas de várias áreas de conhecimento em Ciências Sociais, tanto latino-americanos quanto europeus e, através de um diálogo interdisciplinar, abordaram os dilemas da região.

Todas as Faculdades e Institutos do CCSH foram representados no evento através da Presidência das mesas debatedoras, exercida a cada turno por um de seus membros.

A temática latino-americana foi enfocada sob o prisma da crise do Estado, da construção da cidadania, da exclusão e das enormes distorções sociais. O Seminário alcançou um grande sucesso pois nada menos de mil estudantes assistiram às conferências e debates. Nestes momentos difíceis pelos quais passa a Universidade pública brasileira, foi gratificante encontrar tamanha receptividade.

Os conferencistas e debatedores merecem o sincero reconhecimento por sua disposição. A maior parte deles fez uma longa viagem para chegar ao interior do Rio Grande do Sul. Combinado aos convidados locais, o conjunto de sua atuação, que a princípio parece amplo e desconexo, conduz-nos a final por um caminho harmônico e uma voz uníssona: o momento agudo de transformação pelo qual passa o nosso continente. E a necessidade de pensá-lo com profundidade, refutando as fáceis soluções dos discursos *prêt à porter* do nosso tempo.

Na área jurídica, assim foi a abertura com Alberto Dalla Via, que bem dimensionou as conseqüências da integração econômica para a ordem jurídica interna argentina, apontando reflexões que bem aproveitam a todos os demais países envolvidos em processos deste tipo. Sem dúvida, a integração é hoje o grande tema latino-americano.

Neste sentido, Miguel Angel Sardegna traçou as perspectivas da mesma integração nas relações trabalhistas e previdenciárias, seguido por Jorge Atilio Franza que tratou do direito ambiental e sua atual situação no continente.

Um novo conceito de cidadania, também atingido pela integração, foi esboçado com grande habilidade por Michel Miaille que, diga-se de passagem, além da maestria, conquistou a todos por ser acessível, aberto e franco. O novo cidadão foi também tratado por José Alcebíades de Oliveira Júnior, que destacou com grande propriedade a emergência atônita de novos e delicados temas jurídicos.

O santamariense Eros Grau, com emoção e competência tocantes, dissecou o chamado neo-liberalismo, separando joio e trigo para mostrar o quão distante se torna a solidariedade no momento em que vivemos. Logo a seguir, os direitos humanos, uma chaga verdadeiramente continental, foram objeto da análise acurada de Enrique Ricardo Lewandowski.

Finalmente, o Ministro Nelson Jobim tratou com sua habitual franqueza o difícil tema da supranacionalidade, depois de ter percorrido o itinerário histórico da cidadania.

Já na área da sociologia, Maria Célia Paoli abriu caminhos para falar da possibilidade de fugir ao pretensamente inevitável, como as reformas e os governos que se apresentam como alternativa única, produzindo um cidadão limitado e sem horizontes.

Na economia, Paulo Sandroni explicou, numa linguagem simples, o complexo processo inflacionário, a propalada globalização e a situação econômica do Brasil. E José Gabriel Porcile Meirelles redimensionou e trabalhou estes conceitos para perceber as perspectivas de desenvolvimento da América Latina.

Na alçada histórica, Teófilo Otoni Vasconcelos Torronteguy mostrou-nos a dura divisão entre governados e governantes no extremo do continente, com a riqueza analítica que lhe é peculiar.

Juan Guevara, com simplicidade cativante, trouxe à baila a ilha perdida, contando uma história a que poucos tem acesso: o sonho e o pesadelo de Cuba.

Cada conferência foi seguida de debates riquíssimos. Entretanto, pela irregularidade, em todos os sentidos, e pela extensão das manifestações, foi impossível transcrevê-las, o que lamentamos sobremaneira. De qualquer forma, a transcrição das exposições principais representa uma grande contribuição ao debate da temática escolhida. E, com o apoio dos participantes, a Universidade Federal de Santa Maria vai se firmando como um núcleo de preocupação crítica e independente sobre a integração latino-americana.

Isto, contudo, não teria sido possível sem a conjugação de múltiplos esforços. Assim, gostaria de agradecer a todos que contribuíram para o grande sucesso do encontro, em especial aos alunos da equipe de organização e às instituições patrocinadoras - CAPES, CNPq e FAPERGS.

Agora, através da colaboração com a Livraria do Advogado, temos a oportunidade de divulgar tão importantes contribuições. Assim, os interessados que não puderam assistir ao Seminário, em razão das limitações de espaço físico, além dos demais estudiosos latino-americanos de outros centros, encontrarão nestas páginas razões para manter-se alentados em suas esperanças na construção de uma América Latina mais próspera e sobretudo mais justa e democrática.

Aspectos constitucionales de la integración

ALBERTO RICARDO DALLA VIA

Doutor em Direito e Professor na Universidade de Buenos Aires, e
Vice-Diretor do Instituto de Pesquisas sobre o Novo Estado da
Universidade de Belgrano, Argentina.

SUMÁRIO: 1. Introducción; 2. El problema de la supranacionalidad; 3. La cuestión constitucional.

1. INTRODUCCIÓN

Sin perjuicio de que el proceso de integración que se está llevando a cabo entre la República Argentina, la República del Brasil, la República Oriental del Uruguay y la República del Paraguay, a partir del tratado de Asunción constituye un proceso complejo de factores económicos, políticos y culturales, podemos afirmar, muy enfáticamente, la relevancia que adquieren los aspectos jurídicos en el diseño del proyecto. Se trata de uno de los pocos aspectos en que los juristas se anticipan a la realidad. En general la respuesta jurídica llega a posteriori de los problemas fácticos. Aquí el Derecho intenta aventajar a los hechos, como ocurre en la realidad constitucional de algunos países latinoamericanos, según veremos más adelante.

Los factores y los condicionamientos políticos son los más gravitantes y, en consecuencia, inciden en el plano jurídico de la integración, al comenzar a gravitar en la parte del Derecho Público y - fundamentalmente - en la faz constitucional.

Entendemos, a tal efecto, que puede hacerse una diferencia inicial entre dos ámbitos: el del Derecho Público y el del Derecho Privado, porque mientras en el primero es imposible avanzar en esta materia sin plantear el tema constitucional y el de las reformas constitucionales necesarias; en el plano del Derecho Privado, en cambio, es posible llevar a cabo una labor creativa de alta fecundidad hacia la integración, sin mayores dificultades, sin mayores obstáculos que los que puedan derivarse de esas mismas estructuras normativas.

Cuando nuestro país adhirió a la Convención Americana de Derechos Humanos (CADH) o "Pacto de San José de Costa Rica" (ley 23.054 de 1984), se instaló entre los constitucionalistas un debate acerca de la constitucionalidad del Tratado, no por declarar derechos que iban más allá del texto constitucional (la mayoría de ellos ya se consideraban existentes en la jurisprudencia y doctrina nacional como derechos implícitos, en orden al art. 33 C. N.) sino principalmente por el problema que presentaba aceptar una Corte Interamericana, establecida en el Tratado firmado y ratificado por nuestro país, con atribuciones reconocidas para revisar sentencias de la Corte Suprema de Justicia de la Nación, toda vez que la competencia de dicha Corte supone la intervención previa de la Comisión, una vez que hubieran agotado los recursos en el derecho interno de cada país (arts. 48 y ss. CADH). El conflicto quedaba planteado, de tal manera, con los artículos 27, 31 y 100 de la Constitución Nacional. El primero de ellos (art. 27 C.N.) dispone que los tratados internacionales que firme nuestra Nación deben adecuarse a los principios de "derecho público", siendo la opinión mayoritaria en la doctrina que tal expresión se refiere al derecho público "interno". El art. 31, al establecer por sobre los tratados con las potencias extranjeras. La "Supremacía" en el plano constitucional, por otra parte, es un reflejo del concepto de "Soberanía" en el plano de lo político y del derecho internacional, principio que como bien se sabe, se encuentra en crisis, gravitando de manera especial en esta problemática de relaciones entre el derecho "supranacional" y el derecho interno de los estados. El art. 100, finalmente, establece que ... corresponde a la Corte Suprema de Justicia de la Nación y a los demás tribunales inferiores (federales) el conocimiento y decisión en las causas que versen sobre los puntos regidos en esta Constitución y aquellas en que la Nación sea parte.

Parte del debate constitucional planteado en torno a estos principios se encuentra reconocido en una publicación de la Asociación Argentina de Derecho Constitucional. La tesis a favor de la existencia de un plexo normativo "supranacional" que se incorpora a la parte dogmática de la Constitución se fue abriendo camino, merced a diferentes justificaciones, entre las cuales ha sido de gran importancia la tendencia hacia la internacionalización del Derecho y la vigencia universal de las Declaraciones sobre Derechos Humanos. Nuestra Corte Suprema, en el fallo "Ekmedkjián c/ Sofovich s/ amparo" hizo lugar a ese criterio al aceptar la extensión de una norma programática del "Pacto de San José de Costa Rica" (art. 14: Derecho a la Rectificación o Respuesta) con carácter operativo, aún cuando no existía en nuestro país legislación sobre la materia. Vale decir, que al admitir la supranacionalidad la Corte hizo con gran amplitud de criterio al considerar operativa una norma por inacción de nuestro legislador. Obsérvese que con esta tendencia la Corte no solamente ha consagrado el valor supranacional de un plexo normativo, sino que lo ha hecho aun a expensas de las facultades de uno de los poderes (el Congreso) establecidos por la Constitución.

Es de destacar, sin embargo, que tal consagración jurisprudencial en materia de Derechos Humanos no ha tenido la misma afirmación, ni en la jurisprudencia ni en la doctrina, en materia de integración económica. Los tratados de Derechos Humanos responden, en definitiva, a los principios universalmente aceptados que parten de la declaración de las Naciones Unidas del 10 de diciembre de 1948; la integración económica, en cambio, supone resignar competencias en cuanto a la planificación del comercio y de la industria, en distintos aspectos de la política económica en general: regulaciones fiscales, arancelarias, monetarias, etc. El modelo jurídico comparado más avanzado en esa materia (Comunidad Económica Europea) presenta un marco jurídico "supranacional" de carácter obligatorio para los Estados Parte, donde se aceptan cesiones de soberanía por parte de los poderes estatales a favor de los órganos comunitarios.

2. EL PROBLEMA DE LA SUPRANACIONALIDAD

Resulta necesario dilucidar el concepto - tan meneado - de "supranacionalidad" a los efectos de ubicarlo en su sentido correcto cuando se aplica al Derecho Comunitario o Derecho de la Integración. En un sentido estricto puede entenderse por supranacionalidad el sometimiento de un orden jurídico a otro que se considera superior, ya sea por razones jurídicas o de fuerza. Así, por ejemplo, en el Commonwealth británico, el derecho imperial es supranacional respecto al derecho nacional de cada país: situación de dominación jerárquica podrá hablarse, en rigor, de derecho "supranacional", como ocurre, por ejemplo, con territorios ocupados. El ejemplo clásico del Derecho Supranacional es el "Ius Gentium"de los Romanos, derecho aplicado por el imperio a los pueblos conquistados y que tenía jerarquía superior al derecho de cada pueblo bárbaro. Lamentablemente en los tiempos actuales han aparecido en la Comunidad Internacional civilizada algunas modalidades remozadas del "ius gentium" que nos atrasan en el curso de la historia, como ha ocurrido con el secuestro de personas inculpadas por el narcotráfico en territorios extranjeros por parte de comandos de la DEA norteamericana en fallos confirmatorios por parte de 1a. Corte Suprema de los Estados Unidos.

Pero el "Derecho Comunitario" que pretende el MERCOSUR y tal cual como ha sido su desarrollo en la Comunidad Económica Europea, se corresponde con una modalidad distinta: no existe "imposición" de un Estado sobre otro, sino que la integración resulta de una decisión voluntaria, soberana y autónoma de cada Nación, generalmente en condiciones de reciprocidad. Los autores del Derecho Comunitario Europeo destacan, en ese sentido, que entre el Derecho Comunitario y el derecho Interno no existe una relación jerárquica o de sometimiento de un ordenamiento a otro sino que se trata de dos esferas de competencias distintas, en materias que cada Estado, soberanamente, decidió delegar en base a mecanismos internos especialmente establecidos al efecto. El profesor Lagrange, al referirse a la cuestión de la primacía del Derecho Comunitario ha expresado que: "... no se trata de una primacía en el sentido de una jerarquía entre un derecho comunitario preeminente y los derechos nacionales subordinados, sino la sustitución del derecho nacional por el derecho comunitario en los dominios en que la transferencia de competencias ha sido operada: en estos dominios es, en lo sucesivo, la regla del Derecho Comunitario la que se aplica ...". La jurisprudencia del tribunal de justicia de las Comunidades ha insistido con reiteración en que el ordenamiento comunitario europeo es un ordenamiento autónomo, separado y distinto del de los Estados miembros, contando con mecanismos de garantía y de autointegración propios que resultan de los propios Tratados constitutivos, de esta manera ha podido declarar en "Humblet vs. Estado Belga", del 16 de diciembre de 1983, la Corte Constitucional Italiana expresaba en forma clara que: "...el derecho de la comunidad y el derecho interno de los Estados miembros pueden configurarse como sistemas jurídicos autónomos y distintos, aunque coordinados según el reparto de competencias establecido y garantizado en el tratado ...".

—— 120 ——

De allí también que la mayoría de las constituciones europeas requieran de mayorías especialmente calificadas en sus parlamentos para "delegar" competencias a órganos "supranacionales". Vale decir que ha sido por el camino de las cesiones voluntarias y soberanas de los Estados, sumada a la tarea de formación del Derecho Comunitario por sus órganos, especialmente el Tribunal de Luxemburgo, que se fue dando paso desde el concepto de "Estado de Derecho" al de "Comunidad de Derecho".

La Constitución Holandesa exige los 2/3 de los votos emitidos (art. 91) para aceptar cesiones de competencias; la danesa exige los 5/6 de miembros del Foketing (art. 20.2) y la griega los 3/5 de los miembros del Parlamento (art. 28.2), en tanto que la Constitución Española exige como requisito de las cesiones de competencia un "umbral mínimo" consistente en que la misma se realice mediante ley orgánica.

Así entendida la cesión de competencias como un acto "soberano" del Estado, no se presentarían conflictos constitucionales en el plano de la Supremacía (art. 31) aunque sí persistirían en la valla del art. 27 y en el art. 100. Algunos Tribunales Europeos resguardan específicamente la Soberanía, como la Corte Constitucional Italiana que se reserva, en última instancia el derecho de revisar la "constitucionalidad" de las decisiones de los órganos comunitarios en cuanto a su aplicación en Italia.

Es por eso que, a nuestro juicio, parte del debate constitucional en nuestro país debe centrarse en analizar si es necesario o no establecer una mayoría calificada para las cesiones de soberanía en materia comunitaria - en condiciones de reciprocidad con otros países. Nuestra Constitución ya establece mayorías especiales para otros casos (ej.: reforma de la Constitución), no siendo descabellado sostener que delegar competencias específicas de los órganos constitucionales supone, en última instancia, una reforma constitucional parcial.

3. LA CUESTIÓN CONSTITUCIONAL

La mayoría de las constituciones de América Latina se pronuncian a favor de la integración latinoamericana. Algunas contienen simples declaraciones, en cambio otras contienen cláusulas más expresas en materia de integración. Los países de América Central son los más enfáticos al respecto, a los efectos de dejar abiertas las puertas de una integración que ya existió entre 1821 y

1839 y que en sus constituciones reformadas postulan la integración económica y política: La Constitución de Costa Rica de 1968, la de El Salvador de 1983, Guatemala de 1985, Honduras de 1982 y Nicaragua de 1979. También el preámbulo de la Constitución de Venezuela y la del Perú de 1979 (art. 100). En la Constitución del Brasil de 1988 (art. 4) se dice: "La República Federativa de Brasil buscará la integración económica, política, social y cultural de los pueblos de América Latina, aprobando la formación de una Comunidad Latinoamericana de Naciones". También hacen referencia a la integración las constituciones del Paraguay de 1967 (arts. 9 y 103); Colombia (art. 76 inc. 18), Ecuador 1979 (art. 3) y Uruguay de 1966, aunque estas últimas utilizan fórmulas generales que hacen reserva de soberanía.

En la Argentina, las relaciones entre el Derecho Internacional y el Derecho Interno de los Estados dieron lugar a dos posiciones o tesis tradicionales según se tratara de favorecer la integración jurídica internacional o preservar la protección de los países. La primera tendencia se manifestó en la llamada corriente MONISTA, en tanto que la segunda se expresó en el DUALISMO. El debate no estuvo ajeno a nuestro país en torno a si las leyes y los tratados internacionales a que refiere el artículo 31 alcanzaban igual nivel o si prevalecían los tratados de Viena sobre Derecho de los Tratados). Durante muchos años el fallo "Merck Química Argentina c/ Gobierno Nacional" marcaba la pauta al señalar que la Argentina era dualista en tiempos de paz y monista en tiempos de guerra, ciertamente sin entenderse muy bien a qué criterio científico respondía esa distinción.

En los últimos años, el proceso de internacionalización del Derecho que se ha venido observando, ha favorecido la afirmación de la tesis monista, prácticamente sin discusiones. Justo es señalar que algunos autores la defendieron con ahinco durante muchos años, entre ellos el Profesor W. Goldschimdt y el detacado constitucionalista Germán J. Bidart Campos. Nuestra Corte Suprema de Justicia de la Nación también con el fallo recaído recientemente en la causa "Fibraca", del 7 de Julio de 1993, en donde dio preeminencia a los Tratados sobre el derecho Interno al resolver haciendo valer la decisión del Tribunal Arbitral Binacional de Salto Grande en una cuestión de honorarios de peritos. En el fallo "Cafés La Virginia", del 13 de octubre de 1994, la Corte Suprema afirmó - aún más - esa línea jurisprudencial.

La Reforma Constitucional de 1994 ha otorgado a los tratados internacionales una jerarquía superior a las leyes, afirmando el monismo ya aludido. El artículo 75 inciso 24 se refiere a los tratados de integración regional, señalando que pueden delegarse competencias y jurisdicción en organismos supranacionales. Las condiciones que exige la Constitución para aprobar los tratados de integración son: reciprocidad, igualdad, respeto al orden democrático y el respeto a los derechos humanos.

Esto de ninguna manera supone "apurar" el proceso instalando instituciones o "burocracias" prematuras. La integración debe ir "madurando", levantando barreras al libre comercio y armonizando asimetrías como primer paso. Esta es la tarea actual y no otra. pero los constitucionalistas no pueden estar ausentes, la integración latinoamericana tal como está planteada en los objetivos del Tratado de Asunción, reafirmado reiteradamente por los Presidentes, excede el marco de un mero acuerdo económico y se interna en objetivos más profundos: aquellos que más cercanamente nos refiriera Victor Massuh al hablarnos del llamado de la "Patria Grande". Se trata, en definitiva, de una opción estratégica para los pueblos de la región en el nuevo contexto mundial.

Proyecciones de las relaciones laborales en el MERCOSUR

MIGUEL ANGEL SARDEGNA

Professor da Universidade de Buenos Aires, Argentina.

SUMÁRIO: 1. Las proyecciones del MERCOSUR; 2. El MERCOSUR a través de sus protagonistas; 3. El MERCOSUR y el derecho del trabajo; 4. Los principios del derecho del trabajo; 5. Referencia bibliográfica.

1. LAS PROYECCIONES DEL MERCOSUR

Entendemos que el MERCOSUR puede llegar a constituirse en una herramienta contundente para que los países que lo integran alcancen un crecimiento dinámico y sostenido en el tiempo. No se trata de un mero acuerdo comercial o un tratado económico, es todo un proyecto político y más aún: una opción estratégica que aumenta el universo de las posibilidades para el desarrollo de los pueblos.

Para Argentina ello era impensable unos quince años atrás en que era gobernada por un gobierno militar y no sólo por ello se hallaba aislada políticamente. También estaba cerrada económicamente y los conflictos con nuestros países hermanos se encontraban a la orden del día.

Así Chile por el Beagle y los ingleses por las Malvinas parecían que se hallaban prestos al combate que con el primer país casi se cristaliza si no media S.S. Juan Pablo II y que sí, en cambio, se concretó con Gran Bretaña en 1982.

De las hipótesis de conflicto y las rivalidades pasamos a la amistad, al acuerdo y a la idea del consenso, cuando no a algo más intenso que es el sentimiento por la integración.

El primer gobierno constitucional que siguió al militar de aquellos años con su idea del plesbiscito enfrió las fricciones con Chile y el segundo, con la figura del paraguas, distrajo las heridas del extremo austral.

El encuentro entre Brasil y Argentina hace esquina a partir de la Declaración de Iguazú, donde las relaciones entre estos países comienzan a transitar una vía convergente, luego de crearse la Comisión Mixta Binacional que plasmó en julio de 1986 el Acta de Integración Argentino-Brasileña.

A partir de aquella se suscribieron varios protocolos de integración hasta que el 26 de marzo de 1991 se suscribe el Tratado de Asunción, al que se suman Paraguay y Uruguay.

Nace el MERCOSUR.

Hasta fines de la segunda gran guerra, Argentina se destacaba económicamente en América Latina, donde su producto bruto industrial superaba a las naciones del área.

Pero muy pronto la cuestión varió. En la década del 60 el crecimiento económico de Argentina alcanzó al 4%, mientras que el del Brasil superó el 10%.

Se producía lo que se dio en llamar "el milagro brasileño" al que algún protagonista intencionado señaló como una de las excusas que motivaron la asonada que interrumpió en 1966, el gobierno democrático del Dr. Illía.

El golpe de Onganía para ese interesado tenía esa intención: "contener esa ofensiva mediante una nueva dinámica económica". Se imponía detener al Brasil.

Aunque el producto variaba, Brasil quintuplica en población a la Argentina (160 por 33 millones) y la supera tres veces en territorio (8 millones de km2) y también en capacidad exportadora.

Ambos países entendieron que antes de la rivalidad y el conflicto les convenía la complementación y el acuerdo. Y comenzó desde el 85 un recorrido sucesivo hacia la convergencia.

Al plan Austral de Alfonsín-Sourrille, le siguió el plan Cruzado, de Sarney. El plan Primavera vernáculo halló su correspondiente en el plan Verano que se desarrolló de inmediato en el Brasil. El ministro de Economía del vecino país, Ricupero delineó un nuevo plan, que en esencia se asemeja al que en Argentina impuso Cavallo, ambos con una meta: equiparar la moneda local al dólar. Lograr la estabilidad.

Esta, sin duda, es un presupuesto básico de un emprendimiento como el MERCOSUR.

Soberanía y Crecimiento se vinculan hoy, en ambos países, con la idea de la integración y los mutuos vínculos que logremos desarrollar.

Se tiene un nuevo punto de partida y se busca otro de llegada. Y lo que no se puede discutir es el tránsito. Hoy el tránsito se llama MERCOSUR.

Este no es un proyecto que se agota en sí mismo, es un proceso que intenta insertar los países que lo integran en la economía mundial.

2. EL MERCOSUR A TRAVÉS DE SUS PROTAGONISTAS

Los economistas entienden que con la ampliación del mercado, los empresarios tienen la oportunidad de reducir costos por la posibilidad de lograr una mayor especialización. La competencia posibilitará la complementación y, en fin, ambas - especialización y complementariedad - significan mayor competitividad en los mercados mundiales.

Los laboralistas, por su parte, estamos atentos. Presentes. Inquietos.

Entendemos que los gobiernos de ambos países - Brasil y Argentina - y de los otros dos que adhirieron en el Tratado de Asunción al MERCOSUR - Paraguay y Uruguay - propician una política neoliberal. O mejor dicho, liberal; porque no es nueva.

Ella esencialmente se basa en la pura competitividad de la actividad privada, conforme más arriba se expresara, sin protección estatal, y esta mentalidad se traduce en este ámbito de una sola manera: se impulsa hacia la flexibilización. Es decir hacia la desregulación o, lo que es lo mismo para nosotros, la reducción del derecho del trabajo.

Quienes esto advierten, no desean que bajo el pretexto del MERCOSUR se reduzca o debilite el derecho laboral.

No debería presentarse a éste como un obstáculo, o la antítesis de la competitividad, aquélla que los economistas erigían en meta o panacea.

Es cierto que el MERCOSUR fue concebido, preparado e impulsado por economistas y políticos o diplomáticos, mas no resulta ocioso recordar que puede, según como se impulse y plasme, tener gravitante y decisiva repercusión en el ámbito laboral y en el de la ocupación. En el Derecho del Trabajo, en la Política de Empleo y en toda el área de la Seguridad Social.

—— 127 ——

3. EL MERCOSUR Y EL DERECHO DEL TRABAJO

Los principios generales del Derecho del Trabajo deben preservarse, como deben respetarse los cimientos de ese derecho, sus bases y fundamentos; lo que motivó su origen. Axiomas tales como aquel de que el trabajo no es una mercancía continúan siendo válidos.

El trabajo humano no puede ser la única variable de ajuste, ni la pauta de comparación de los costos de producción entre los países integrantes del MERCOSUR. La competencia internacional no debe realizarse en perjuicio de los trabajadores de cada país.

Ella no puede imponerse en base a la rebaja de los precios por la exclusiva razón de la reducción o desconocimiento de los beneficios sociales de los trabajadores dependientes involucrados.

La única competencia válida entre los distintos países que buscan integrarse, debe fundarse en la calidad de los bienes que se ofrezcan, la capacidad organizativa por la que se opte, la tecnificación de la producción que se propicie y la mejora de los procedimientos de comercialización que se intente.

Para el éxito del MERCOSUR deben primar las siguientes cuestiones:

a) La integración debe formalizarse según la idiosincracia de nuestros pueblos, no limitándose a una mera zona de libre comercio, unión aduanera o mercado común.

El concepto trasciende las fronteras del campo económico, ingresa en lo político y penetra en lo social.

b) Debe atenderse al tema de las relaciones laborales, desconocido en un primer momento en el Tratado cuando se crearon los primeros 10 subgrupos.

c) Debe afirmarse la auténtica dimensión sociocultural del MERCOSUR.

Vivimos en una sociedad planetaria. Por los medios de comunicación somos dueños de todos los paisajes, de todos los cuadros, de todos los libros, de todos los acontecimientos musicales trascendentes. La galaxia Gutemberg se ha convertido hoy en una aldea planetaria. La integración regional y la subregional (como es el MERCOSUR) expresa las escalas más humanas para la perspectiva integradora de nuestro tiempo.

El MERCOSUR se hará grande en la medida en que se haga carne, corazón y piel en las personas.

Esa es la verdadera integración.

d) Debe atenderse a la equitativa regulación de la migración de los trabajadores de los países miembros.

e) Debe mantenerse el reconocimiento y vigencia de los principios generales del Derecho del Trabajo en todos los Estados, sin soslayar que estos principios de naturaleza finalista van a tener su alcance práctico en la voluntad de consenso que definan los Estados.

f) Debe reconocerse que la voluntad de los Estados hace que el Derecho Internacional sea efectivo.

Según la concepción de Jellinek (1890) debe existir una voluntad política para que la norma sea eficaz.

Esto se afirmó en la reciente reforma Constitucional Argentina donde se reconoce la supranacionalidad si existe reciprocidad (art. 75, inc. 25 C. N.), más allá de la doctrina uruguaya inspirada en Kelsen que propicia la armonización y la fijación de mínimos que surgen como una norma fundamental, con abstracción de la voluntad de los propios Estados.

g) Debe promoverse la ratificación de los fundamentales convenios internacionales de trabajo.

h) Debe evitarse el dumping social inhumano entre los países-miembros.

i) Deben atenderse los derechos sociales en general y los derivados de la seguridad social en cada uno de los países integrantes del MERCOSUR, conforme lo establecen sus respectivas Constituciones Nacionales.

Por eso, para los laboralistas, el MERCOSUR es un riesgo y se observa con temor.

Para otros, en particular para los economistas, es una esperanza.

Para todos debe ser un desafío donde unos y otros no pierdan de vista que, de lo que se trata para los denominados "Estados Partes", como expresara en su primer considerando el Tratado de Asunción, es "acelerar sus procesos de desarrollo económico con justicia social". Es decir: competitividad, pero con solidaridad.

Recuérdese que aquélla no proviene de la ley laboral, o mejor, de su inexistencia; sino del ritmo de la actividad económica.

4. LOS PRINCIPIOS DEL DERECHO DEL TRABAJO

Los países que han suscripto el Tratado de Asunción cuentan hoy con gobiernos de inspiración neoliberal, o mejor dicho liberal, que basan su teoría económica en la plena competitividad descuidando el aspecto social de la cuestión.

Impulsan así lo que generalizadamente da en llamarse la flexibilización, desregulación o reducción del derecho laboral.

El derecho del trabajo es un derecho "unilateralmente protector de los trabajadores" y no pocos se resisten hoy en admitir que se encuentre hoy en discusión el tema de la protección en términos absolutos. Así algunos autores propician imbuir al mismo con "notas flexibilizadoras", aunque otros se inclinen más por la adopción del término "adaptación".

La función histórica del derecho del trabajo, la que explica su aparición, desenvolvimiento y vigencia se gestó, a partir de los cambios en el sistema de producción y servicios que se produce a partir de la llamada "revolución industrial".

La crisis que se está dando con mayor o menor intensidad en el mundo, no justifica el desbaratamiento de tal derecho o su absoluta negación.

El derecho del trabajo no sólo pervive a las crisis sino que progresa en medio de ellas. Si bien es cierto que el derecho del trabajo depende de la economía en cuanto no siempre se alcanza a lograr lo socialmente deseable y debe aceptarse, a veces, lo económicamente posible, no se encuentra en todos sus aspectos bajo la férula de la infraestructura económica y, en oportunidades, hasta resulta que la economía se somete al derecho del trabajo ya que el desarrollo de éste influye decididamente en aquélla.

Es que el bienestar social, el desarrollo social, su progreso, fomenta aceleradamente el crecimiento; no lo frena. No es posible ascender socialmente sin la existencia de cierto grado de armonía entre los factores de la producción.

El avance tecnológico en definitiva aumenta la producción global del país y esto es útil para el avance de la economía en general la que resulta así, en los hechos, la principal aliada de la ocupación.

La desocupación, en cambio, es la primer consecuencia de la recesión.

Ni desprotección ni desbaratamiento del derecho laboral, ni su adaptación. Vamos sí hacia un nuevo derecho del trabajo más éste no debe abdicar de los principios generales que le dieron su origen. Tal vez alguno deberá actualizarse, pero nunca llegar a su desnaturalización. Estos principios que informan e inspiran al legislador, fundamentan el orden jurídico y orientan al Juez o al intérprete justifican, inspiran e influyen; son la esencia de esta

—— 130 ——

rama jurídica. Y como tales no se hallan divorciados de las necesidades y urgencias del momento. Una rápida revista a los principios generales fundamentales del Derecho del Trabajo, su estado actual, sus tendencias y su vinculación con la globalización actual del derecho y la economía ratifican nuestra tesis.

Uno de ellos plasma con toda objetividad lo que decimos, y resulta inmutable a través de todos los embates que recibe esta disciplina, éste es el denominado de *la primacía de la realidad*.

Desde cualquier óptica que se analice la cuestión sin duda éste es el principio que siempre, indiscutidamente, se mantiene vigente. Es el que hace que esta rama jurídica se adapte en la historia y en el mapa a las necesidades de los tiempos, de la economía y de las relaciones laborales.

El Tratado de Asunción con respecto a los países que lo suscribieron reconoce "que la ampliación de las actuales dimensiones de sus mercados nacionales, a través de la integración, constituye condición fundamental para acelerar sus procesos de desarrollo económico con justicia social".

Es necesaria la promoción del desarrollo científico-tecnológico a efectos de ampliar la oferta y la multiplicidad de los bienes y servicios disponibles, mas todo ello con un objeto primordial: mejorar la calidad de vida de los habitantes de cada uno de los países signatarios.

El acceso a cualquier derecho por parte del hombre o de los pueblos no puede quedar sólo librado al juego injusto del mercado y de la libre competencia porque la persona humana no es una cosa, ni el trabajo una mercancía.

La Declaración de Montevideo de 1991 ratificó los principios del Tratado de Asunción delineados en el ámbito laboral porque entendió que el proceso de integración debía acompañarse con un mejoramiento en las condiciones de trabajo, de todos los trabajadores, *prohibiendo las discriminaciones*.

He aquí otro principio general del Derecho del Trabajo que debe preservarse en la integración.

Mejoramiento y no empeoramiento; al que podría arribarse, en su defecto, si se siguiera una política de reducción o contención salarial que congelara o deteriorara las retribuciones con el solo objeto de evitar la selva de los costos comparados, amparándose en nacionalismos xenófobos e inentendibles y en el dumping social brutal e inhumano. El cumplimiento de este principio influye decisivamente en el mercado económico porque evita la marginación.

La *equidad* (otro principio), que es aquella justicia aplicada al caso individual, concreto, tampoco debe soslayarse. Se trata de la correcta buena doctrina aplicable por los comités de frontera donde no es justo entender que un accidente geográfico trivial o un acuerdo fronterizo, a veces forzado, separa a réprobos de elegidos. Aquellos, destinados a la frustración y a la pobreza, y estos otros, a quienes los espera inequitativamente la felicidad.

El principio *protectorio* propicia el amparo del trabajador, de todos los trabajadores, el nacional y el otro, (el prójimo) fue el fundamento principal y primero (axiológica y ontológicamente hablando) del nacimiento del derecho del trabajo. Es su fundamento e idea. Su razón de ser, su cimiento y proyección. Porque trató de compensar la desigualdad económico social de las partes propiciándose normas de "orden público laboral" que beneficien al trabajador dependiente y constituyan un mínimo intangible.

La doctrina keynesiana insiste en que la armonización de las normas laborales en los países integrantes del MERCOSUR se impone, debiendo tenerse en cuenta esos mínimos pero por sobre todo y fundamentalmente lo importante es hacer a los mismos de posible cumplimiento, sin dejar de tener presente que es primordial la voluntad de los estados porque en su defecto y sin la voluntad política de cada uno de ellos esa pretensión no resultará eficaz.

Como consecuencia de este principio se desarrolló otro: el de la *irrenunciabilidad*, precisamente el que hoy recibe los mayores embates por parte de las corrientes flexibilizadoras y economicistas. Son las que entienden precisamente que la renunciabilidad de los derechos (laborales!) conduce al bienestar general pasando por el "orden público económico". Esto nos parece una falacia.

Quienes comenzaron a propiciar esta idea explicaban que la misma superaba al "orden público laboral", por no ser de naturaleza unilateral como éste, y permitir su invocación para el logro de mayores y mejores condiciones de trabajo como objetivo de bien común. El bienestar de todos, de acuerdo a esta doctrina, primaba y se hallaba por encima del interés sectorial.

La interpretación económica del derecho nos provoca escozor ya que puede llegar a usurpar de los valores tradicionales de justicia, equidad y buena fe, en favor de la eficiencia y de la maximización de los recursos, pero en desmedro de las consideraciones axiológicas.

A la zaga de aquel intento o junto al mismo se propicia la demolición de otro principio: el de la *continuidad del contrato*, aquel que tiende a la conservación de la frente de trabajo como legítima aspiración del hombre, como su expectativa, su última esperanza.

La lógica económica vincula la movilidad del puesto y la modalidad contractual a las fluctuaciones del mercado y esa lógica y la vulneración de ese último principio mencionado son las principales responsables de la actual precarización del trabajo en la ARGENTINA. Aunque no las únicas, repetimos: son las principales.

Los restantes principios tradicionales, en cambio, no parece que merezcan discusión. El de la *gratuidad de los procedimientos* es el corolario del principio protectorio. Es el principio del derecho de forma que afirma al de fondo. Expresamos una vez: "aquí no hay nada que flexibilizar. O para algunos sí?

La buena fe se traduce en el deber de fidelidad, la obligación de lealtad o corrección.

Este principio es habitualmente canjeable por otro caro a cualquier doctrina económica: el de "rendimiento". Aquel es sinalagmático; en éste, en cambio, se pone el acento en las obligaciones del trabajador, quien debe realizar el máximo esfuerzo para aumentar o impulsar la producción.

Mas éste, desde cualquier ángulo, y todos ellos en general, hallan en otro principio, el de la *razonabilidad*, el dique lógico de contención de cualquier idea disvaliosa, incluso las modernistas, las economicistas o las simplemente flexibilizadoras o de mera adaptabilidad. Es un principio al que los dardos de todas ellas no le alcanzan.

Hasta cierto grado se puede admitir la flexibilización en el derecho del trabajo, que es el derecho de los trabajadores, en todos los países integrantes del MERCOSUR, pero no más allá. El límite está determinado justamente por el criterio de razonabilidad.

5. REFERENCIA BIBLIOGRÁFICA

SARDEGNA, M. A. *Las relaciones laborales en el MERCOSUR*. Ediciones La Rocca, Buenos Aires, Argentina, julio 1995, 315 págs.

El desarrollo sustentable:
medio ambiente y Latinoamérica

JORGE ATILIO FRANZA

Professor da Universidade de Buenos Aires, Argentina.

SUMÁRIO: 1. Introducción; 2. La racionalidad ambiental; 3. Racionalidad ambiental tecnica o instrumental; 4. Racionalidad ambiental cultural; 5. Racionalidad ambiental y racionalidad económica; 6. La noción de calidad de vida; 7. Eficacia de los sistemas jurídicos ambientales y sus tendencias; 8. Eficiencia de los sistemas jurídicos ambientales; 9. Principios de politica ambiental en el desarrollo sustentable: estrategia latinoamericana; 10. Bienes jurídicamente tutelados; 11. Prevención y ordenamiento; 12. Instrumentos de prevención y ordenamiento; 13. Procedimiento para la adopción y actualización de normas técnicas; 14. Sistemas de información ambiental; 15. Responsabilidad por daño ambiental y internacionalización de las externalidades; 16. Internalización de las externalidades; 17. Latinoamérica y la tarea pendiente.

1. INTRODUCCIÓN

En el umbral del tercer milenio, América Latina y el Caribe enfrentan un enorme desafío en el ámbito económico, político y social.

El de lograr el desarrollo integral y el manejo sustentable de sus recursos naturales y el medio ambiente.

La región se encuentra ante una encrucijada histórica.Esta exije una transformación productiva que, en un contexto de democracia política, apertura económica y revisión del papel del Estado para facilitar una mayor participación de la sociedad civil, dina-

—— 135 ——

mice el conjunto de las economías y siente, al mismo tiempo , nuevas bases para una creciente equidad.

El objetivo, entonces, es mejorar el nivel de vida de manera ambientalmente sustentable. Esto lleva a reconocer que las alteraciones del medio ambiente natural y humano constituyen el sustracto del proceso de desarrollo, y que por ello el tema ambiental no puede estar ajeno a las preocupaciones de quienes orienten este proceso.

La gestión del capital natural es una condición necesaria para lograr el crecimiento económico y niveles de vida sustentables para la población .El patrimonio o capital natural tiene una importancia fundamental para lograr la transformación productiva con equidad.

Las relaciones entre crecimiento, equidad y sustentabilidad ambiental son completas.

Por una parte, la transformación de bienes es esencial para el crecimiento y para mejorar los niveles de vida.

Es preciso orientar el avance tecnológico que dinamiza las economías, con el objeto de reducir los efectos negativos o generar otros que sean positivos para el capital natural.

Las personas y las comunidades son el objetivo principal del desarrollo .El desarrollo sustentable no es compatible con la pobreza. La superación de la pobreza es, para la región, condición indispensable para el desarrollo sustentable. Para que la sustentabilidad del desarrollo sea posible, debe referirse a la _sustentabilidad ecológica, económica y social.

La sustentabilidad ecológica exige adoptar un sistema de manejo de recursos y tecnologías , que posibilite utilizar la máxima cuantía de los mismos, compatible con el mantenimiento de los procesos regenerativos o con transformaciones deseables respecto a las características del habitat. Es decir, maximizar la producción, el aprovechamiento y el uso integral, minimizando la degradación, el desaprovechamiento y el uso parcial.

La sustentabilidad económica exige generar una estructura de precios, de estímulos y penalidades que posibiliten un uso adecuado del territorio, internalicen las externalidades, reordenen los aspectos de la ocupación del espacio y promuevan el uso de las potencialidades desaprovechadas.

La valorización de los recursos en base a los beneficios y costos ambientales, la elaboración de las cuentas del patrimonio natural a través de los costos de manejo, y la instrumentacion del ordenamiento ambiental, estas serán en conjunto las politicas que posibilitarán alcanzar estos objetivos.

Se consideran externalidades negativas, en este caso, a los efectos perniciosos del proceso económico que se generan al no haber asumido éste todos los costos de su actividad productiva. En especial, debemos referirnos al costo de manejo o reposición del capital natural que utilizaba en forma de materia prima y en el uso del habitat para la producción.

La sustentabilidad social dependerá de que las condiciones y calidad de vida de la población se eleven sustancialmente y ello motive el interés de su activa participación en las distintas instancias del proceso. La educación ambiental en la enseñanza formal y no formal, podrá desarrollar una labor en la formación de los técnicos y, en general, en los diferentes sectores sociales, todos los cuales deben jugar un papel activo en las diferentes instancias de un reordenamiento ambientalmente adecuado, através de la participación activa (audiencias públicas, legitimación procesal para la tutela del ambiente en las ácciones de interés colectivo o difuso). En conclusión *el desarrollo sustentable es una modalidad del desarrollo que posibilita la satisfaccion de las necesidades de esta generacion sin menoscabar las posibilidades de las futuras generaciones en satisfacer las propias.*

2. LA RACIONALIDAD AMBIENTAL

Le cuestión ambiental emerge como una problemática social del desarrollo, planteando la necesidad de normar un conjunto de procesos de producción y consumo que, sujetos a la racionalidad económica y a la lógica del mercado, han degradado al ambiente y la calidad de vida. De esta conciencia ambiental han surgido nuevos valores y fuerzas materiales para reorientar el proceso de desarrollo. Así, se ha ido configurando una cultura ecológica y democrática asociada a los objetivos del desarrollo sustentable, fundado en los siguientes principios:

1) Los derechos humanos a un ambiente sano y productivo de las comunidades autóctonas a la autogestión de sus recursos ambientales para satisfacer sus necesidades y orientar sus aspiraciones sociales a partir de diferentes valores culturales, contextos ecológicos y condiciones económicas.

2) El valor de la diversidad biológica, la heterogeneidad cultural y la pluralidad politica, así como la valoración del patrimonio de recursos naturales y culturales de los pueblos.

3) La conservación de la base de recursos naturales y de los equilibrios ecológicos del planeta como condición para un desarrollo sustentable y sostenido, que satisfaga las necesidades actuales de las poblaciones y preserve su potencial para las generaciones futuras.

4) La apertura hacia una diversidad de estilos de desarrollo sustentable, basados en las condiciones ecológicas y culturales de cada región y cada localidad.

5) La satisfacción de las necesidades básicas y la elevación de la calidad de vida de la población, partiendo de la eliminación de la pobreza y de la miseria extrema, y siguiendo con el mejoramiento de la calidad ambiental y del potencial ambiental, a través de la descentralización del poder y la distribución social de los recursos ambientales.

6) La distribución de la riqueza y del poder a través de la descentralización económica y de la gestión participativa de los recursos.

7) El fortalecimiento de la capacidad de autogestión de las comunidades y la autodeterminación tecnológica de los pueblos, con la producción de tecnologías ecológicamente adecuadas y culturalmente apropiables.

8) La valoración de la calidad de vida y del desarrollo de las capacidades de todos los hombres y mujeres, sobre los valores cuantitativos de la producción para el mercado y del consumo.

9) La percepción de la realidad desde una perspectiva global, compleja e interdependiente, que permita articular los diferentes procesos que la constituyen, entender la multicausalidad de los cambios socioambientales y sustentar un manejo integrado de los recursos.

3. RACIONALIDAD AMBIENTAL TECNICA O INSTRUMENTAL

La racionalidad técnica o instrumental establece los medios que confieren su eficacia a la gestión ambiental, incluyendo las tecnologías ambientales y ecotécnicas, los ordenamientos jurídicos, los intrumentos legales y los arreglos institucionales de las politicas ambientales, asi como las formas de organización del movimiento ambiental para generar las fuerzas sociales necesarias para transformar la racionalidad económica dominante.

El propósito de internalizar los costos ecológicos y las externalidades ambientales en el cálculo económico y de generar un

—— 138 ——

potencial ambiental para un desarrollo sustentable, plantea la necesidad de generar un conjunto de instrumentos técnicos, ordenamientos legales, procesos de legitimación y organizaciones políticas, que traduzcan los objetivos de la gestión a la construcción de la racionalidad ambiental.

4. RACIONALIDAD AMBIENTAL CULTURAL

La categoría de racionalidad ambiental implica la diversidad étnica. Esta se integra por diversas organizaciones culturales y por las racionalidades de las diferentes formaciones socioeconómicas que constituyen una formación nacional. La gestión ambiental implica la participación directa de las comunidades en la apropiación de su patrimonio natural y cultural y en el manejo de sus recursos. De esta forma la racionalidad cultural no es tan sólo un argumento más de la racionalidad sustantiva, sino que constituye también un principio que norma a toda racionalidad instrumental.

Los valores culturales implícitos en las prácticas tradicionales de diferentes formaciones sociales, no sólo incorporan principios de racionalidad ecológica, sino que imprimen el sello de la cultura en la naturaleza a través de las formaciones ideológicas que determinan los procesos de significación del medio, las formas de percepción de la naturaleza y los usos socialmente sancionados de los recursos, vinculados a necesidades definidas culturalmente.

5. RACIONALIDAD AMBIENTAL Y RACIONALIDAD ECONÓMICA

La construcción de una racionalidad ambiental aparece así como un conjunto de procesos de racionalización, con diferentes instancias de racionalidad que confieren legitimidad a la toma de decisiones con respecto a la transformación de la naturaleza y el uso de los recursos, dando funcionalidad a sus operaciones prácticas y eficacia a sus procesos productivos. Estas diferentes instancias y procesos son susceptibles de ser sistematizados y priorizados, pero no es posible establecer en ellos un orden de racionalidad superior.

6. LA NOCIÓN DE CALIDAD DE VIDA

La noción de calidad de vida se ha constituído en un concepto central de los objetivos que persigue la gestión ambiental del desarrollo. La noción de calidad de vida relativiza y contextualiza la cuestión de las necesidades humanas y del proceso social para satisfacerlas, demarcando este problema de las consideraciones tradicionales de las necesidades en la economía convencional (léase la economía del bienestar) en una nueva perspectiva, sin embargo, poco se ha avanzado en la sistematización y operacionalización del concepto.

La cuestión de la calidad de vida irrumpe en el momento en el que converge la masificación del consumo y la concentración de la abundancia, con el deterioro del ambiente, la degradación del valor de uso de las mercancías, el empobrecimiento crítico de las mayorías y las limitaciones del Estado para proveer los servicios básicos a una creciente población marginada de los circuitos de la producción y el consumo. Al tiempo que la ampliación de los mercados genera la uniformización de los bienes de consumo, se ha generado un efecto de disfuncionalidad ambiental por la variedad de condiciones ecológicas y culturales y primera canalización de importantes recursos económicos para promover el consumo.

La noción de calidad de vida sugiere una complejización del proceso de producción y de satisfacción de necesidades, que tiende a superar la división simplista entre necesidades objetivas y necesidades de carácter subjetivo o incluso la dicotomía entre factores biológicos y psicológicos, incorporando la determinación cultural de las necesidades. En su análisis se imbrican las nociones de bienestar, nivel de ingreso, condiciones de existencia y estilos de vida; se entretejen procesos económicos e ideológicos en la definición de demandas simbólicas y materiales, en la imposición de modelos de satisfacción a través de efectos demostración y en la manipulación publicitaria del deseo.

La calidad de vida replantea los valores asociados con la restricción del consumo y el estímulo al crecimiento económico, la satisfacción de las necesidades individuales frente a los requerimientos para primera reproducción social; cuestiona los beneficios alcanzados por las economías de escala y de aglomeración y de la racionalidad del consumo que tiende a maximizar el beneficio presente y descontar el futuro. La satisfacción de las necesidades de una sociedad opulenta, o de una sociedad altamente estratificada y polarizada, requiere mayores recuros y ejerce una mayor presión sobre el ambiente, que una sociedad igualitaria.

7. EFICACIA DE LOS SISTEMAS JURÍDICOS AMBIENTALES Y SUS TENDENCIAS

a) Eficacia y eficiencia de las normas jurídicas

Por eficacia se entiende, el grado de acatamiento de una norma jurídica por quienes son sus destinatarios; por eficiencias, el grado de capacidadad que tiene la norma jurídica para resolver los problemas que supuestamente debe solucionar.

b) Eficacia de los sistemas jurídicos ambientales

Según nuestra opinión, las causas del escaso grado de eficacia de los sistemas jurídicos ambientales, no responden a motivaciones que sean ajenas al orden económico interno prevaleciente en nuestros países y sobre todo, al orden económico internacional, que determina el estado de cosas que estamos viviendo. Por ello, creemos que la eficacia de las normas ambientales, debe ser estudiada junto con los hechos económicos que están condicionando la calidad de la vida en nuestros países y que muchas veces, son superiores a cualquier voluntad legislativa.

c) Eficacia de los sistemas jurídicos ambientales y economía latinoamericana.

En América Latina han existido históricamente tres ejes de acumulación: el primero de ellos desde mediados del siglo XIX y hasta la primera guerra mundial, giró en torno a la explotación (patrón primario exportador); el segundo, que correspondió al período de la entreguerra (1918-1939), giró en torno al proceso industrial de aquella época (patrón industrial) y el tercero de la segunda postguerra en adelante ha girado en torno a las empresas transnacionales (patrón transnacional).

Dentro de este último patrón se ha ido desenvolviendo un determinado estilo de desarrollo, que se conoce como estilo transnacional. En tal estilo de desarrollo, las empresas transnacionales juegan obviamente, un papel dominante. La dinámica del mismo estilo en su relación con el ambiente en la experiencia reciente en América Latina, ha sido descripta cabalmente; crecimiento industrial con sus implicaciones de contaminación e hiperconcentración urbana; modernización agricola con el predominio de las consideraciones de rentabilidad sobre ecologías, y por ende, con agresiones al medio natural, urbanización acelerada con deterioro de la calidad de la vida de los habitantes de las ciudades, etc. No es fácil modificar esta dinámica. El carácter cada vez más dependiente de las economías de América Latina hace problemática cualquier modificación.

—— 141 ——

Sólo el impulso de un proyecto de desarrollo verdaderamente nacional y autónomo, para no hablar de cambios más estructurales, puede modificar este proceso de crecimiento con pobreza, que afecta de manera decisiva el ambiente.

8. EFICIENCIA DE LOS SISTEMAS JURÍDICOS AMBIENTALES

El desconocimiento de los fenómenos sociales lleva muchas veces a que el legislador adopte frente a ellos una actitud voluntaria que nada resuelve. De la misma manera, el desconocimiento de los fenómenos naturales lleva muchas veces al legislador a establecer normas de efectos incluso negativos para el ambiente.

Pero, sobre todo, es en la gestión ambiental donde estas carencias son más profundas. En efecto, los sistemas jurídicos ambientales suelen confiar facultades discrecionales a los administradores del ambiente, para que éstos, de acuerdo con las circunstancias, regulen su conservación y mejoramiento. Esta regulación no puede ser eficiente si no descansa en datos precisos. Algo similar cabe decir de las facultades discrecionales que se entregan a los administradores del ambiente para conceder autorizaciones o licencias de obras que pueden tener efectos ambientales negativos. O de las mismas facultades para cuidar de los recuros naturales.

La investigación ambiental, tiene una importancia decisiva para que puedan ser efectivas las normas jurídicas que regulen tales fenómenos. El dato de lo social o de lo natural, o de sus interacciones, resulta fundamental en este sentido. Y sabemos que, en nuestra región, la formación de este conocimiento tiene todavía un largo camino por recorrer.

9. PRINCIPIOS DE POLITICA AMBIENTAL EN EL DESARROLLO SUSTENTABLE: ESTRATEGIA LATINOAMERICANA

a) El principio fundamental del derecho humano a gozar de un ambiente saludable y seguro, capaz de garantizar su bienestar y el desarrollo sustentable de sus actividades, mediante el cual las interferencias al ambiente no afecten a su salud, no le generen un riesgo sisgnificativo ni limiten su capacidad productiva.

b) El principio de la subsidiariedad, mediante el cual el nivel jurisdiccional más apropiado se hará cargo, de forma exclusiva o concurrente de la formulación de la política ambiental y/o de su ejecución cuando así corresponda según el ordenamiento jurídico vigente y el tipo de problema ambiental que se atienda, la acción necesaria y el ámbito geográfico territorial singular que se desee proteger.

c) El principio preventivo, mediante el cual se atenderán prioritariamente y en forma integrada las causas y las fuentes de los problemas ambientales, y luego sus síntomas.

d) El principio precautorio, mediante el cual la ausencia de información y conocimiento científico suficientes no sea motivo para la inacción frente al peligro de daño grave o irreversible en el ambiente, en la salud y en la seguridad pública.

e) El principio de la equidad intergeneracional, mediante el cual se conserven para las siguientes generaciones las mismas opciones de utilización del ambiente que las recibidas por la generación presente.

f) El principio de la integración de las consideraciones ambientales en el conjunto de toma de decisiones políticas, mediante el cual:

- se garantice su reconocimiento desde una instancia inicial y oportuna, asegurando una adecuada predicción y evaluación del posible impacto ambiental de las decisiones propuestas, tomando en cuenta la relación costo-eficiencia de las medidas sugeridas tanto en el corto como en el largo plazo;

- se considere la opinión y el conocimiento científico existente sobre el diagnóstico del ambiente a ser intervenido, la disponibilidad tecnológica para prevenir, corregir y mitigar los efectos adversos al ambiente, el contexto económico y la opinión que sobre la acción propuesta tiene el público.

g) El principio del libre acceso a la información ambiental que adminsitre el Estado, mediante el cual toda persona pueda obtener de la Administración la información que seleccione y que no se encuentre contemplada entre aquella determinada legalmente reservada; y el principio de la responsabilidad del Estado de informar sobre el estado del ambiente y los posibles impactos que sobre él puedan tener las actividades humanas actuales o proyectadas.

h) El principio de la participación ciudadana en la gestión del ambiente mediante el cual se reglamentará el derecho de ser consultado y la legitimación procesal en ámbito judicial o administra-

—— 143 ——

tivo para actuar en defensa de los derechos ambientales colectivos o difusos.

i) El principio de la seguridad ambiental, mediante el cual los riesgos significativos al ambiente, de las acciones actualmente en curso y de las acciones propuestas deben ser cuantificados y ponderados en relación a los beneficios que, a partir del ambiente intervenido, podrán ser obtenidos en razón de esas acciones en largo plazo, sin descuidar los intereses de corto plazo; asimismo mediante una planificación adecuada para el tratamiento de emergencias ambientales.

j) El principio de solidaridad social ambiental, mediante el cual se preferencie la protección del ambiente, de la salud y de la seguridad de los niños menores de 6 años, la de los mayores de 70 años y la de los sectores más vulnerables de la sociedad.

k) El principio de la progresividad, mediante el cual se fijan objetivos de naturaleza ambiental para ser logrados gradualmente a través del cumplimiento de metas interinas y finales proyectadas en un cronograma temporal que facilite la adecuación correspondiente a las actividades relacionadas con esos objetivos.

l) El principio de la valorización económica del ambiente y de sus recursos naturales, mediante el cual:

- el generador de efectos degradantes del ambiente es responsable de los costos de las acciones preventivas y correctivas, pudiendo trasladar esos valores a los precios de los bienes o sevicios producidos por él, sin prejuicio de la responsabilidad civil y penal que le cabe por daño ambiental consumado en violación del derecho vigente;

- el usuario de bienes y servicios pague la totalidad de los costos que envuelva la producción de éstos, incluyendo el uso y la renovación de los recursos naturales, la adecuada disposición final de los residuos y la preservación de la capacidad de carga del ambiente intervenido;

- los factores ambientales, incluídos primeros recursos naturales, deben ser considerados en la elaboración de las cuentas patrimoniales del Estado;

- en los términos de la negociación que se promueva, el Estado Nacional podrá compensar deudas de las Provincias por obras de significativa importancia en favor de la Naturaleza.

m) El principio de la responsabilidad civil ambiental mediante el cual se garantizan sistemas jurídicos de indemnización a los afectados en su salud y en su propiedad por daños provocados a través del ambiente.

—— 144 ——

n) El principio de la conservación de la diversidad biológica, mediante el cual se garantiza a perpetuidad de la diversidad genética, de las especies y de los ecosistemas, manteniendo los procesos ecológicos esenciales y el uso sostenible de los recursos.

o) El princípio de la preservación de la estabilidad climática, mediante el cual se reconoce la importancia de limitar, cuando corresponda la emisión de gases con efecto de invernadero; y de realizar investigaciones y monitoreo sobre el comportamiento climático y sus efectos adversos en la salud, en la propiedad y en el ambiente, y de adoptar medidas que mitiguen esos efectos.

p) El principio de restricción nuclear, mediante el cual no se instalarán usinas nucleares sin autorización de las Provincias en que se localicen, sin estudios de riesgos e impacto ambiental y sin informes económicos comparativos de costo-beneficio con energías alternativas.

q) El principio de especialidad de fondo ambiental es de cada parte signataria integrado por tributos, sanciones o precios de permisos y licencias o concesiones cuyo único destino será el financiamiento de actividades de tutela y recuperación ambientales.

10. BIENES JURÍDICAMENTE TUTELADOS

1. Los bienes jurídicamente tutelados por la legislación ambiental, prioritariamente, son:

a) la calidad de la vida humana y la salud humana;

b) la utilización racional de los recursos naturales, con el fin de satisfacer las necesidades presentes sin comprometer las de generaciones futuras;

c) la solución de problemas referidos a los puntos anteriores, en los ámbitos local, provincial, regional, nacional, comunitario y mundial.

2. La tutela del ambiente se desarrolla en los planos de la prevención, el ordenamiento y la reparación, para proveer a la protección de dichos bienes.

El costo de la prevención, ordenamiento y reparación, debe ser absorbido por las actividades económicas que generan la necesidad de aquéllos.

—— 145 ——

11. PREVENCIÓN Y ORDENAMIENTO

1. La prevención para evitar las degradaciones ambientales provenientes de actividades económicas, es responsabilidad de los explotadores de esas actividaes.

Todos los habitantes están obligados a la prevención, en relación a sus propias actividades, de cualquier género que fueren.

2. El ordenamiento ambiental es función estatal, en los distintos niveles de organización, conforme a la distribución de potestades normativas establecidas en el art. 41 de la Constitución Nacional.

Cada nivel estatal interviene, en la fase administrativa del ordenamiento, sólo en la medida en que los objetivos de la acción sea por su dimensión o por sus efectos, no puedan ser suficientemente cumplidos por el nivel inferior, o éste no los haya efectivamente realizado (principio de subsidiariedad).

12. INSTRUMENTOS DE PREVENCIÓN Y ORDENAMIENTO

1. Las autoridades (nacional, provinciales, municipales) deben establecer reglas destinadas al ordenamiento ambiental.

2. Los procedimientos de autorización para la implantación de una actividad económica o una obra, para las que se prevé un impacto ambiental relevante por su naturaleza, su dimensión o su ubicación, deben establecer una evaluación previa del impacto ambiental.

3. La evaluación debe contener la descripción de los efectos directos e indirectos del proyecto sobre: el hombre, la fauna, la flora, el suelo, las aguas (superficiales y subterráneas), el aire, el clima, el paisaje, así como la interacción de dichos factores, los bienes materiales y el patrimonio cultural emitiendo un juicio sobre el conjunto.

4. La evaluación será efectuada por la autoridad estatal competente, que requerirá del peticionante, la información, colaboración y recursos pecuniários adecuados. Requerirá asimismo un estudio de impacto ambiental previo o una declaración de impacto por parte del explotador en cualquier momento (formulación y presentación del proyecto, puesta en marcha, explotación).

—— 146 ——

5. Las normas complementarias establecerán, conforme a las circunstancias, la participación de los interesados en la etapa instructoria y en la evaluación final.

6. La ley deberá establecer las condiciones en que podrán funcionar empresas de auditoría ambiental, la forma y responsabilidad de las mismas, y el contralor administrativo sobre ellas.

También podrá establecer los casos en que la autoridad administrativa podrá exigir auditorías ambientales, tanto en la formulación del proyecto como en su evaluación o durante la explotación.

7. En materia de participación y defensa, la ley debe diferenciar: a) la nueva participación en la formulación y ejecución de medidas de protección ambiental; b) la participación con fines defensivos; c) el derecho de defensa.

8. Las normas de ordenamiento ambiental pueden prever, en lo posible, cierta participación de los administrados en los procedimientos administrativos relativos a la protección ambiental o conexos así como en la formulación de proyectos, sin necesidad que los participantes demuestren un derecho subjetivo o interés legítimo.

9. La participación con fines defensivos debe ser prevista para aquellos administrados directamente afectados por procedimientos de autorización, ordenamiento o planificación que impliquen una modificación relevante del ambiente.

10. Asimismo la ley debe prever el procedimiento para la defensa de intereses legítimos o derechos subjetivos, en instancias administrativas y judiciales; por motivo de legitimidad o de mérito, en sede administrativa, y por motivo de legitimidad en sede judicial.

11. La ley deberá establecer también condiciones, subjetivas y objetivas, que deberán reunir las organizaciones no gubernamentales de defensa ambiental para asumir la defensa de intereses colectivos, en las instancias administrativas y judiciales respectivamente, teniendo en cuenta lo preceptuado por el artículo 43 de la Constitución Nacional.

13. Procedimiento para la adopción y actualización de normas técnicas

1. La observancia de valores límites de emisión, progresivamente más restrictivos, será impuesta por la autoridad competente, mediante la adopción gradual de la mejor tecnología disponible.

2. La ley puede incluir pautas procesales fundamentales para garantizar:

a) la adecuación permanente;

b) la participación de los interesados.

—— 147 ——

14. SISTEMA DE INFORMACIÓN AMBIENTAL

1. Los Estados regularán el derecho de acceso a las informaciones ambientales, teniendo en cuenta las posibilidades reales y las prioridades que establezca, así como los límites que la ley impone.

2. Las informaciones relativas al estado del ambiente no pueden ser excluídas del conocimiento público, sino en los casos en que su divulgación sea susceptible de originar un perjuicio concreto a:

a) la seguridad y la defensa nacional, al ejercicio de la soberanía nacional o a las relaciones internacionales;

b) a la seguridad pública;

c) a la vida privada de las personas o a la reserva de informaciones comerciales o industriales, incluída la propiedad intelectual y los intereses epistolares, sanitarios, profesionales o financieros;

d) al ambiente en que dichas informaciones se refieren.

3. Asimismo, pueden ser excluídas del acceso público las informaciones:

a) atinentes a cuestiones que son motivo de litigios no resueltos, o bajo investigación;

b) proveídas por un tercero que no haya tenido obligación de proveerlas;

Las informaciones en posesión del sistema, pueden ser objeto de transmisión parcial cuando resulta posible extrapolar de su conjunto otras informaciones protegidas.

4. Las administraciones públicas asegurarán la amplia publicidad y divulgación de las informaciones relativas al ambiente y a su estado, adoptando las medidas organizativas que las hagan conocibles y disponibles para el público, incluso mediante la publicación periódica de informes descriptivos.

La autoridad de aplicación está facultada para ejercer un control sobre las informaciones ambientales a fin de garantizar su imparcialidad, integridad, corrección y oportunidad.

5. La ley o sus reglamentos deberán individualizar las categorías de empresas o de actividades susceptibles de producir, directa o indirectamente, efectos dañosos para el ambiente para cuya instalación y desenvolvimiento deben ser preventivamente publicados los datos relativos al proyecto y las actividades posteriores, en forma comprensible para los interesados.

—— 148 ——

15. RESPONSABILIDAD POR DAÑO AMBIENTAL Y INTERNACIONALIZACIÓN DE LAS EXTERNALIDADES

1. La ley debe desarrollar, en el campo legislativo ordinario, el precepto constitucional contenido en el Art. 41 C. N. "El daño ambiental generará prioritariamente la obligación de recomponer, según lo establezca la ley".

Este desarrollo lleva consigo la consideración de dos aspectos básicos: a) la responsabilidad por daño ambiental y b) la internalización de las externalidades.

2. Responsabilidad sin falta;

A partir de allí la teoría jurídica de la responsabilidad fue ampliando cada vez más su ámbito de aplicación.

Inicialmente se consideró a la responsabilidad como una consecuencia de los dos principios básicos de la sociabilidad: respetar los acuerdos (responsabilidad contratual) y no dañar a otro (extracontratual). El concepto de responsabilidad se consideró unido al concepto de falta (falta por incumplimiento del contrato o por violación de la ley) introduciendo así una confusión entre la valoración ética y la técnica de reparación de los daños.

Un avance notable en este campo se debió a la problemática de los daños accidentales que produjo la industrialización.

La legislación sobre accidentes de trabajo, desde fines del siglo XIX instituyó sistemas de reparación de daño, ya no basados en la falta sino en el riesgo como causa.

Ello provocó el auge de la actividad aseguradora, que a principios del siglo XIX era considerada inmoral por conducir al relajamiento de la conducta del asegurado.

A partir de allí, la exigencia de una falta siguió siendo el principio común de la responsabilidad por daño, pero se incorporó la responsabilidad sin falta que fue tanto en el Derecho Privado como en el Derecho Administrativo, como expresa Rivero, "una teoría subsidiaria de aplicación excepcional". "La jurisprudencia administrativa multiplicó la aplicación en los casos de responsabilidad estatal.

En el Derecho Administrativo la teoría de la responsabilidad sin falta engloba dos principios diferentes: a) la creación de un riesgo; b) la ruptura de la igualdad entre las cargas públicas.

Mediante la aplicación de esos principios, se ha dado solución a casos como los accidentes por trabajos públicos y los daños causados por cosas o actividades peligrosas.

—— 149 ——

En el campo ambiental, a partir de la década de 1970, se inició un nuevo desarrollo de la teoría de la responsabilidad sin culpa.

Pero la admisión de esta responsabilidad requiere que la ley aporte un conjunto de definiciones que deben ser analizadas y evaluadas, conforme a los usos sociales y a las circunstancias del medio. Más allá de la definición de daño y ambiente, es necesario que el orden jurídico determine: las actividades peligrosas, (generalmente a través de una lista); el tratamiento de los eventos causales del daño, continuados o accidentales; el sujeto responsable (por generación o por omisión de vigilancia); los casos de compensación y de reposición o de suministro de bienes equivalentes a los dañados; las cláusulas de exención de la responsabilidad solidaria; el seguro obligatorio o voluntario; indemnización por daños no cuantificables.

Otros aspectos que deben ser tratados son los relativos a los deberes de prevención.

La consecuencia de su incumplimiento como responsabilidad con culpa, así como el incumplimiento de las normas jurídicas o técnicas.

En el mismo nivel que la preservación, deben estar los deberes inmediatos del explotador después de un accidente.

También debe tenerse en cuenta que ciertas convenciones internacionales ya contienen reglas sobre responsabilidad ambiental.

16. INTERNALIZACIÓN DE LAS EXTERNALIDADES

Se llaman economías externas o externalidades los costos que el explotador económico no asume como propios: los bienes considerados como de libre apropiación y utilizados como insumos sin valor.

Esos bienes tienen hoy generalmente, valor económico y social.

La mayoría de las personas perjudicadas por las degradaciones ambientales no tienen relación con la causa de la degradación. Como la sociedad no puede desentenderse de esos problemas, el Estado se hace cargo de esos costos que se convierten en costos sociales.

Las llamadas economías externas, generan costos sociales. El proceso debe revertirse internalizando las externalidades.

—— 150 ——

Lo contrario, es disimular los costos de explotación con un cálculo ajeno a la realidad.

El proceso de internalización consiste en que se contabilicen como propios de los explotadores, los costos de ordenamiento, prevención, tratamiento, depuración, recomposición, etc.

El desarrollo del principio constitucional inserto en el art. 41 al que nos referimos, presupone la integración del factor ambiental al cálculo económico lo que significa poder determinar el valor de los bienes así como quién y cómo los paga.

Para ello es necesario diferenciar la responsabilidad civil, a la que nos hemos referido, por un lado, y la responsabilidad tributaria por otro.

A la ley tributaria le corresponde definir el hecho imponible, el responsable tributario y el régimen jurídico de la recaudación y su afectación.

Puede ser que el orden jurídico tenga previsto que determinados costos ambientales sean asumidos directamente por el causante. Por ejemplo: prohibiendo la emanación de ciertos afluentes sin tratamiento previo, lo que implica imponer al generador el costo del tratamiento.

La ley puede imponer también una obligación alternativa al generador: asumir el tratamiento (por sí o a través de un consorcio de generadores) o pagar un tributo.

Otra solución posible, en que la ley obligue al generador a asumir costos estatales o de un ente, pagando un tributo cuya recaudación sea destinada a financiar actividades de ordenamiento, prevención, tratamiento, depuración, recomposición, etc; actividades que pueden ser encomendadas a:

* un órgano estatal;
* un consorcio (voluntario u obligatorio);
* una ONG;
* empresas privadas o públicas.

La ley tributaria tiene autonomía para definir el hecho imponible y el responsable ante el fisco; pero una ley de presupuestos mínimos puede sentar pautas rectoras, para impedir que - a través de menores gravámenes - las desigualdades tributarias influyan en la competencia entre empresas y aumentar la desprotección ambiental y las desigualdades regionales.

El principio rector de la tributación ambiental es el llamado "contaminador pagador".

Sobre este principio es necesario aclarar: a) no conlleva el derecho a contaminar ni el pago exime de la responsabilidad por daño ambiental; b) los usos del ambiente lícitos generan la obligación tributaria para el financiamiento de las actividades que ese uso genera (ordenamiento, prevención recomposición, etc.).

Veamos algunos ejemplos de tributos que implican la internalidad de costos que se consideraban economías externas:

a) pago por utilización directa de un servicio que conlleva un uso ambiental (riego, desagüe, alcantarillado, agua potable);

b) contribución de mejoras por obras de protección ambiental (parques o espacios verdes, tajamares, canales, protección ribereña, etc.);

c) contribución por uso lícito de recursos ambientales (tributos por usos ambientales de calidad o cantidad).

17. LATINOAMÉRICA Y LA TAREA PENDIENTE

Latinoamérica no ha alcanzado aún el progreso exigido por el gran campo de expectativas que genera la calidad de vida obtenido por otros países y regiones del mundo. Latinoamérica no está aún a la altura de los tiempos. Pero, tienen los latinoamericanos una idea acertada del tiempo que les toca vivir.

Culturalmente, Latinoamérica no ha progresado lo suficiente para asimilar la gran velocidad del cambio científico-tecnológico actual. En esto tiene mucho que ver la transformación de los recursos humanos para lograr una apropiada investigacion y una eficaz explotación de los recursos nacionales; para ello es necesario una reflexión, una mirada interior sobre las propias potencialidades y su consecuente desarrollo y exteriorización. Quizás sea ésta una tarea individual, en la que cada uno deberá conocer sus riquezas y sus limítes. También requiere esta región una transformación social que disminuya las diferencias dentro de sus pueblos y entre ellos, en base al respeto a la Ley, a la igualdad de oportunidades y al mérito. El gran problema social de Latinoamérica es la marginalidad, y la integración de los grandes grupos de marginales a la comunidad productiva es una tarea social de gran importancia para consolidar la integración política.

Sin una adecuada evolución cultural y económica, y con una situación social con acentuadas diferencias internas y también con respecto a otras naciones, es muy difícil lograr una perdurable estabilidad política y económica. Sin estabilidad ni transformación social, Latinoamérica no podrá adecuar su tiempo histórico al del mundo desarrollado. Este atraso cultural en sentido amplio, no le permitirá gozar en plenitud que Latinoamérica se debe. Entre esos derechos, el de utilizar los particulares conocimientos adquiridos para lograr los fines individuales y grupales. Para esto, es imprescindible el desarrollo científico y tecnológico de esta región, producto del intercambio con las regiones del mundo más avanzadas en tales áreas, las que necesariamente deberán ser las proveedoras de esa capacitación; en tal sentido, Latinoamérica deberá celebrar y ejecutar convenios de transferencia de ciencia y tecnología, ofreciendo a cambio productos de excelencia, recursos naturales mejorados en calidad en grado sumo, o bien apoyos políticos.

Latinoamérica tiene a su favor su historia y su geografia, y tiene pendientes aún para una sólida integración regional, la insuficiente integración nacional de los países que la componen ya asimismo, la falta de definición concreta y sostenida del concepto de interés nacional en cada Estado, tema éste que exigirá simultáneamente con la integración regional una rápida resolución por los dirigentes políticos.

Si Latinoamérica está abriéndose al mundo, aún no se ha mirado y reconocido a sí misma. Latinoamérica no es España, Francia, Inglaterra o Estados Unidos, aunque tenga influencias de ésos y otros pueblos, existe como tal, la unidad latinoamericana es un hecho de naturaleza geográfica e histórica que se afirma con su estudio.

En sus mitos, que son los sueños colectivos, está unida Latinoamérica, ellos exhiben hondas huellas del indigenismo y de las culturas colonizadoras incorporadas posteriormente, esos mitos son fuerzas latentes que, debidamente reconocidas y organizadas pueden ser también la estructura de identidad de la región. También en el arte se aprecia esa unión, sus contenidos simbólicos de la realidad profunda reflejan en cada libro, en cada pintura, en cada canto, la vibración de espíritus afines y ancestrales.

Así, entonces, observando a través de una comunidad geográfica, histórica, política, económica y cultural, quizás alcancemos a divisar el cercano perfil de una confederación natural latinoamericana que siempre existió.

—— 153 ——

Representação, cidadania e exclusão social

Transcrição da interpretação simultânea realizada pelo Prof. Ricardo Antônio Silva Seitenfus sobre a conferência ministrada no dia 17 de abril de 1996, no Clube Comercial.

MICHEL MIAILLE

Professor da Universidade de Montpellier, Diretor do CERTE.

A cidadania hoje parece ser uma moda tanto na França quanto na Europa, como se nós redescobríssemos a sua realidade. O que é a cidadania? É o estabelecimento de um laço político entre o indivíduo e a organização do poder. Esse laço foi seguidamente percebido como sendo uma marca entre o cidadão e o Estado ao qual ele está submetido. A situação parecia bastante simples na medida em que os cidadãos eram os nacionais daquele Estado.

Todavia, esta simplicidade da definição da cidadania, hoje coloca um problema. Com a construção da Europa comunitária, nós notamos que o conceito de cidadania tem variáveis muito diversas, conotações muito diferentes. Como vocês sabem, há dois anos foi criado o "cidadão europeu", de maneira formal. Portanto há a abertura de uma discussão para definir as relações entre o cidadão europeu e o cidadão nacional, aquele que pertence aos países-membros, ou seja, o cidadão tradicional.

Também se coloca uma outra questão, que é saber, de forma mais larga, se a cidadania é somente uma relação política, ou seja, se define por uma nacionalidade, ou se a cidadania deve ser percebida em outros espaços, em outros níveis sociais e econômicos. Concluindo essa breve introdução, pode-se dizer que hoje há um debate sobre a questão da cidadania que se chama a "fratura social" nos países industrializados.

Abrindo o debate sobre a cidadania, abre-se outro debate sobre aquele que é o autor da cidadania, ou seja, o Estado. Com

—— 155 ——

efeito, o Estado hoje não é mais aquilo que nós imaginávamos, uma instituição estável como no início do século. Começa a aumentar cada vez mais a distância entre a teoria do Estado e a prática do Estado nos nossos dias. Também nós percebemos uma modificação cada vez mais progressiva não somente das instituições do Estado mas também da própria definição do Estado. E essa dificuldade se manifesta não somente nas tentativas de definir juridicamente o que é o Estado.

Parecia, nesses últimos 50 anos, depois da Segunda Guerra Mundial, que o Estado providência havia trazido consigo a paz social. Ora, o Estado providência está dando demonstrações de cansaço e não consegue responder a todas as solicitações que lhe são feitas por vários corpos sociais. Assim, todo mundo está de acordo para dizer que o Estado está se transformando, que há transformações do Estado. Mas a questão que se coloca não é saber se estão havendo transformações do Estado, mas saber a natureza das transformações. Existem somente questões de forma ou se trata de uma questão de fundo? Estaríamos perante uma mutação do Estado, há uma crise do Estado? Essa é a questão fundamental que deve ser colocada.

Eu pretendo reunir as interrogações em torno da cidadania e as transformações do Estado que mencionei agora. A pergunta é: a cidadania está na raiz das transformações do Estado ou as transformações do Estado estão provocando essas questões em torno da cidadania ? Quais são as relações de causa e efeito?

Quero abandonar a visão simplista nas relações entre cidadania e Estado. Minha pretensão é demonstrar como as transformações da cidadania são um sintoma das transformações do Estado. Vou utilizar dois planos. No primeiro plano eu quero demonstrar quais são os diferentes modelos de cidadania em discussão na Europa. Ao demonstrar esse debate, quero demonstrar sua importância, assim como das questões envolvendo a cidadania para as transformações do Estado. Acho que devo fazer duas observações prévias com relação ao debate na Europa.

Primeira observação: a expressão cidadania foi buscada no jurídico, é uma expressão jurídica. Isso quer dizer que a cidadania é um conjunto de direitos e deveres do indivíduo com relação a um poder político. Por isso, o debate sobre cidadania é um debate entre juristas. Nesse sentido, nós temos que levar o Direito à sério e, portanto, ver quais são os diferentes elementos que constituem este debate.

—— 156 ——

Segunda observação: é um conceito jurídico, mas tênue, fugaz. Não é um conceito jurídico objetivo, de fácil percepção. Porque a cidadania é a expressão de um laço com o poder político dentro de circunstâncias históricas e políticas determinadas. É por isso que, nesse sentido, é uma definição fugaz, e deve ser entendida no tempo. Esse debate vai além do jurídico, e apela também aos historiadores, aos cientistas políticos, aos sociólogos. É por isso que na Europa, hoje, o debate sobre a cidadania não é mais, como originalmente era, um debate entre juristas, mas é um debate mais amplo, com sociólogos, com cientistas políticos, com historiadores.

Eu queria conservar esses dois aspectos, os aspectos jurídicos e os não jurídicos para tratar esses os modelos de cidadania que dividem o debate na Europa: o artificialista e o naturalista.

O modelo artificialista de cidadania é o resultado de uma vontade política. A cidadania política nunca é dada, nunca é um presente, mas sim construída pela vontade dos indivíduos. É evidente que, em certas circunstâncias, esta vontade política é o resultado da história dessa construção.

Daria dois exemplos: primeiro o típico da cidadania artificial, um exemplo francês. Depois, um exemplo um pouco mais complicado de cidadania artificial, pegando o exemplo espanhol ou italiano. Antes, vou dizer algumas palavras sobre a cidadania francesa.

A cidadania francesa é o resultado de uma longa história, da supremacia da vontade política sobre a realidade social. Normalmente, os autores dizem que com a revolução começa a cidadania, como a Revolução Francesa, mas a monarquia, antes da revolução, já havia preparado as formas desse início de cidadania. Com efeito, o que nós hoje chamamos de Nação Francesa, até o final do século XIX, era uma reunião de pessoas, grupos culturais, extremamente diversificados e que não tinham a mesma cultura, a mesma língua, religião, etc.

Para contar uma anedota, um pesquisador inglês encontrou uma nota nos arquivos. Havia nela uma pergunta feita a uma criança, há mais de um século, no interior da França: você é francês ou russo? A criança não sabia responder. A noção de nação era algo muito tênue. Isto parece ser uma observação banal, mas na França é o Estado e a cidadania que fabricaram a nação. É um trabalho da Monarquia, da República e do Império, que construíram, inclusive, de forma violenta, em alguns casos, esta nação francesa.

—— 157 ——

Isso explica porque, na França, há esta noção de cidadania extremamente frágil. Os franceses são muito apegados a uma concepção estatizante da cidadania e, inclusive, estatizante da sociedade. Essa forma de manifestar a cidadania e a nacionalidade é favorecida também em razão de um poder político muito centralizador. Se nós pegarmos o segundo exemplo, o espanhol ou o italiano, nós veremos que a questão da cidadania é muito mais complexa do que na França.

Por exemplo, o artigo segundo da Constituição espanhola diz que a Constituição se fundamenta sobre a unidade da nação, mas reconhece, ao mesmo tempo, as nacionalidades. Isso é uma frase absolutamente incompreensível para um francês pois não podem existir nacionalidades dentro de uma nação. O Conselho Constitucional Francês anulou um artigo onde foi mencionado o povo da Córsega; existe somente o povo francês. Todos os povos que pertencem à nação francesa são franceses, e não se reconhece nenhum particularismo. Essa expressão espanhola de comunidades autônomas, como país Basco, a Catalunha, é uma demostração da complexidade da noção de cidadania. Portanto, logicamente, há duas cidadanias: uma cidadania da comunidade (comunidade autônoma) e uma cidadania nacional.

Nós podemos fazer uma analogia do caso espanhol com a Itália, onde há também o reconhecimento das regiões autônomas. Temos que entender que o resultado dessa situação, da complexidade da cidadania, em todo caso, uma dupla cidadania autônoma e nacional, no caso espanhol, no caso italiano, é o resultado de uma longa história.

Quando essas condições não são mais reunidas para a cidadania, é que se coloca a questão das transformações do Estado Federal, questão impossível de ser tratada na França. Ou seja, o Estado só pode ser centralizador. Nós vemos que mesmo esse exemplo da cidadania que nós chamamos artificial é um modelo complexo. Mas esse modelo tem uma característica de reunir num mesmo conceito grupos e comunidades com culturas e situações distintas.

O terceiro exemplo é o caso da cidadania na Grã-Bretanha. Em razão de uma evolução histórica muito específica, aceita acolher sob a mesma autoridade nações distintas que são a Inglaterra, Escócia, Irlanda, País de Gales. Um exemplo esportivo da Europa Ocidental: os que gostam de *rugby*, um jogo um pouco semelhante ao futebol, sabem o que é o torneio das cinco nações, reunindo as quatro nações britânicas e a França. Eis o exemplo de uma cidadania artificial que reúne pessoas diferentes.

O segundo modelo é o modelo naturalista de cidadania. Contrariamente do que nós vimos com o modelo artificialista, a cidadania naturalista é o resultado de uma realidade dada. Portanto, como conseqüência, a cidadania naturalista reúne pessoas ou grupos que são parecidos. Ou seja, ela é baseada numa realidade, não numa construção artificial. Nós podemos usar o conceito de Durkhein, de solidariedade mecânica e solidariedade orgânica. Bem, como vocês sabem, o conceito de Durkhein sobre solidariedade mecânica baseia-se no princípio de que "eu sou solidário com o outro porque ele é igual a mim"; e a solidariedade orgânica "eu sou solidário como o outro porque ele é diferente de mim".

A cidadania naturalista está apoiada em comunidades já existentes que têm laços suficientemente fortes para ter uma identidade. Dois exemplos dessa solidariedade naturalista na Europa: primeiro exemplo na Grécia e depois a Alemanha. Na Grécia, a solidariedade que nasce dessa comunidade naturalista é de origem religiosa. É muito curioso mas, na Grécia, a igreja ortodoxa é uma igreja de Estado, que diz que todos os cidadãos gregos pertencem à igreja ortodoxa, por via de conseqüência. É o único país da Europa onde na carteira de identidade está escrita a religião. Nós não podemos entender essa identificação entre a igreja ortodoxa e o cidadão grego se nós não nos reportarmos a uma história anterior.

Eu dirijo a tese de um estudante grego sobre a história da cidadania na Grécia e, do ponto de vista da Europa Ocidental, é muito surpreendente a experiência grega. O Estado grego, tal como nós o conhecemos hoje, data somente do século passado, 1820. E esse Estado só pôde nascer depois de uma série de mal-entendidos sobre o que deveria estar na sua base. Até hoje é muito difícil responder à seguinte pergunta: o que é ser grego?

Durante muito tempo ser grego era falar grego. Mas se isso fosse verdade, o Estado grego deveria ir até a Turquia. Então, deveriam ser tirados da Grécia alguns territórios que hoje lhe pertencem, onde se fala a língua eslava.

Todavia, há um critério com o qual todo mundo concorda: para ser grego é preciso ser ortodoxo. Há, portanto, um critério religioso. O que conduz a uma outra questão: as minorias muçulmanas ou islâmicas na Grécia. Portanto, nós temos um novo exemplo, uma tentativa de explicar essas relações privadas, dentro da Grécia, com a igreja. Isso explica também porque os cidadãos gregos têm hoje reações muito distintas dos cidadãos europeus com relação ao Estado. A fidelidade dos gregos se manifesta mais em relação à nação e à igreja ortodoxa do que com relação ao Estado. Por exemplo, o fato de fraudar o fisco é considerado um esporte nacional na Grécia. Certamente não é a Grécia o único caso. Mas nós temos um caso muito específico na Macedônia, talvez vocês estejam ao par dos últimos acontecimentos, que vem confirmar esta questão.

O segundo exemplo, bem distinto, é a Alemanha. A cidadania na Alemanha tem um vínculo, está identificada absolutamente com a nacionalidade alemã. O cidadão alemão é necessariamente um membro da nação alemã. Ora, como definir a nação alemã, como uma comunidade que se impôs historicamente? É uma comunidade que se unificou através da língua, da cultura e da religião. E é por isso que muito antes da existência do Estado alemão, da unidade alemã atual, havia já uma nação alemã, que pré-existia e que era fragmentada em pequenos Estados alemães.

Logo, o nascimento do povo alemão antecede em muito o nascimento do Estado, que data de 1870, e explica o conceito que os alemães têm de cidadania. Nós podemos, inclusive, fazer uma extensão perigosa. O povo definindo o vínculo que o une através de um único critério, a raça, faz nascer o nazismo. Assim, nós vemos hoje porque é tão difícil ser cidadão alemão, porque para ser cidadão alemão é necessário pertencer à nação alemã. Nesse caso, nós vemos que o *jus sanguinis* é muito mais importante que o *jus solis*, que é menos importante que o fato de ter sangue daquela nação para obter a nacionalidade.

Por que eu estou insistindo nesta concepção natural de cidadania? Porque hoje, na Europa, esta concepção natural da cidadania foi chamada a atuar de duas formas distintas. Na França, nesses últimos anos, tem havido uma série de iniciativas para tentar reconhecer comunidades naturais, locais, no interior desta nação francesa. E o argumento geral era o reconhecimento do direito à diferença. Ora, esse direito à diferença originava-se, sobretudo, junto aos estrangeiros que estavam na França, ou dos franceses de origem do Magreb, do norte da África.

Notou-se rapidamente que esse direito à diferença das comunidades é cada vez mais criticado. O segundo sentido, muito mais grave, onde foi solicitado esse conceito de cidadania natural, é o resultado de reivindicações extremamente conservadoras, inclusive de extrema direita, querendo identificar a cidadania francesa com o povo francês. E nós vemos que a conseqüência dessa concepção é excluir da nação francesa, da cidadania francesa, todos aqueles que não tivessem antecedentes numerosos e antigos de traços franceses. Em momento de crise, essa concepção natural da cidadania é um perigo, na medida em que ela favorece o reforço dessas pequenas comunidades sobre si mesmas.

Para concluir essa primeira parte, o debate na Europa é saber até onde se pode ir com relação aos elementos necessários para constituir as comunidades ditas autônomas. Aí há uma contradição, ou seja, o fato de reconhecer essas comunidades de base parece ser uma extensão da democracia, mas ao mesmo tempo é uma ameaça à integridade da nação e à própria democracia. Após essa primeira parte sobre os dois modelos, vamos falar sobre as transformações do Estado, ou seja, a questão da cidadania na prática.

Quero simplificar a apresentação desse lugar que a cidadania ocupa nas transformações do Estado. Até há pouco, a cidadania na Europa era concebida como uma cidadania exclusivamente nacional. Agora, com a construção européia coloca-se outra questão sobre o exercício da democracia, que deve ser transnacional. Os cidadãos descobrem que há outros lugares para o exercício da cidadania que estão fora da nação, o que eu chamo de "geografia da cidadania". E esta "geografia da cidadania" é um sinal das transformações do Estado.

Há um segundo grupo de questões, que é sobre o domínio onde será exercida a cidadania. Até bem pouco tempo pensava-se que ela poderia ser exercida somente no aspecto político. E o que nós notamos é que, nos últimos anos, se desenvolve na Europa uma onda dizendo que não há somente um domínio político, mas que em outros aspectos a cidadania deve ser exercida. Portanto, se a cidadania pode ser exercida em outros domínios, além do político, isso significa que o Estado tem que se transformar, o Estado está em transformação, o que eu chamo de setores da cidadania ou a geografia da cidadania.

A cidadania nacional na Europa, hoje, está sendo atacada tanto por cima quanto por baixo. Por baixo, porque existe o fenômeno do reconhecimento da cidadania local. E pelo alto porque está sendo organizada uma cidadania européia. Não se sabe hoje qual será a consistência da cidadania nacional, na medida em que ela está sendo atacada tanto pelo alto quanto por baixo. Não se sabe qual será o destino dos Estados nacionais entre esta regionalização e esta europeização. Alguns até já prevêem o fim do Estado nacional na Europa. Eu vou dar um exemplo que, para nós franceses, é inimaginável, impensável.

Fui dar uma palestra na Bélgica, em Bruxelas, e estava discutindo com os colegas professores (vocês sabem que a Bélgica é dividida entre as comunidades francofônica e *flamande*). Falávamos do futuro e o colega belga disse-me: "olha, provavelmente no ano 2010 não existirá mais a Bélgica; existirão apenas duas comunidades, ou seja, o Estado belga desaparecerá". Parecia algo absolutamente natural e eu, como francês, não aceito. Portanto, há problemas que são colocados pelo desenvolvimento dessas comunidades locais que provocam as transformações do Estado.

Queria dar alguns exemplos dessas cidadanias locais. Não causa surpresa, tanto na França como na Itália, mas também na Áustria, que são Estados federais, a existência dessa cidadania local. Ou seja, a possibilidade de haver uma lei local, inclusive de participar de referendos locais, com objeto localizado. Como nós pertencemos a um país federal, nós devemos lembrar se existe a possibilidade de conseguirmos a cidadania européia.

Não é necessário ter um Estado federal para ter uma cidadania local. A Alemanha e Áustria são Estados federais, mas a Espanha e a Itália não o são, e existe uma cidadania local. Por isso, os grandes temas que dividiam os especialistas, entre Estado unitário e Estado federal, hoje são completamente ultrapassados, estão caducos. Ou seja, o reforço desta cidadania local faz evoluir o Estado em direção a uma idéia federal sem ser um Estado federal.

Essa descentralização levada muito adiante é uma das conseqüências do sistema capitalista que privilegia, dá ênfase a unidades pequenas. São os economistas americanos que lançaram o famoso *slogan* "pequeno é maravilhoso". E hoje tem muitos especialistas que acham que uma cidadania local é melhor do que uma cidadania nacional. A construção da Europa deixa subentendido que a cidadania local é mais democrática que a cidadania nacional. Certas comunidades que estão próximas em razão da geografia têm mais interesses comuns do que regiões que estão no mesmo âmbito nacional.

Por exemplo, a região de onde venho, Montpellier, tem mais interesses em comum com a região da Catalunha ou com a Itália do Norte do que com a própria França do Norte. Então, a questão da cidadania local coloca na sua dinâmica o problema da unidade do Estado. Numa lógica de um Estado centralizador, como é o caso da França, esta situação é bem distinta e não há nenhum reconhecimento desta cidadania local.

Nesses últimos dez anos, houve uma série de iniciativas para descentralizar o poder da França, mas de modo unicamente administrativo, não político. O Conselho Constitucional Francês tem uma vigilância, um cuidado muito especial para manter essa unidade nacional, como demonstrou o exemplo que nós citamos anteriormente da expressão "povo da Córsega". Portanto, hoje é possível ter uma espécie de *referendum* nas comunas, que são espécie de município, mas somente de consulta, não se podendo impôr uma decisão. Se reconhecermos a existência de uma cidadania local, o Estado está efetivamente sendo atacado por essa sua parte inferior. Como foi dito anteriormente, o Estado, por outro lado, também está sendo atacado pelo alto através dessa tentativa de criar uma cidadania européia.

Depois do tratado assinado em Maastricht, em 92, existe uma cidadania européia. Ela dá a todos os cidadãos dos quinze Estados-membros que assinaram o Tratado de Maastricht alguns direitos complementares. Acesso ao parlamento europeu, à possibilidade de busca de uma mediação, o direito a ser protegido pelos responsáveis consulares de qualquer um desses quinze países quando estão fora dessa zona da União Européia. Por exemplo, se ele vai à Mongólia e lá não existe o consulado francês, existe o italiano e o dinamarquês, ele é protegido pelo consulado italiano ou dinamarquês, como se fosse um cidadão italiano ou dinamarquês.

Outro elemento mais importante ainda é o direito de voto para um cidadão que não reside em seu país nacional mas que reside em outro país da comunidade, para as questões envolvendo a política européia ou as questões locais. Portanto, há um direito de voto do estrangeiro.

Essa última questão modificou a concepção francesa pois, a partir de agora, qualquer estrangeiro dos outros quatorze países que mora na França mas mantém a sua nacionalidade, pode votar nas eleições locais. Ou seja, há uma grande mudança na França, um não francês, estando na França, votar sobre questões francesas, isso era inadmissível até bem pouco tempo. Portanto, hoje há uma diferença entre a cidadania local e a cidadania nacional. E há, inclusive, uma dissociação, uma ruptura, entre a cidadania e a nacionalidade.

Nós tivemos que prever que estes estrangeiros que votariam nessas eleições locais não pudessem ser candidatos a prefeito ou a vice-prefeito. Por quê? Porque são os prefeitos, no sistema francês, ou os vice-prefeitos, que elegem os senadores do Senado francês e, evidentemente, não se poderia deixar esse direito aos estrangeiros. Portanto, nós vemos hoje que há um problema entre a construção dessa cidadania européia e a manutenção dc poder nacional.

Vocês vêem, dessa análise da geografia da cidadania. que o Estado encontra-se entre o martelo e a bigorna, entre uma cidadania na base, cidadania local e uma cidadania no alto, a cidadania européia. Portanto, ele está vendo seu campo ser restringido e há uma evolução nesse sentido. É a questão sobre o futuro do Estado na Europa, sobre o que vai ocorrer com o Estado envolvendo estas questões sobre a cidadania local e a cidadania européia.

Mas falta ainda, para concluir, este segundo elemento, além da geografia da cidadania, que são os setores da cidadania, ou seja, onde ela se desenvolve, onde se manifesta. Já faz uns dez anos que está sendo desenvolvida uma teoria chamada "a teoria da nova cidadania". Isso se manifestou primeiramente através de frases de impacto ou *slogans*, alguns de caráter político, como dizer que um soldado embaixo de seu uniforme continua sendo cidadão; um doente que está no hospital continua sendo cidadão; um trabalhador que está na fábrica, embaixo de seu uniforme, continua sendo um cidadão. O objetivo é fazer com que a discussão sobre a cidadania saia do setor estritamente político e vá para outros setores, onde até agora ela estava excluída. Por exemplo, na empresa, o cidadão assim o era até atravessar a porta da empresa. A partir do momento em que ele ingressava na empresa, estava submetido a outro poder, de caráter feudal.

É conhecido isso de todos que, no caso do enfermo que vai ao hospital, ele é privado de informações essenciais que teria sobre a sua saúde caso utilizasse a via social normal. Isso se pode dizer também para os soldados que, submetidos à disciplina militar, haviam perdido a essência de todos os direitos do cidadão

Quero assinalar duas vias onde se trabalha a questão da cidadania: a cidadania nas empresas e a cidadania na administração. No primeiro caso, esse trabalho foi desenvolvido na França a partir do primeiro governo socialista, em 1982. Ele reconheceu aos trabalhadores o direito de expressão, de informação e participação que não existiam anteriormente no interior da empresa.

Nesses últimos anos, nós devemos reconhecer que esses direitos adquiridos da cidadania na empresa estão sendo colocados em cheque, estão sendo diminuídos novamente. Nós temos que reconhecer que a expressão direta dos trabalhadores muitas vezes entrava em contradição com aquela dos sindicatos. E em razão da crise econômica, os dirigentes das empresas retomam este espaço

— 164 —

que eles haviam perdido. Há uma retomada do Estado providência através das empresas.

Outro exemplo é a cidadania perante a administração. Faz um século que o direito da cidadania perante a administração foi reconhecido para os funcionários da administração, mas de forma curiosa não para os cidadãos. A evolução mostra que deverá ser reconhecido o direito de cidadãos aos administrados. Isso coloca, no mínimo, dois problemas. O primeiro é o do segredo administrativo. Não esqueçam nunca que secretariado ou secretário vem de segredo, portanto, o secretário ou secretária é aquele que guarda o segredo. Então, o segredo não é um defeito da administração, mas é o seu conteúdo. E, portanto, lutar contra o segredo é lutar contra uma forma de administração que se impôs nesses últimos três séculos.

Habermas mostrou no seu livro sobre o espaço público que o lugar que mais resistiu ao debate público foi justamente a administração na França. Já houve quatro leis que abriram um pouco esse segredo e que pouco a pouco estão transformando este modelo de administração do Estado francês. O tema da transparência administrativa não é somente um tema de discurso político. Mas é uma forma de lutar contra um modelo de Estado que parece, para os funcionários, absolutamente natural.

O segundo exemplo que eu quero dar é com relação a essa discussão sobre o que é o interesse geral. Até bem pouco tempo atrás era evidente que era a administração quem definia, representava o que era o interesse geral. Ora, nós vemos aparecer, hoje, cidadãos ou associações de cidadãos que tentam indicar para a administração qual seja o interesse geral. Por exemplo, quando se constrói uma auto-estrada ou uma grande ferrovia, as associações dos ribeirinhos de onde passará a estrada ou ferrovia, pretendem, pelas suas manifestações, conhecer qual é o melhor percurso, qual o melhor trajeto para a auto-estrada ou ferrovia do que a própria administração.

E vemos aparecer no Direito Administrativo Francês um novo princípio, que é o princípio do contraditório. O princípio do contraditório é aquele em que a administração só pode tomar uma decisão depois de haver ouvido os administrados. E vocês podem notar que uma administração que escuta seus administrados não é mais a administração que nós tínhamos. Portanto, através dessa luta pela cidadania, é a própria existência da administração tradicional que está posta em cheque.

Eu queria concluir, desculpando-me por me haver prolongado, dizendo que há muitos tipos de cidadania, e que esses vários tipos de cidadania representam os tantos projetos políticos e situações históricas distintas. E vocês podem notar que as transformações do Estado não podem ser vistas de uma mesma forma, do ponto de vista do cidadão e do ponto de vista do Estado.

Parece que há um certo número de brechas que começam a se abrir em domínios e aspectos que até hoje não eram discutidos. Essas brechas, em alguns momentos, podem ser recuperadas pelo poder, mas elas podem, também, se voltar contra o poder. A única esperança que nós podemos conservar é aquela que teve Marx, há muito tempo atrás, no final de uma de suas obras. As sociedades podem colocar a si mesmas somente aqueles problemas que elas podem resolver.

Políticas econômicas na América Latina

Transcrição da conferência ministrada na noite de
17 de abril de 1996, no Clube Comercial.

PAULO SANDRONI
Professor da Fundação Getúlio Vargas e da
Pontifícia Universide Católica, São Paulo.

Em primeiro lugar, gostaria de agradecer o convite para estar aqui em Santa Maria, junto a uma universidade que tem professores tão destacados e um público tão entusiasta. Eu devo confessar a vocês que estou com medo, pois da última vez que falei para uma quantidade tão grande de pessoas, até menor da que está aqui hoje, houve um golpe militar. Em todo caso, acho que é um bom momento para fazermos algumas reflexões e, depois, pediria a vocês que digam o que estão pensando, porque nas poucas vezes que eu aprendi alguma coisa, ou que avancei um pouco o meu próprio raciocínio, foi em contato com os jovens, tanto na Fundação Getúlio Vargas quanto na PUC de São Paulo. Entre meus colegas professores há gente muito interessante, mas que de uma certa maneira já estabilizou o seu raciocínio e já o tem mais envelhecido. Então eu peço a vocês que coloquem as questões que eu eventualmente suscitar como indagações importantes nesse Seminário.

Quando temos que falar sobre as políticas de estabilização na América Latina hoje, em 1996, temos necessariamente que considerar o todo, isto é, onde a América Latina, os países latino-americanos estão inseridos. O processo de globalização ou de integração do mundo assumiu uma velocidade tão espantosa nos últimos anos, que é impossível falar de estabilização política, estabilização em alguma região do planeta, sem considerar os demais países, os demais interesses, porque este grau de integração é muito profundo. Hoje ninguém mais pode se dar ao luxo de dizer que mora no planeta Terra e desembarca a hora em que eu quiser. Não dá para mandar parar a Terra e dizer não está me agradando e eu vou procurar outra região. As regiões já estão integradas econômica, politicamente, financeiramente e eu diria até cultural e ideologicamente. Esta integração se impôs pela força dos fatos, pelo desenvolvimento histórico desses últimos anos.

Do ponto de vista que nos interessa, que é o ponto de vista econômico, quais foram os fatores econômicos e políticos que mais marcaram este processo anterior e que hoje condicionam a nossa situação atual? Pelo menos três destes poderiam ser destacados porque eles tem muito a ver com a nossa situação hoje no Brasil do Plano Real, e também do México, Argentina e do Chile. O primeiro deles foi a desorganização do sistema financeiro que, impulsionado pela política dos Estados Unidos, a partir do início dos anos 70, substitui, ou de uma certa maneira, transforma a estabilidade que antes era brindada pelo chamado padrão câmbio e ouro - ou umas taxas de câmbio um pouco mais estáveis, ou uma inflação baixa como em quase todos os países -, por um processo de grande turbulência nesse mercado financeiro que culmina, em 1978, com fortes flutuações das taxas de câmbio.

Isso fez com que os mercados financeiros também fossem afetados por uma forte turbulência. Vocês sabem que se as taxas de câmbio flutuam, e flutuam de uma forma muito intensa no curto espaço de tempo, e os países que são afetados por essa flutuação procuram se defender com uma política de taxas de juros, elevam as taxas de juros quando um outro país faz uma desvalorização cambial. Então, se vocês observarem a história mundial dos últimos vinte e cinco anos vão ver que a característica do setor financeiro foi esta grande turbulência. Primeiro lugar, elevação das taxas de juros, especialmente a partir dos anos 80, e inflações muito altas, não só nos países da América Latina, mas também nos países industrializados.

O segundo fator, que me parece importante para caracterizar e marcar, especialmente no plano comercial, foi um fator que se deu na órbita política. Qual foi? A dissolução da União Soviética e do chamado Bloco Socialista, a partir de 1989, que é simbolizado pelo desaparecimento do muro de Berlim. O que a União Soviética tem a ver com a situação do comércio? Com sua dissolução, deixou de haver aquele perigo de uma potência militar, econômica, etc., que pudesse fazer frente ou ameaçar algumas regiões do mundo frente ao bloco capitalista. A União Soviética mostrou realmente o que era: apenas uma potência militar, e não uma potência econômica. Agora nem representa mais um perigo militar. Então, a história do comunismo, da ameaça do comunismo que os americanos sempre tinham como um ponto de referência, desapareceu também. Até a China continua sendo comunista mas já está adotando uma série de práticas capitalistas.

Essa ameaça, deixando de existir, o que provocou no mundo capitalista? Um acirramento muito forte da concorrência entre as potências capitalistas, especialmente entre o Japão e os Estados Unidos. As brigas entre capitalistas japoneses e americanos, muitas vezes não eram aprofundadas pelo medo do urso siberiano, de medo do que a União Soviética poderia fazer. A concorrência assumiu, então, um plano muito profundo, e isso afetou práticas econômicas, financeiras e especialmente administrativas. Todas as novas técnicas na administração das empresas que surgiram, o problema da qualidade, surgiu diante dessa necessidade. Os países tiveram que competir até as últimas conseqüências, no plano econômico, uma vez que no plano político a situação já estava resolvida sob a hegemonia americana. Esse foi o segundo fator que contribuiu muito para o chamado processo de globalização.

O que é essa globalização? A queda do muro de Berlim fez com que as duas Alemanhas se integrassem, fez com que essa concorrência entre americanos e japoneses, por um lado, e europeus, por outro, tendesse a formação de blocos poderosíssimos para ganhar a luta no plano econômico. Fez com que todas as empresas tivessem que repensar o seu papel e encontrar novas formas de organização, visando maior produtividade e garantia da qualidade para ganhar nos mercados. Fez com que o comércio tivesse uma certa liberalização e as idéias chamadas neoliberais se implantassem com toda força, porque a dissolução da União Soviética trouxe também um outro elemento no plano social. Qual foi? Tudo aquilo que o socialismo representava e que os países capitalistas, através de seus trabalhadores, dos seus sindicatos, queriam seguir, queriam imitar, também deixou de existir. Nós sabemos que em muitos países capitalistas, o movimento pela previdência, por um estado de bem estar social, tinha por referencial também o socialismo.

De medo que esses sindicatos, que essas massas populares embarcassem numa aventura socialista, os países capitalistas também brindavam aos seus trabalhadores. Eles tendiam a isso face à luta dos próprios trabalhadores, mas também na tentativa de esvaziar esse referencial que o mundo socialista representava: a promessa de não haver desemprego, a atenção à saúde e à educação, tudo que os países socialistas haviam se esmerado em termos de uma igualdade no plano econômico muito maior do que no plano capitalista. Isso também desapareceu e as políticas neoliberais puderam se implantar com mais força. Não há mais um medo de um país que represente um referencial a ser seguido. Então nós podemos adotar uma política mais selvagem, se os trabalhadores forem desempregados, paciência, e os mecanismos de amparo não precisam ser muito mais elaborados do que já são. Muitos podem até desaparecer, porque agora a luta é entre os próprios países capitalistas. Isto explica um pouco a política que está sendo seguida no Brasil.

O terceiro fator foi a extraordinária expansão dos meios de comunicação e dos transportes. Talvez o setor que mais tenha crescido no mundo, no setor econômico, não foi a agricultura, não foi a indústria, mas os transportes e as comunicações. Houve uma revolução tecnológica seguida, com um aumento de produtividade sem precedentes na nossa história. Hoje você consegue enviar um sinal de comunicação para qualquer lado do mundo por um preço extraordinariamente baixo. E a mesma coisa você pode fazer com os meios de transportes, tanto para deslocar pessoas quanto para deslocar mercadorias. Uma das indústrias que mais cresce no mundo, relacionada com os transportes e as comunicações, é o turismo, que movimenta bilhões de dólares. Mas por que? Porque houve esta revolução tecnológica que permitiu essa integração. E o que isto tem a ver com a gente? Vou dar um exemplo.

Recentemente, em São Paulo, um industrial estava em sua casa, num bairro muito elegante de São Paulo, conversando com sua mulher pelo celular. Ela estava passando as férias em Miami e ele trabalhando. Nisso chegam cinco assaltantes e invadem a casa deste cidadão. Ele deixa o celular ligado e a mulher, em Miami, escuta o assalto. Telefona para o vizinho, de Miami, e o vizinho chama a polícia. Quinze minutos depois os assaltantes estavam presos. Até os assaltantes, hoje, têm que ver que a globalização é um fenômeno importante. Você não pode brincar, é *on line*; se você bobeia, especialmente no mercado financeiro, você pode ter enormes prejuízos.

Outro exemplo do mesmo fenômeno: no ano passado, em março, o Banco Central emitiu um comunicado criando as chamadas bandas cambiais, era a primeira movimentação de desvalorização do Real. Criou-se a banda cambial, fazendo com que o dólar subisse um pouquinho e o comunicado em que o Banco Central avisava a população que isso ia acontecer, segundo um deputado federal, muito cáustico, teria sido escrito em javanês, dadas as dificuldades de entender o que estava escrito ali. Então cada operador de mercado pulou de um lado, fez uma coisa e outra, muita gente ganhou muito dinheiro e outros perderam, porque não interpretaram muito bem o que ia acontecer, mas eles precisavam agir rapidamente. Aqueles que ganharam muito dinheiro com esta história foram acusados de ter recebido informações privilegiadas de dentro do Governo, do próprio Presidente do Banco Central.

E como o Presidente do Banco Central se defendeu? Ele se defendeu de uma forma ultra-perigosa. Ele disse que não houve vazamento de informação: a medida foi tomada na segunda-feira e a única pessoa comunicada disso foi o ministro Cavallo, porque a Argentina tem um comércio muito intenso com o Brasil, mas só no domingo à noitinha. E ninguém falou mais nisso.

Mas ele esquecia que durante um domingo à noitinha no Brasil, a bolsa de Tóquio já está funcionando, porque lá é segunda-feira. Se alguém quisesse poderia pegar um telefone celular, chamar um agente no Japão, em Tóquio, e dizer: "olha, compre ou venda os títulos da dívida externa brasileira ou os títulos do mercado secundário ou faça qualquer coisa relacionada com a situação brasileira porque vai haver uma desvalorização cambial". Quer dizer, até nisso você tem que ter cuidado com este sistema de globalização. Os movimentos do mercado financeiro podem assumir volumes fantásticos de dinheiro e podem se deslocar de um lugar para outro em questão de segundos porque hoje está tudo interligado. Basta você dar uma ordem ou um sinal e bilhões de dólares passam de uma conta para outra, saem de um país e vão para outro, saem de uma região e vão para outra região. Então, a situação hoje torna-se muito mais vulnerável do que era recentemente, até alguns anos atrás.

Neste contexto da integração mundial como é que nós nos colocamos e em geral os países latino-americanos? Vamos falar um pouquinho dos pressupostos que levaram o Brasil a realizar esta passagem, que foi até agora uma passagem difícil mas com um certo êxito, de uma situação de hiperinflação, ou quase hiperinflação, para a situação de estabilidade que nós temos hoje. Uma das condições para que isso acontecesse foi equacionar de uma maneira razoavelmente boa a situação da dívida externa.

A dívida externa brasileira teve muito a ver com essa desorganização causada pelos americanos a partir dos anos 70, que fez com que houvesse uma elevação brusca do preço das chamadas *comodities*, especialmente o petróleo. Isso desequilibrou a nossa balança comercial e aí vocês sabem qual foi a história. O Brasil a cada ano precisava pedir mais dinheiro emprestado para pagar os seus déficits em conta corrente. A cada ano que passava isso ia aumentando a dívida.

Quando as taxas de juros cresceram muito no mercado internacional, já nos pegaram com uma dívida alta, então nós já estávamos com as duas coisas que mais podem deixar o devedor prostrado: dívida alta e taxas de juros nas nuvens. Isso aconteceu nos anos 80, criou a crise da dívida, políticas de ajuste, que relegou o país a mais de 12 anos de relativo estancamento. Mas no final dos anos 80 o chamado Plano Braid, que era o secretário do tesouro americano na época, permitiu que os países endividados alongassem o perfil de sua dívida, isto é, uma dívida que eu tenho que pagar no próximo ano, se eu alongar e puder pagar nos próximos 5 anos, eu fico um pouco mais aliviado. Se eu conseguir expandir este prazo para dez anos, melhor ainda. Se for para trinta, então é como se esta dívida praticamente não existisse, ela não machuca muito as minhas finanças a cada ano.

De uma certa maneira foi isso que aconteceu. Convencidos de que o pagamento daquela dívida que os países americanos, asiáticos e os africanos tinham contraído nos anos 70 era impagável daquela maneira, criou-se um dispositivo, através do Plano Brady, para que você alongasse o perfil da dívida e as taxas de juros caíssem um pouquinho, tornando-se fixas em vez de flutuantes. Se você paga taxas de juros fixas, você sabe exatamente quanto vai pagar, tendo em vista o montante que você deve. As taxas de juros relativamente mais baixas permitiram a países como o México, que foi o primeiro a assinar esse acordo da dívida, realizasse o seu plano de estabilização interna.

A Argentina, logo em seguida, também fez seu plano de estabilização calcada no acordo da dívida externa, no início dos anos 90 e, finalmente, o Brasil fez a mesma coisa em 94. Demorou um pouco mais para fazer a assinatura deste acordo por uma série de razões. A dívida externa deixou de pesar tanto quanto pesava nos anos 80, mas quando isso ela já tinha, de uma certa maneira, se transformado em dívida interna, dívida interna do Governo, da União, dos Estados e dos Municípios. Isso, de uma certa maneira, tranqüilizou um pouco a frente externa. Internamente, o que o Brasil fez com o plano Real?

Diante de uma inflação acelerada, galopante, o Governo criou um mecanismo de transição chamado URV, a Unidade Real Valor. A transição permitiu que se fizesse uma estabilização sem apelar

—— 172 ——

para o congelamento de preços. Uma diferença importante em relação aos outros planos. Sem o congelamento, você consegue antes alinhar os preços se tiver reservas internacionais crescentes, e foi isso que aconteceu durante todo o Governo Itamar. Você pode nivelar ou segurar um preço por um tempo, muito importante para esta estabilidade que é a taxa de câmbio. A taxa de câmbio funciona assim: se o governo tiver muita reserva em caixa, muito dinheiro em caixa, ninguém faz um ataque especulativo contra a sua moeda. Por quê?

Se alguém apostar na desvalorização da moeda nacional, o Banco Central lança as reservas que tem no mercado e faz com que essa desvalorização não ocorra. Isto é, quem apostar na desvalorização de uma moeda tem que ter muito dinheiro para fazer isso e contar que o governo que emite aquela moeda não tenha reservas. Os outros planos fracassaram, em parte, porque os governos da época não tinham muitas reservas. Agora, quando o Plano Real foi lançado, o governo já contava com reservas de cerca de trinta bilhões de dólares, chegando até quarenta bilhões de dólares logo após. E como é que ele conseguiu essas reservas? Aí está a vulnerabilidade tanto do plano argentino, como do mexicano, como do brasileiro.

Ele atrai as reservas assim, ele promete a quem trouxer o dinheiro de fora uma alta remuneração. Então, alguém que tenha cem mil dólares no exterior, traz para cá, converte esses cem mil dólares em reais e aplica esses reais comprando títulos da dívida pública do governo. O mecanismo é este, você traz o dinheiro de fora, mas para ganhar as taxas de juros, que é isto que te atraiu, você tem que trocar o dinheiro. O dólar, por exemplo, por moeda nacional. Ora, se ficar com moeda nacional na mão não vai adiantar, você tem que aplicá-la. Então o governo emite títulos da dívida pública, entrega para os que trouxeram os dólares e fica com eles em caixa, nas suas reservas. As reservas crescem, mas por outro lado, a dívida interna vai crescendo também, e muito, porque em determinado momento os juros que você tem que pagar por essa dívida interna que vai crescendo começam a afetar o orçamento, as despesas que a União faz, que os Estados e Municípios também fazem.

Não sei se vocês se lembram, agora isso desapareceu dos anúncios de televisão, mas há pouco tempo atrás uma propaganda de biscoito dizia assim: "vende mais porque é fresquinho ou é fresquinho porque vende mais". Vocês se lembram disto?

Na economia existe uma espécie de efeito Tostines. Em determinado momento, você não sabe se a dívida interna é grande porque o déficit público é fresquinho, ou então, se o déficit público é muito grande porque os títulos da dívida vendem muito, e o governo tem que pagar muitos juros pelos títulos da própria dívida pública. Entre dívida pública e déficit começa a haver um processo em que um é causa e efeito ao mesmo tempo, as duas coisas vão se interligando. Quando um governo entra nessa roda viva, o que ele tem que fazer? Para pagar os juros do que ele deve, ele tem que reduzir as outras despesas. Quais são as outras despesas do governo? O governo tem despesas com consumo, ele tem que dotar, por exemplo, os quartéis de combustível senão os aviões militares não voam; tem que dotar as escolas, as universidades de material escolar, senão as escolas não funcionam; deve fazer uma série de investimentos de infra-estrutura e pagar os seus funcionários.

Têm algum professor de universidade federal insatisfeito com o salário que está ganhando? Eu acho que deve ter. Mas esse salário é um dos itens que mais são reprimidos para evitar o aumento das despesas. Você tem que pagar uma conta de juros muito alta. Aí está o Ministro Bresser Pereira dizendo que não vai haver aumento porque é uma conta pesada que o governo tem que enfrentar e, por mais baixos que sejam os salários, ele diz: se eu pagar salários mais altos o déficit vai crescer mais ainda, a dívida cresce ainda mais e chega um momento em que isto estoura.

Este é o problema central do Plano Real. Agora, o que tem isso a ver com a globalização? Se este capital financeiro que está se deslocando de um lado para outro no mundo, observando as melhores oportunidades, achar que vai haver uma crise no Brasil, esta expectativa acaba criando a crise realmente. Por quê? Porque se eu tenho dinheiro aplicado no Brasil, do exterior, e sei que vai haver uma desvalorização cambial, eu me antecipo comprando dólares quando eles ainda estão baixos, e tirando esses dólares do país, antes que o governo desvalorize e eu tenha que dar mais dinheiro para comprar os mesmos dólares que eu trouxe para o Brasil. Então, isso pode provocar uma quebra do Plano Real, se houver um ataque especulativo em massa dos capitalistas financeiros que fazem esses movimentos no mercado financeiro internacional.

Esse ataque ocorreu no ano passado mas não teve êxito. Em questão de dez dias, saíram mais de sete bilhões de dólares das reservas brasileiras. O governo teve que bancar aquilo, só que este ataque não prosperou porque a quantidade de reservas era substancial. Agora, se houver uma ameaça e o déficit público prosseguir no ano de 96, como ocorreu em 95, é um abalo nas contas públicas e isso vai sinalizar para todos os operadores que o governo não vai aguentar por muito tempo.

Recentemente, em São Paulo, alguns banhistas, ali em Itanhaém, foram atacados por tubarões. Isto aconteceu no Nordeste, não sei se aqui no litoral do Rio Grande do Sul aconteceu algo semelhante. Surfistas estavam ali numa boa quando, de repente, vem um tubarão e lhes tira um pedaço da perna ou lhes devora a prancha, pensando que é um leão marinho. Uma coisa que me pareceu muito interessante, mas não foi muito tranqüilizadora, foi quando um jornalista perguntou a um especialista o que se deveria fazer ao perceber um tubarão perto da gente. Aí o especialista, com aquela voz metálica, gelada e impessoal, falou: a única coisa que a gente sabe realmente é que, quando você perceber que tem um tubarão perto de você, é porque já ele te viu há muito tempo.

No mercado financeiro é a mesma coisa, nós estamos aqui conversando sobre estes problemas, mas os operadores já estão vendo o que vai acontecer se as coisas prosseguirem como estão, muito antes de nós, e já estão fazendo as suas jogadas, já estão tomando as suas posições, de tal maneira que eles se antecipam, e esta antecipação pode levar o país a uma crise real.

O outro fator que pode abalar a situação do plano real é o chamado balanço de pagamentos. O Brasil tem que exportar uma quantidade crescente de bens para não ter o chamado déficit na balança comercial. Por que? Se ele tiver um déficit na balança comercial, terá que somar este déficit ao déficit da balança de serviços, que é por onde paga juros para a dívida externa e outras despesas em que é deficitário. Ele tem que compensar uma coisa com a outra, porque se ele tiver um déficit muito grande na chamada conta corrente do balanço de pagamentos, tem que compensar isto da conta de capital, tem que atrair mais capital ainda do que está entrando. Então tem que manter taxas de juros elevada, o que cria recessão, desemprego, desestimula o investimento.

Ora, para ter uma exportação crescente, ele precisa de várias coisas. Primeiro, não pode deixar uma taxa cambial muito defasada, como parece que está hoje. Mas elevar a taxa cambial é trazer pressão inflacionária. Essa camisa de força em que ele se encontra, põe-no numa saia justa com os seus parceiros comerciais. Por exemplo, o Mercosul: a Argentina é um grande parceiro do Brasil, mas tem que ver se este parceiro não está nos criando um déficit muito grande, se não está nos exportando mais, vendendo mais para nós do nós estamos vendendo para eles. Um país que tem esse constrangimento, então, não pode formar com os vizinhos, ao meu ver, isto é uma opinião pessoal, um bloco muito consistente. Por que? Porque a Argentina tem o mesmo problema.

O México afundou porque não cuidou muito bem do seu balanço de pagamentos, tinha déficits em suas transações correntes descomunais. Isso limita, por um lado o comércio. Obriga o Brasil a colocar barreiras, às vezes artificiais, para não deixar o produto do vizinho chegar aqui a um preço mais baixo. Isso dificulta a formação de blocos que possam se defender dos grandes blocos hoje formados no NAFTA, na União Européia e no Sudeste asiático. Todos os países do Sudeste asiático têm suas contas muito bem niveladas, não dependem de âncora cambial, porque têm a âncora fiscal, sem apelar para os mecanismos tão lesivos como é colocar as taxas de juros lá para cima.

Estes são constrangimentos reais que nós temos para a formação deste bloco, para que o Mercosul prospere. Ora, onde é que está a amarração, ao meu ver? A amarração fundamental está nas contas públicas. Se nós ajustarmos as contas públicas, e não por esse lado perverso, que é cortar as despesas pelas canelas, se nós ajustarmos as contas públicas aumentando a receita e através de uma coisa que eu chamo de âncora patrimonial, é possível, então, aliviar a pressão que está se exercendo hoje sobre a chamada âncora cambial. Nós dependemos dela totalmente.

Quais são as conseqüências? Taxas de juros tem que estar lá em cima, política recessiva ou de desaceleração, para não forçar muito a demanda por importações e manter a economia neste vôo raspando a copa das árvores. Não pode crescer muito senão desarruma tudo. Isto significa o quê? Eu estou vendo aqui que a grande parte das pessoas é jovem, eu não queria baixar o astral falando sobre desemprego, mas é uma realidade, nós estamos vivendo uma realidade em que o emprego não está crescendo porque a economia não pode crescer mais do que está crescendo senão este esquema todo vem por terra. Se crescer um pouco mais, todos os equilíbrios precários, este fio da navalha faz com que a economia tenha um desenlace desfavorável, desvalorização cambial, e, principalmente, elevação de preços. Então, esse é um problema complicado, porque acertar as contas públicas sem fazer uma política de corte de gastos mais profundos dos que já foram feitos é uma questão que exige muita habilidade e muita, digamos assim, muita vontade política.

—— 176 ——

O Governo Fernando Henrique, eu estou colocando isto agora para terminar, tem na estabilidade de preços a sua principal condição de governabilidade e vai fazer de tudo o que for possível para manter esta estabilidade. A troca é desagradável, por que ele tem, por outro lado, que manter uma situação econômica em banho maria, a economia não pode crescer muito. Vai ter desemprego, pessoas nas ruas reclamando, agora, a perda que as massas populares estão sofrendo. Ele vai ter que pesar muito bem, para ver que fica só com a estabilidade de preços ou dá uma ajudazinha na questão social que está se deteriorando rapidamente.

Eram estas as considerações que eu gostaria de fazer em primeiro lugar, eu acho que eu já me estendi muito, nessa primeira intervenção e depois gostaria de, na medida do possível, se eu souber ou puder colaborar um pouco mais, de enfrentar as questões que serão colocadas pela Professora Berenice Corsetti e por todos que estão aqui neste auditório. Muito obrigado.

Cuba e as relações inter-americanas

Tradução feita por Astrid Heringer sobre a conferência ministrada no
dia 18 de abril de 1996, no Clube Comercial.

JUAN GUEVARA
Professor visitante na Universidade Federal de Santa Maria.

Em primeiro lugar, quero agradecer a possibilidade de estar nesse seminário. Eu sou cubano, residente em Cuba, atualmente professor visitante na Universidade Federal de Santa Maria, no Curso de Pós-Graduação de Extensão Rural.

Vou me referir a Cuba e suas relações com a América, mas primeiro quero centrar a idéia do que é Cuba, posto que é país muito longe do Brasil. Cuba é a maior ilha do Novo Mundo, mas isso não quer dizer que seja uma ilha grande. Tem só cento e dez mil quilômetros quadrados, é dizer, menos da metade do Estado do Rio Grande do Sul. Tem uma população de 11 milhões de habitantes, aproximadamente 28,29 habitantes por quilômetro quadrado, quer dizer que é super povoada. Tem uma proximidade muito grande com Estados Unidos e com o México, que são os países, sob todos os aspectos, mais próximos a Cuba.

É a nação ou país mais espanhol da América e isto eu explicarei durante a exposição. Se o Brasil tivesse a proporção de população que tem Cuba, teria mais de 800 milhões de habitantes, e o Brasil tem 8 milhões quilômetros quadrados e vocês vêem que isto multiplica Cuba por 80.

É o primeiro lugar em que chegou Colombo quando descobriu a América, em 1492. Primeiro, chegou a uma ilha muito pequena, próxima à Cuba e passou depois para Cuba, em 24 de outubro de 1492. Ao mesmo tempo, é a ultima colônia da Espanha na América. A Espanha perdeu suas colônias na América completamente em 1821, depois disso só a ilha de Cuba e a ilha de Porto

Rico ficaram como colônias da Espanha na América. Estas ilhas têm uma história em comum até 1899. As relações entre Cuba e Porto Rico são tão grandes que os cubanos que tentaram durante o século XIX independentizar-se da Espanha, assim como Porto Rico, não conseguiram e, nos anos do final do século XIX, unidos tentaram novamente a independência.

Os primeiros esforços pela independência de Cuba iniciaram-se por Simon Bolívar, nos princípios do século XIX, e fracassaram. O vínculo histórico entre Cuba e os Estados Unidos é tão grande que a primeira tentativa militar da independência de Cuba, em 1850, nasce no Estado de Louisiana, nos Estados Unidos. A Espanha, como havia perdido todas as suas colônias, com muita força reprimiu e exterminou a tentativa de independência. Os primeiros esforços de separar a ilha da Espanha fracassaram e então tentou-se transformar a ilha num Estado da união norte-americana. A bandeira de Cuba tem uma estrela, só uma estrela. Esta estrela representava um Estado a mais no Estado americano, tal como a bandeira de Porto Rico, que tem uma só estrela.

A intenção nasce de duas vertentes: uma, os Estados Unidos teriam, neste momento, uma escravatura no século XIX muito forte nas colônias dos Estados do Sul dos EUA e pretendiam a incorporação do Estado Cuba, como um Estado a mais que favoreceu a escravatura, dado que em Cuba se mantinha a escravatura. Mas os EUA nunca pôde incorporar a ilha na união americana e, portanto, acabou como colônia espanhola. Isto determinado por relações internacionais em que pensava a Inglaterra.

Outra relação, nessa época, entre Cuba e os EUA, é a independência dos EUA, em 1776, que é o primeiro Estado que se torna independente na América, foi favorecido pela intervenção da França que apoiou a independência das treze colônias para prejudicar a Inglaterra. A Espanha enviou tropas de crioulos cubanos que combateram, em 1776, pela independência dos EUA, ao lado das tropas de independência americanas.

Essa relação histórica tem se mantido até hoje, por muitas razões que vou explicando, de acordo com o meu ponto de vista. Em 1868, os cubanos se lançaram numa guerra durante dez anos contra a Espanha e fracassaram. Os cubanos pediram ajuda aos EUA para esta independência e pretenderam, inclusive, ser um Estado dos EUA. Mas os EUA já haviam terminado o período de escravatura, então não queriam um Estado que tinha escravos.

Além disso, outra vez a importância da Inglaterra nesta época impedia que os EUA interferissem para a independência de Cuba, não lhes interessava. Portanto, os cubanos acabaram sozinhos nessa guerra e, em 1878, renderam-se, haviam perdido a guerra. A Espanha havia cometido alguns horrores importantes, como dar a liberdade aos escravos que combateram contra a Espanha, não àqueles que eram fiéis à Espanha e que se mantiveram como escravos.

Em 1892, constituiu-se o Partido Revolucionário Cubano, para a independência das ilhas de Cuba e Porto Rico. Este partido venceu outra guerra em 1895, quando toda América era livre, menos Cuba e Porto Rico. Esta guerra foi vencida pelos cubanos contra a Espanha. Mas os EUA, em 1898, interviram contra a Espanha, teoricamente para dar independência à ilha. Em 1º de janeiro de 1899, a Espanha saiu de Cuba, de Porto Rico e das Filipinas, que eram as últimas colônias. A ilha de Cuba foi ocupada pelas tropas americanas e a ilha de Porto Rico igualmente.

Quando os cubanos aspiraram a sua independência, não a receberam. Tiveram uma comunicação do General Leonardo Gut, governador da ilha, em 1902, de que os cubanos deveriam aceitar a Constituição na forma que os EUA estabeleciam, ou não haveria independência. Os cubanos, para ganhar a independência, depois de muita discussão, aceitaram a regra norte-americana que era a seguinte: o governo dos EUA poderiam intervir e ocupar a ilha quando quisessem. Esta lei foi aprovada e esteve na Constituição cubana a partir de 1902, quando as tropas americanas saíram de Cuba e pela primeira vez, aparentemente, Cuba foi independente. As tropas norte-americanas nunca saíram de Porto Rico e até hoje estão lá. Os cubanos sentem a situação de Porto Rico como própria e, então, eu explico isto tratando de não formar juízos de valor, estou fazendo uma reconstituição histórica, como a única maneira de entender o que é Cuba e quais são suas relações com a América Latina e o mundo.

O governo dos EUA nunca saíram de Porto Rico e hoje Porto Rico tem um desenvolvimento distinto de Cuba. Nós, cubanos, falamos espanhol de uma maneira; os porto-riquenhos falam espanhol com muito mais anglicismo que nós os cubanos. Os porto-riquenhos podem dizer: "vou abrir a window", que é janela. Falando espanhol introduzem palavras em inglês. Ou "vou à street", que é rua.

Em 1908 o governo dos EUA decidiram ocupar a ilha e voltaram a ocupá-la por quatro anos, até 1912. Então os cubanos iniciaram uma luta, uma espécie de controvérsia com os EUA para tirar da Constituição o direito dos norte-americanos de ocupação da ilha. Segundo a Constituição cubana, três pontos da ilha eram

—— 181 ——

americanos, um deles era Guantanamo - que tem uma canção conhecida no mundo inteiro, que se chama "Guantanamera".

O México, fronteira dos EUA, que teve durante muito tempo guerra com os EUA e que perdeu parte de seu território, é o país que nunca abandonou a solidariedade com a República de Cuba. Sempre teve uma boa relação e tem reconhecido Cuba, tem apoiado a independência de Cuba e a autodeterminação. O Canadá ao norte dos EUA, de língua inglesa e francesa, tem defendido Cuba todo o tempo, nunca desrespeitou sua relação com Cuba e é um competidor econômico com os EUA sobre Cuba.

Em 1934, na Reunião do Congresso Pan-americano de Montevidéu, os Estados de toda América aprovaram a supressão de emenda que modificava a Constituição de Cuba e que autorizava a ocupação de Cuba pelos EUA. Por isso, Cuba agradece a todos os países da América. Na época do presidente Roosevelt, nos EUA, que foi um presidente que para nós representou uma posição democrática face à Cuba, foi aceita a supressão da emenda, mas não da base de Guantanamo. Ela seguiu sendo americana e seguiram em vigor leis de que subordinavam a ilha de Cuba aos EUA. Já não era ocupação, mas sim direito de extra-territorialidade.

De tal maneira, eu que sou uma pessoa muito velha, vi as tropas americanas em Cuba e o enfrentamento de americanos e cubanos ao longo de muitos anos. A partir de 1952, as relações tornaram-se de certa maneira democráticas, porque em Cuba havia um governo democrático, produto de eleições, desde 1940, graças ao mesmo presidente Roosevelt e pela situação internacional da guerra.

Para que se possa compreender a magnitude deste momento, Cuba declarou guerra a Alemanha, Japão e a Itália, antes dos EUA, um absurdo pois é um país muito pequeno. Mas, uma vez que o Japão bombardeou Pearl Harbor, em 7 de dezembro de 1941, imediatamente o governo cubano, a serviço dos EUA, cumpriu imediatamente a declaração de guerra ao Japão. Então esta dependência aos EUA sempre esteve presente na consciência do povo de Cuba. Por isso, na década dos anos 50, houve todo um renascer deste enfrentamento e a tentativa de romper todo o vínculo de dependência com os EUA. Isto recebeu sempre o apoio dos países de América Latina até 1962.

Em 1962, o governo dos EUA pressionou na Reunião de Montevidéo, da OEA, e estabeleceu-se um bloqueio diplomático a Cuba, romperam-se relações com Cuba, todos os países de América e estabeleceu-se um isolamento de Cuba. As razões que poderiam dar-se para isso é o enfrentamento do desenvolvimento de um governo socialista em Cuba desde 1959, a tentativa de progressivamente fazer um país socialista. Então determinou-se esta decisão da OEA, Organização dos Estados Americanos, em 1962.

Todos os países da América Latina romperam com Cuba, menos o México, todas as relações comerciais e econômicas se romperam com Cuba, desde 1962, menos o México e Canadá. Me refiro aos países da América.

Progressivamente, em 1962, uma crise militar entre Cuba e os EUA, que foi a crise militar maior de toda a história entre os dois, posto que a aliança entre Cuba e a União Soviética permitiu a instalação de armas nucleares em Cuba que permitiam bombardear e fazer desaparecer os EUA, de todos os Estados de centro e do Sul até Nova Iorque.

Claro que os EUA tinham armas atômicas para fazer desaparecer Cuba em um instante. Mas isso teria sido uma catástrofe universal. O pacto entre a União Soviética e os EUA era de que a União Soviética retiraria de Cuba todas as armas nucleares, e inclusive houve um incidente sobre aviões de grande alcance que teriam os cubanos, de origem russa, que também eram retirados, e ao mesmo tempo os EUA se comprometiam a nunca, jamais intervir em Cuba. Isto não foi aceito pelo governo de Cuba, que simplesmente rompeu com a União Soviética e com os EUA porque entendia que teria de retirar também as tropas de Guantanamo.

Nesta situação histórica, como eu disse, os países que não terminaram suas relações com Cuba foram Canadá e o México. O isolamento de Cuba é inimaginável. Passaram-se muitos anos e Cuba ficou completamente distanciada de toda América até os anos 70. No governo do presidente Carter, nos EUA, em 1976, começou a haver reconhecimentos por parte de Estados da América que tinham relações com Cuba, relações de todo o tipo, relações diplomáticas, relações comerciais. Isto foi crescendo até o momento atual.

Neste momento, na América do Sul, apenas o Paraguai não tem relações com Cuba e, na América Central, Honduras, Guatemala e El Salvador não têm relações com Cuba. Nos países mais próximos, a República Dominicana não tem relações com Cuba. Todos eles, um pouco indiretamente, têm relações em se tratando de apoiar o reingresso de Cuba na Organização dos Estados Americanos. O Brasil restabeleceu suas relações com Cuba em 1986, agora faz dez anos, na época do governo do presidente Sarney.

Estas relações do Brasil com Cuba tem sido muito favoráveis a Cuba. O Brasil tem apoiado na OEA e em todos os organismos

—— 183 ——

internacionais, que se levante o bloqueio à ilha de Cuba. No caso do Brasil e de outros muitos países de América, não se estabelece que seja necessário que em Cuba haja uma mudança social e política para que se retire o embargo e se restabeleçam as relações econômicas com Cuba. Não tem sido somente o Brasil, mas tem sido o país que tem muito peso nas relações internacionais e que desempenha um papel muito importante nesse sistema de relações dos Estados americanos.

Há poucos anos, realizou-se a Cúpula das Américas, que é uma reunião que os EUA realizou em Miami com todos os países da América menos Cuba. E essa é uma das linhas econômicas e políticas que se seguem no continente americano. A Espanha organizou todo o sistema íbero-americano em que participam todos os países do continente incluindo Cuba.

A situação econômica de Cuba é extremamente grave. É um país muito pobre, sem recursos econômicos que não advenham do comércio exterior. Suas relações econômicas com o exterior dependem da marinha mercante, que tem que ser cubana, porque o governo dos EUA não permite em todos os seus portos nenhum barco que toque Cuba, nem nada que comece com Cuba, em torno de sua marinha mercante.

De igual modo o sistema de aviões, eis que só as grande potências como Alemanha, França, Inglaterra ou Espanha têm vínculo direto com Cuba porque desafiam os EUA. Mas o resto dos países subdesenvolvidos não podem, países de terceiro mundo não podem, porque não podem romper suas relações econômicas com os EUA. As relações que surgem na América através de organismos íbero-americanos favorecem a comunicação e as relações de Cuba com o resto dos países da América. As relações que nascem, que partem dos EUA, não produzem nenhuma relação com Cuba, pelo contrário, a excluem.

Recentemente houve um congresso em Cartagena, na Colômbia, no qual não estiveram presentes os cubanos. O tema era o desenvolvimento econômico da América e Cuba não poderia estar presente porque, de acordo com o convênio dos países da América, a ilha está excluída.

Atualmente, a está em vigor uma nova lei nos EUA, chamada Lei que proíbe todas as relações econômicas com Cuba aos americanos e aos norte-americanos, e todas as relações econômicas com aqueles que tenham relações econômicas com Cuba. Agrava-se a situação econômica de Cuba, com conseqüências sociais e políticas.

—— 184 ——

Os países de toda América, inclusive o Brasil, têm solicitado, têm reiterado que esta lei não se aplique, mas esta lei está vigente, se cumpre com todas as suas regras, e realmente existe um apoio da América Latina para que esta lei não se cumpra, mas os EUA a estão cumprindo.

Cuba depende, em primeiro lugar, hoje, do turismo, do açúcar, do café e do tabaco; o mais importante produto econômico de Cuba é o turismo. E há um turismo muito grande que vem da Europa Ocidental, países como Inglaterra, França, Espanha, Itália, e também do Brasil. Mas as restrições norte-americanas restringem muito o proveito que Cuba poderia tirar disto.

O açúcar é um dos principais produtos da economia de Cuba, apesar do pouco valor econômico. O tabaco, sim, tem muito mais valor e o café perdeu todo o seu valor, deixou de ser um produto importante. Portanto, a indústria de turismo é a mais importante que tem hoje Cuba, tem conseqüências em todos os aspectos sociais e políticos do país.

Nos minutos finais que me restam eu queria dizer-lhes, porque é justo dizer-lhes, porque é rigorosamente muito certo que há uma imigração muito grande ao Norte dos EUA, que essa tradição de relações com os EUA, determinam que nele vivam cerca de dois milhões de cubanos. Esses dois milhões de cubanos vivem principalmente no estado da Flórida, que é um estado muito próximo a Cuba.

Esses cubanos têm um peso muito importante na política dos EUA. Eles tem um grande poder econômico e apóiam as leis de embargos e os bloqueios contra Cuba. Ao mesmo tempo, as relações entre cubanos da ilha e dos EUA é enorme. Vocês não poderão conhecer nunca nenhum cubano que não tenha um parente nos EUA. As relações são enormes, apesar desta enorme contradição.

Esses milhões de cubanos que estão fora tem muito peso. Outros países latino-americanos não pesam tanto na vida política dos EUA e no Congresso norte-americano. Vocês podem encontrar pessoas que são cubanos de nascimento e são membros do Congresso dos EUA. Pelo menos há quatro que no momento de quem eu recordo o nome e que têm peso e poder econômico e político.

De toda maneira, queria expressar meu agradecimento de ter paciência de me ouvir falar em outro idioma e agradecer a tolerância e compreensão para esta exposição que tem tratado de não ter juízo de valor. Mas é impossível para mim negar que há juízos de valor, porque faço parte deste processo, visto que vivi em Cuba, participo desta luta. Muito obrigado.

—— 185 ——

Governantes e governados na Bacia do Prata — a farsa da democracia —

TEÓFILO OTONI VASCONCELOS TORRONTEGUY

Professor aposentado da Universidade Federal de Santa Maria, RS,
Doutor em História Social pela Universidade de São Paulo e membro do
Instituto Histórico e Geográfico de Santa Maria.

A Guerra do Paraguai (1865-1870) fortaleceu o militarismo e o comércio na Bacia do Prata. A partir de 1870 os países platinos acomodaram-se internamente. O Império Brasileiro procurou reordenar seu regime numa dimensão interna. A Argentina construiu uma política de fortalecimento conservador. No Uruguai, por sua vez, numa contradição atroz, a nação desejando a paz, enfrentou atritos entre os caudilhos. O Paraguai teve que suportar a miséria da derrota. Num esforço sobre-humano, reorganizou-se, interna e externamente, a partir da Carta de 1870, por meio de um intrincado relacionamento com todos os setores internos.

A dinâmica das conjunturas modelaram Estados fortes. Os Estados Unidos desenharam seu território num verdadeiro treino expansionista. O sistema político e o Estado, este, assumidamente, guardião de todos os negócios de seus cidadãos, armazenou poder político e militar para, mais tarde, expandir-se em direção ao Caribe e ao Pacífico. Transformando-se num Estado hegemônico regional.

A França, depois da derrota diante da Prússia, organizou-se internamente, de tal forma, que, pelo nacionalismo, edificou uma de suas repúblicas mais sólidas. O militarismo e a expansão colonialista tiveram o respaldo interno de seus cidadãos. Seus produtos e o seu comércio agressivo carregavam seus costumes, língua, ideologias e demais aspectos culturais que impregnaram o mundo de sua maneira de ser. A influência francesa perdurou até a Segunda Grande Guerra.

—— 187 ——

O Império Prussiano foi resultado de seu militarismo e de um forte sentimento nacional alemão. Depois do esforço militarista napoleônico, a Europa só irá conhecer igual com a Prússia, a partir da vitória de 1870. Esse Estado irá pressionar os demais Estados fortes da Europa. Por essas características, passou a influenciar o mundo com a sua ação geopolítica.

A Inglaterra, sempre presente em todos os continentes, administrava um império colonial grandioso. O comércio e o poder naval dominavam o mundo. Seu sistema político, seus partidos políticos, ideologias e sua organização serviam de modelo e temor. Construiu uma invejável estabilidade política.

O positivismo transformou o progresso numa noção coletiva de ideal. A sociedade passou a ser vista dentro de visões racionais do cientificismo evolucionista. O poder sacralizado dos deuses e dos governantes foi transferido para o coletivo. Este ranço teísta estará presente no fortalecimento da política, num governo intervencionista, nos avanços tecnológicos, na grandeza do comércio, nas comunicações fáceis (telégrafo, navegação à vapor e ferrovias), na força armada ágil e moderna e nos princípios democráticos, isto é, as valorizações do voto e do poder legislativo para o apoio popular aos projetos das elites. Enfim, um Estado fortalecido. Os caminhos estavam traçados e o avanço capitalista era inexorável.

No Brasil, a pressão política feita pelos liberais provocou a Reforma do Sistema Político. A partir de 1870, as eleições paroquiais para a escolha dos eleitores, alteraram-se. Os liberais criticaram o voto de cabresto que existia sob o comando dos grandes proprietários. O liberalismo admitia duas forças políticas, a rural, patrimonial, e a urbana, burguesa. Em 1881 efetiva-se a lei. Na primeira eleição para deputados da Assembléia Imperial, os liberais venceram. O voto, tão festejado, transformou-se no instrumento que, no discurso, reorganizara o Império e daria a cada cidadão as oportunidades sociais e políticas. Nessa aventura utópica os políticos instrumentalizaram o governo com procedimentos importantes.

Naquele ano de 1881, O Brasil possuia 12 milhões de habitantes, aproximadamente. Foram alistados, portanto, qualificados, 150.000 eleitores. Cada eleitor era homem, alfabetizado, maior e com renda compatível de 200$000. Votaram 96.411 eleitores. Longe de "representar" o povo, que no discurso político já estava emancipado, continuava a representar as camadas patrimoniais. A influência urbana transformou-se na política, extensão do poder já estabelecido. Uma Ordem de funcionários públicos, juízes, promotores, fiscais, delegados de polícia, exatores, sacerdotes e professores estavam sugeitos ao Presidente da Província. Este, por sua vez, dependente de Ministros imperiais. Ora, com a maior valorização do voto, cada eleitor possuia um poder. Este poderia ser barganhado. O poder político passou a pendular entre os grandes proprietários e as vontades palacianas, que, muitas vezes, coincidiam com o querer dos grandes proprietários. No entanto, a maneira política da dependência alterou-se. No dizer de FAORO:

"... O país real não se formava dos arrogantes e independentes senhores de terras, mas de pedintes de emprego, dos necessitados de pequenos auxílios" ...[1]

A "democracia", tão incensada, não conseguiu ser nem liberal, tal a influência das camadas patrimoniais na Ordem dos funcionários públicos, portanto, na esfera urbana. O clientelismo, já conhecido desde a Roma Imperial, ganhou espaço no Brasil Imperial. E, sobreviveu longas décadas.

Os militares estavam vitoriosos com os resultados da Guerra do Paraguai. Eles "salvaram" a pátria. Resgatou-se, aí, antigas contendas existente na sociedade entre os militares e os civís. A antiga Tropa de Linha do Primeiro Império, que era dominada pelos oficiais portugueses, cedeu seu poder à Guarda Nacional. O ódio do povo aos portugueses, motivo da expulsão de D. Pedro I, comoveu a todos e provocou sérias transformações no que chamar-se-ia, mais tarde, de Exército Nacional.

As camadas proprietárias brasileiras formaram seus filhos, principalmente, nos Cursos de Direito. O principal deles foi o de São Paulo. Fundado em 1828, teve em seus quadros membros das principais famílias do poder patrimonialista. Estes jovens, depois, transformaram-se em importantes políticos com poder no Império e, também, na República. Esses legislaram ou administraram o país. Contrapunham-se socialmente aos militares que provinham, via de regra, de famílias humildes das camadas menos favorecidas da sociedade.

Além das condições diferenciais de origem, os militares perseguiam a honra, a competência e o cientificismo da lógica social. Criticaram os bacharéis pelo nepotismo, corrupção eleitoral e clientelismo[2]. Ganharam pontos ao saírem prestigiados com a Reforma de 1850. Ela privilegiou a promoção e comando aos oficiais

---

[1] FAORO, Raimundo. *Os donos do Poder*. 7ª Ed., 1, Rio de Janeiro, Globo, 1987, p. 375.

[2] HOLANDA, Sérgio Buarque de. A Fronda Pretoriana. *História Geral da Civilização Brasileira*. 4ª ed., São Paulo, Difel, 1985, 5, p. 339.

que, por carreira, mereciam ascensão. Antes, a promoção era por ato do Ministro. A imparcialidade era a grande meta dos militares. O discurso militar era o de servir a pátria com interesses coletivos. Os quartéis criticavam os bacharéis que serviam a pátria por interesses pessoais. E entendiam que os males do Império provinham da péssima ação dos civis.

Embora a Guarda Nacional tenha tido um papel muito importante na Guerra do Paraguai, o Exército Nacional, que a incorporou, saiu fortalecido. Até então, o militar possuia importância, não por ser militar, mas por ser proprietário. Era este o valor dos oficiais da Guarda Nacional. Ora, com os resultados da guerra, os oficiais do Exército Nacional adquiriram um valor imaterial importante, o de heróis e servidores da pátria. Isto foi usado ideologicamente. Nessa tentativa entraram, os militares, em choque com o poder já ocupado pelos bacharéis. Os civis mais revoltosos temiam o avanço do prestígio do Exército Nacional. Acusavam os militares de parasitas dos cofres públicos e sugadores de verbas necessárias ao progresso do país. Acusavam, também, a cegueira dos militares em servir, não a pátria, mas à sua vaidade ou ao tirano que estava no poder. Os militares estavam perto do autoritarismo e longe do liberalismo vigente nas democracias exemplares.

De toda a forma os militares passaram a ganhar importância junto aos cidadãos. O povo, aos poucos, passou a reconhecer valores no Exército Nacional. Muitos políticos reordenaram suas ações e, igualmente, buscaram o cientificismo social. As idéias positivista alastraram-se por todos os setores pensantes do país.

O processo de urbanização ocorrido no Brasil depois da Guerra do Paraguai acelerou-se. Antes, a riqueza das camadas patrimoniais, a Igreja e outros equipamentos públicos eram os principais propulsores do aumento do reticulado urbano. Depois, um semnúmero de adventícios, desmobilizados da Guerra, pequenos comerciantes, baixos funcionários públicos, artesãos e tarefeiros procuraram os espaços urbanos. Junto vieram os desvalidos, mestiços, ex-escravos e marginais.

Toda a construção das cidades teve a participação dos escravos que erigiram prédios e, depois, os conservavam e serviam aos seus proprietários. Uma multidão de negros mantiam os centros urbanos. Sem os seus serviços as grandes cidades paravam. A mestiçagem provocou alguma mobilidade social. Os mulatos ganharam prestígio nos serviços prestados. Seus vínculos com pessoas que possuíam alguma importância política faziam engrossar o número de clientes. Enfim, trabalhadores livres que buscavam na política um meio de ascensão social[3].

O Brasil projetara-se em direção ao Prata. Lá sua influência estava sacramentada. Só que pouco retorno teve com isto. A não ser o de manter posições geopolíticas importantes do ponto de vista regional. Nossos rebanhos continuaram a sofrer a concorrência dos rebanhos argentinos e uruguaios. O principal produto exportador era o café. Sua aceitação internacional facilitava os negócios brasileiros no estrangeiro.

Investimentos estrangeiros procuraram explorar o país que apresentava uma população consumidora significativa. O aumento da mão-de-obra livre, o grande aumento de camadas intermediárias da população, isto é, os que não eram miseráveis, e tampouco abonados, fez com que investidores aceitassem "apostar no progresso brasileiro". A política de imigração e a necessidade de incrementar as comunicações, abriram as portas para os estrangeiros. Ideais de progresso, de modernização e concorrência aos países latino-americanos, fizeram o Império projetar e executar ferrovias, meios de comunicação telegráficas e navegação de cabotagem. Nesse aceleramento, o comércio interno aumentou e gerou, consequentemente, o aumento das camadas intermediárias.

A Lei de Terras de 1850 e seus posteriores regulamentos deram, em definitivo, a posse dos latifúndios à camada patrimonial. O registro transformou as terra em ativo financeiro. As terras deixaram de ser doadas. Passaram a ser vendidas. Só os que possuíssem dinheiro poderiam adquirí-las. Os miseráveis, ex-escravos, mestiços, índios e marginais ficaram fora da grande propriedade. A violência aumentou, principalmente no nordeste e no sul do país. Urgia uma solução. Esta veio com o cercamento dos campos e a definição de quem era o proprietário e quem era o despossuído.

A massa de não-proprietários engrossou fileiras nos corredores (espaço cercado entre duas propriedades) ou adensou os centros urbanos. À espera de trabalho e favores dos proprietários. O uso político desse pobrerio chegou a ser folclórico. O cercamento dos campos marginalizou, ainda mais, os pobres[4]. Na Argentina, o poder das Províncias diminuiu com os enfrentamentos com os vizinhos. A Província de Buenos Aires sobressaiu-se e adquiriu

---

[3] COSTA, Emília Viotti da. *Da Monarquia à República - Momentos decisivos*. 4ª ed., São Paulo, Brasiliense, 1987, p. 207.

[4] TORRONTEGUY, Teófilo Otoni Vasconcelos. *As origens da pobreza no Rio Grande do Sul*. Porto Alegre, ILM/Mercado Aberto, 1994, p. 141.

importância de liderança junto às demais. Os caudilhos regionais tiveram que ceder ao poderio portenho. Zonas desérticas, para onde os colonizadores, e mais tarde os "criollos", encarceraram os indígenas, foram ocupadas e os nativos sacrificados ou subjugados nas mãos de algum grande proprietário rural. A conquista do deserto fez com que uma enorme região fosse ocupada por aqueles que pressionavam a classe latifundiária. Os portenhos tiveram primazia, assim como os estrangeiros que demandavam ao país.

A participação vitoriosa argentina na Guerra do Paraguai a colocou em posição vantajosa no comércio platino. Durante a guerra, oficiais portenhos tiveram posições de liderança. Algumas forças portenhas permaneceram nas províncias fronteiriças. O General Roca destacou-se na intervenção às demais províncias.

O General Presidente Julio Roca promoveu medidas sociais que tiveram ampla aceitação popular. Sua liderança militar foi decisiva nas lutas contra as demais províncias. Assim, todos reconheceram Buenos Aires como Capital da República (1880).

A economia argentina aumentou consideravelmente. Interesses estrangeiros passaram a prestigiar Buenos Aires. A partir de 1879 a produção de trigo teve um aumento que possibilitou exportá-lo. Novos espaços rurais foram domesticados e aumentou a demanda de mão-de-obra. No mesmo ano de 1879, o primeiro navio-frigorífico transportou carne do rebanho argentino para a Europa. O sucesso foi tanto que iniciou-se aí, a grande arrancada exportadora do país. O consumo europeu exigia, cada vez mais, a carne proveniente da Argentina. Novos investimentos estrangeiros foram realizados. Produtores, beneficiadores, armazenadores, negociantes e transportadores ganharam muito dinheiro. Juntos, empregaram um exército de peões, carneadores, embaladores e estivadores. O governo aumentou o número de funcionários públicos para manter a fiscalização, a escrituração e a ordem pública. Buenos Aires adquiriu mais importância ainda.

As forças pensantes da Argentina sofreram a influência liberal de Juan Bautista Alberdi. Seus princípios ideológicos estavam suportados numa sólida sociedade civil capaz de garantir o progresso e o enriquecimento dos cidadãos. As formas passariam pela educação e o pleno exercício dos direitos. As escolas e as universidades divulgaram tais princípios e influenciaram as elites. Os políticos utilizavam disto em seus discursos e programas. O capital estava em ascenção e os-encarava como modernos e estimuladores aos investimentos. O homem argentino era tomado como um indivíduo de dimensões nacionais. Portanto, capaz de inserir-se numa sociedade fortificada pela união. Isto colocou a Argentina ombro a ombro com países europeus. Cresceu o interesse pelo estrangeiro. O olhar dirigiu-se ao longe fora do pequeno mundo provinciano. Ora, um poder sem princípios nada constrói. Por isto a ideologia liberal foi fundamental ao crescimento argentino.

As idéias de Domingos Sarmiento foram igualmente fundamentais para a união dos argentinos. A forte ênfase na educação foi importante para o sentimento de nacionalismo[5]. O projeto liberal defendeu a propriedade. A tecnologia dos cercamentos das grandes propriedades se aplicou na Argentina. Os criadores de gado passaram a exigir a posse da terra e o seu reconhecimento. As correrias dos gaudérios, dos marginais e dos changadores tinham que ser contidas. Essa massa humana servia aos caudilhos. A missão "civilizatória" de Buenos Aires defendeu a propriedade, e mais ainda, diminuiu o poder dos caudilhos. O cercamento dos campos, iniciado em 1872, aproximadamente, teve, antes de 1890, seu término. Em pouco menos de duas décadas, a Argentina tinha garantido a posse dos latifúndios à camada patrimonial.

O ensino nas escolas primárias teve um avanço surpreendente, para a época. O sistema educacional argentino foi importante para a construção de um novo país.

O progresso e a paz tornaram-se temas políticos. Roca diante do Congresso Argentino, a 12 de outubro de 1886, proclamou:

"Concluyo felizmente mi gobierno sin haber tenido que informaros de guerras civiles, de intervenciones sangrientas, de levantamientos de caudillos, de empréstimos gastados encontener desórdenes y sofocar rebeliones, de depredaciones de indios, de partidos armados y semialzados contra la autoridad de la Nación, sin haber decretado, en fin, un solo día de estado de sitio, ni condenado a un solo ciudadano a la proscripción política"[6].

A Argentina saíra da barbárie e ingressava na civilização, no dizer do presidente. Quando seu sucessor, Miguel Juárez Celman, assumiu para o período seguinte (1886-1890) recebeu um país reordenado e diferente do que era anos atrás. Celman acelerou alguns setores econômicos argentinos, porém, enfrentou crises. Todavia, o Estado Nacional configurou-se e fortaleceu-se. Foi este o período formador da Argentina dita moderna.

---

[5] LUNA, Félix. *Breve Historia de los Argentinos*. Buenos Aires, Planeta/Espejo de la Argentina, 1993, p. 145.

[6] in CRESTO, Juan José. La Segunda Presidencia de Roca y la elección de Quintana. *DESMEMORIA*. 6, Buenos Aires, 1995, p. 7.

As ferrovias resumem o avanço de sua economia. Todos os países latino-americanos não possuiam, em tamanho, o parque ferroviário que a Argentina possuia. Foi o primeiro país latino-americano a formar o que entendemos por classe média. Esta, tornar-se-á poderosa força política.

A noção política de país e de nacionalidade, com fortes tintas de suposta superioridade, foram, indiscutivelmente, o ânimo principal do pacto entre os cidadãos e o poder. Muito influiu o liberalismo e, conseqüentemente, o voto.

No Uruguai, a desordem pública, política e financeira, provocada pelos aventureiros do poder, principalmente, Venâncio Flores, conhecido caudilho blanco, atingiu o auge. Sua renúncia não impediu o aumento de atritos que resultaram em sua morte a 19 de fevereiro de 1868. Dias depois o General Lorenzo Battle era eleito Presidente da República.

Battle assumiu sob todo o tipo de desordem. A pior delas foi a econômica. O Banco Mauá quebrou, seus papéis eram de um suporte maior do que o ouro existente. A guerra do Paraguai, que estava terminando, tinha prejudicado o tráfico do gado nas fronteiras com o Brasil e a Argentina. O comércio, via o porto de Montevidéu, diminuiu. O ouro concentrou-se nas mãos dos grandes proprietários e dos grandes comerciantes. Os pequenos comerciantes, pequenos proprietários e trabalhadores livres enfrentaram uma de suas piores crises financeiras. Em nome da reorganização penalizou-se, mais uma vez, os pequenos, enfim a maioria dos cidadãos.

Caudilhos liderados por Pérez e Caraballo sublevaram-se. O interior colocou-se contra a capital, Montevidéu. A "Revolución de las Lanzas" iniciou em 1870, e por dois anos ensanguentou o solo oriental. O meio rural saiu perdendo. Proprietários, cansados de solicitar do governo apoio, reuniram-se e fundaram a Asociación Rural del Uruguay, em 1871. Esta organização logo tornou-se poderosa e existe até hoje. A Paz de 1872 assegurou o direito da representação parlamentar aos partidos políticos. Inclusive, garantiu 4, das 13 delegacias de polícia, aos blancos.

Surge uma nova mentalidade política. A da conciliação. Os Blancos transformaram-se em Partido Nacional. Os jovens políticos, inflamados liberais, tiveram apoio pelo voto nas eleições de 1872. O discurso era novo para os uruguaios. Temas como a paz nos campos e o progresso econômico foram encantadores. Em 1873 foi eleito Presidente José Ellauri.

—— 194 ——

Em 1875 uma rebelião comandada pelo Coronel Lorenzo Latorre derrubou o governo democrático, mas frágil, de Ellauri. Assumiu o governo provisório Pedro Varela, que escolheu como Ministro da Guerra Latorre. Os jovens políticos liberais foram expulsos do país. O Uruguai definiu política quase isolacionista. No ano seguinte Latorre deu o golpe e obriga a renúncia de Varela. Iniciou o período de ditaduras militares que perdurou até 1890.

As camadas patrimoniais não gostavam da polícia e tampouco do Exército. Por isto Latorre aperfeiçou a formação dos quadros militares e para-militares, os quais receberam prestígio e poder. Isto fez modificar o antigo conceito que existia entre os grandes proprietários.

A Justiça no Uruguai foi, praticamente, estruturada nesse período, de forma eficaz. Juízes e funcionários do judiciário tiveram que possuir formação competente.

Os correios modernizaram-se. O telégrafo e a ferrovia foram utilizados. José Pedro Varela promoveu uma ampla reforma na educação primária, tornando-a obrigatória e estatal. Seus efeitos logo começaram apresentar resultados positivos.

Latorre teve o respaldo da poderosa Asociación Rural del Uruguay, dos banqueiros e dos credores estrangeiros[7]. Pois, sua austeridade era grande e grande, também, sua subserviência aos estrangeiros.

Em 1879 Latorre, fraudulentamente, elegeu-se Presidente. Renunciou no ano seguinte. Latorre ofereceu condições mínimas para a criação do "Uruguai Moderno"[8]. Com a sua saída assumiu outro ditador, Máximo Santos, que governou até 1886. Sua renúncia fez o Congresso designar o General Máximo Tajes como Presidente.

Tajes perseguiu os amigos do antigo ditador Santos, que estava desterrado em Buenos Aires.

Nos campos, desde 1870, o banditismo era enorme. Grupos de bandoleiros assaltavam estabelecimentos rurais. Entre 1868 e 1870 a terra passou a valer pouco. Nacionais tiveram que vender suas terras aos estrangeiros. Espanhóis e ingleses, principalmente, tornaram-se latifundiários no Uruguai. A Asociación Rural del Uruguay era, na prática, instrumento dos estrangeiros que explo-

---

[7] MENA SEGARRA, Celiar Enrique. *Curso de História del Uruguay.* Montevideu, 1993, Guia 4, p. 1.

[8] VÁZQUEZ FRANCO, Guilhermo. *El Militarismo, Brazo Armado de la Oligarquia. História Política y Social de Iberoamérica - Investigaciones y Ensayos.* II, Montevideo, Fundación de Cultura Universitaria, 1992, p. 54.

ravam as terras e populações uruguaias. O elemento nacional passou a ser desprestigiado. A polícia aprimorou-se para combater os miseráveis. O exército modernizou-se para conter revoltas urbanas dos intelectuais, profissionais liberais, jornalistas e oficiais esclarecidos. A imigração transformou o Uruguai, e em pouco tempo, Montevidéu era uma cidade cosmopolita. 40% de seus habitantes era estrangeira.

De 1872 até 1881 a maioria dos latifúndios estavam cercados com cerca de arame farpado. Acabaram-se as correrias dos gaúchos e o banditismo rural. O gaúcho uruguaio desapareceu. Peões obedientes ao proprietário subistituiram os alegres changadores. A polícia estava a serviço da ordem pública, o bem estar das camadas endinheiradas e a garantia da propriedade privada. O Código Rural de 1879 assegurou o poder patrimonialista. A qualidade dos rebanhos foi garantida pelo trato científico criatório introduzido pela Asociación Rural. A agricultura, também, se desenvolveu. Em 1880 a produção rural uruguaia atingiu bons índices de exportação. Os estrangeiros exultavam-se de contentamento diante do retorno dos investimentos.

A sociedade como um todo modernizou-se. Novas formas, mas velhos problemas persistiram: a grande propriedade e a dependência estrangeira. O latifúndio improdutivo continuou existindo[9] enquanto miseráveis eram condenados ao extermínio.

No Paraguai, a intervenção argentina, e, principalmente, a brasileira, impediu muitos movimentos políticos. A Constituição que surgiu foi feita aos moldes argentinos e deu poderes ao Presidente Cirilo Antonio Rivarola. Em 1871 foi derrubado pelo seu Vice-Presidente, Salvador Jovellanos, que governou até 1874.

A reorganização interna iniciou-se com a restauração do sistema municipal. A educação, com sistema simples, começou a dar bons efeitos. O Poder Judiciário reestruturou-se, no entanto teve dificuldades junto à população pelo alto grau de pobreza do povo. A Guerra tinha sugado tudo que as populações possuíam. Materialmente pouca coisa sobrou. No dizer do poeta, " del Paraguay... solamente el pueblo." A produção reiniciou a abastecer o mercado interno. Em pouco tempo dava mostra de reação positiva. Ista animou a todos; inclusive, os estrangeiros. Empréstimos ingleses garantiram despesas internas e investimentos.

---

[9] JACOB, Raúl. *Consecuencias Sociales del Alambramiento (1872-1880)*. Montevideo, Banda Oriental, 1969, p. 116.

Juan Bautista Gil assumiu a Presidência em 1874. Governou com austeridade e reduziu gastos públicos. Colaborou na consciência nacional pelo reerguimento da pátria. Até ser assassinado em 1877, governou as finanças do país como se fosse seu estabelecimento rural. Gil era um caudilho. Foi substituído por Higino Uriarte, este e o seguinte, Cándido Bareiro, prosseguiram na consolidação da estabilidade econômica. Em 1880 o Congresso escolheu Bernardino Caballero como Presidente.

Caballero procurou modernizar o país[10]. Promoveu uma excelente reforma do ensino primário. A Educação no meio rural foi instituída. Estimulou o ingresso de estrangeiros. Garantiu a liberdade de imprensa facilitando as comunicações. O telégrafo foi utilizado. Partidos políticos estimularam-se e os intelectuais o apoiaram. Elegeu-se em 1882 e colocou em ação seu projeto de reconstrução nacional. A ferrovia foi introduzida. Prestigiou as artes e criou a Universidad Nacional de Asunción. A fundação do Banco agrícola foi outra vitória do seu projeto de governo.

No Paraguai a influência e exploração estrangeira foi menor do que em outros países platinos, no período em pauta. Mas, em contra-partida, foi no Paraguai, que seus vizinhos platinos abortaram a única experiência latino-americana, no século XIX, de auto-desenvolvimento. Sua população era pobre, não tinha poder aquisitivo, e, portanto, não despertava muita atenção dos importadores. Porém, outros investidores estrangeiros interessaram-se. Caballero, para por em prática suas metas, vendeu grandes extensões de terras aos estrangeiros. Foram vendidos, preferencialmente, ervais[11]. Grandes extensões de terras com plantações nativas de erva-mate, principal riqueza nacional. Estavam nessas terras populações indígenas e mestiças, que por mais de um século estavam no lugar. Esses miseráveis transformaram-se em servos dos estrangeiros.

O comércio no Rio da Prata estava nas mãos de argentinos e brasileiros. Os paraguaios, embora com direito à navegação, sujeitavam-se aos interesses dos vizinhos.

A relação político-emocional entre governantes e governados garantiu as noções de pátria, do nacionalismo exultante, do herói militar e do progresso na formação dos Estados Nacionais platinos. O militarismo foi adotado, ufanisticamente, como sustentáculo do Estado Nacional.

---

[10] VASCONSELLOS, Victor Natalicio. *Lecciones de Historia Paraguaya*. Asunción, 1978, p. 196.

[11] BENITEZ, Luis G. *Manual de Historia Paraguaya*. Asunción, 1970, p. 108.

O voto foi o instrumento que demonstrou, materialmente, o comprometimento do cidadão com a sua pátria. Populações platinas acostumadas com as posições teístas em relação ao poder e autoridades, projetaram no voto o ritual sagrado que representava o elo entre o cidadão e o poder que estava acima dele, o governo. O uso emocional deste instrumento fragilizou o cidadão e corrompeu o ideário utópico da democracia.

O liberalismo transformou a democracia na salvação dos homens e a perspectiva de resgatar o paraíso terrestre num país ordeiro e progressista.

O discurso contra a ditadura, o autoritarismo e à favor do progresso, encobriu o aumento do poder do Estado e a diminuição das liberdades individuais. O Estado passou a servir a "maioria". O governo democrático é o governo da maioria. Ora, o liberalismo produziu a "maioria" pela demagogia e pela fraude eleitoral.

O discurso nacionalista era falso, pois numa época de grande efusão nacionalista ocorreram as intervenções e dependência estrangeira. A modernização dos países platino é um eufemismo para esconder a presença cruel da exploração estrangeira. Pois o nacionalismo não passava de um engodo.

As populações pobres aumentaram de tamanho. O preço do progresso foi o aumento da pobreza. As camadas patrimoniais legitimaram-se em suas propriedades e legitimaram-se no poder.

O bonito discurso da democracia era falso. Sua prática foi uma catástrofe para os não-proprietários.

Caminhos da cidadania na América Latina

**Transcrição da conferência ministrada na tarde
de 18 de abril de 1996, no Clube Comercial.**

MARIA CÉLIA PAOLI

Doutora pela Universidade de Londres, Professora do Departamento de
Sociologia da Universidade de São Paulo.

Antes de mais nada eu gostaria de agradecer o convite que me foi feito pela Universidade Federal de Santa Maria e dizer que estou muito honrada com esse convite, dada a oportunidade de expor algumas idéias, sobretudo para um público mobilizado por estas questões de direito, cidadania, justiça e eu imagino, também comprometido com uma possibilidade democrática em nosso país e também em todo continente.

O tema do qual vou falar vai girar em torno de uma única questão, que é evidentemente uma questão tão complicada, que nos permite girar até anos a fio, trazida pela conjuntura dos anos 90. Tem a ver com o debate sobre a possibilidade democrática nos países da América Latina e basicamente em nosso país. Essa questão está posta neste debate de modo muito enganador, de um modo a partir do qual outras questões a ela relacionadas passam a ser formuladas dentro de um raciocínio que pensa os rumos dos anos 90 no Brasil e na América Latina como sendo uma espécie de um rumo pré-traçado, trazendo a inevitabilidade de uma destituição de formas de regulação até então adotadas pelos países do continente e também pelo Brasil.

Ou seja, em outros termos, na medida em que há a inserção do Brasil nos já famosos processos de globalização, e isso não é só no Brasil, mas em todos os países da América Latina, aliás do mundo também, há todo um raciocínio de que, em mudando a

—— 199 ——

forma tecnológica da acumulação capitalista, em mudando o modo através do qual essa financeirização do capital ou a internacionalização dele, deve haver uma destituição dos controles tradicionais dessa sua própria expansão.

Existem os países que estão atrelados a esse movimento e sobretudo atrelados de forma mais ou menos subordinada, como é o caso dos países latino-americanos. Há um pensamento de que todas as mudanças que desregulam as relações sociais, que modificam os espaços de uma sociabilidade mais ordenada, são algo absolutamente inevitável.

Talvez sejam familiares para vocês os termos desse debate, quando a gente lê no jornal ou a gente vê os nossos governantes, os nossos ministros, ou até mesmo os nossos intelectuais, os fazedores de opinião enfim, quando eles dizem: ou desregula tudo e destitui, portanto, direitos historicamente adquiridos, ou nós ficaremos atrasados no mundo, ou nosso país não entrará de fato na tão almejada globalização, a qual promete um tão almejado mundo novo, o de finalmente entrarmos no tão sonhado Primeiro mundo.

Apenas como observação marginal, vocês devem saber que esta entrada no Primeiro mundo, ou a idéia de modernização, é uma velha mania dos nossos governantes, data desde a Primeira República. É a tentativa de dizer que finalmente eu sou moderno, eu cheguei, o país vai entrar no concerto das nações de Primeiro mundo e finalmente o atraso que tanto nos envergonha, com a pobreza, com suas desigualdades, terá uma outra forma de controle, uma outra forma de transformação interna e enfim todo potencial desses países e desse continente poderá enfim se explicitar.

Isto não ocorre somente com os governantes brasileiros, mas acontece também com os governantes dos países da América Latina. É alguma coisa que faz parte do discurso da consciência infeliz que nós temos, em geral, diante dos países onde essa desigualdade é menos selvagem e onde algumas figuras da cidadania existem, algumas figuras do direito existem e funcionam de fato. Mas isso é uma nota marginal.

A questão que eu estou levantando é uma tentativa de repensar os tempos atuais e, em certo sentido, mostrar que, ao meu ver, o que realmente está em causa nos anos 90 na sociedade brasileira quando se fala de cidadania, direito, a democracia e seus caminhos é nos darmos conta de que há um tremendo conflito nesse país e nesse continente, pelo sentido que a democracia pode tomar. E ao mesmo tempo dizer que este sentido não está inevitavelmente

— 200 —

fechado, ele não está predeterminado, digamos assim, porque dentro da sociedade, na relação entre Estado e sociedade, já existe uma diversidade bastante grande de projetos, já existem atores diferentes formados dentro do seu cenário, atores estes que, tendo projetos diferentes, passam a disputar o sentido democrático a que este continente chegou, depois do período das ditaduras militares. Em outras palavras, a única questão que está compondo a minha fala vai contra a idéia de inevitabilidade, contra a idéia de modernização a qualquer preço, não contra no sentido político, mas contra o próprio raciocínio que isto carrega.

Este é um dos projetos, mas existem outros projetos. Quando a globalização se tornou mais ou menos clara para nossos países, eles já tinham passado uma espécie de transição, digamos, onde a democracia apesar de tudo foi ampliada, embora este movimento tenha sido extremamente desigual e fragmentado nos países desse continente, sobretudo no nosso que é um dos países que mais se destaca pela variedade de projetos, movimentos e atores que existem nesse cenário panorama.

O que nós vemos, portanto, é que você tem uma conjuntura longa que começou nos anos 80 e continua nos 90. Ela muda com muita rapidez, com uma temporalidade histórica bastante grande, mas há riqueza nessa mobilização política, seja no campo da cultura política, seja no campo das normas que estão sendo destituídas e as que serão postas em seu lugar, seja no campo da atuação coletiva e da capacidade de gerar projetos. Estas são sociedades que não podem aceitar o raciocínio da inevitabilidade e muito menos aceitar aquilo que acompanha este raciocínio, que é a idéia de uma regulação baseada em direitos, que é modernamente o cerne da idéia democrática. Esta idéia representa um obstáculo para a modernidade brasileira, representa um obstáculo para a entrada do Brasil numa posição favorável no interior dos processos globalizados da economia.

Nesse discurso da inevitabilidade, aparece a idéia de que os direitos sociais e coletivos, e os que vêm das políticas públicas, são obstáculos à modernização, à essa modernidade. Há um movimento no qual esses direitos são transformados em coisas arcaicas, são remetidos a um referencial de custos e lucros, e remetidos também a um referencial de tecnologia que permite a economia de custos e também a economia de direitos. É exatamente em cima destes pilares que a idéia de uma modernização econômica e de uma modernidade política passam a ser jogados inteiramente para o mercado.

A última idéia que o discurso da inevitabilidade dessa tremenda destituição de direitos, desse tremendo aprofundamento das desigualdades, de se tenha esses custos, passa por uma destituição de direitos, uma tentativa de destituição de direitos e joga a possibilidade democrática única e exclusivamente para os mecanismos de mercado.

É contra isso que eu vou falar hoje, e sobretudo contra esta idéia de que não existem outros projetos . Corro o risco de ser utópica - e não sou. Mas vou tentar demonstrar que existe uma diversidade de projetos que já percorrem a sociedade e já existem certo compromisso e certo engajamento formados, que se apresentam com a força por esta disputa. Uma luta múltipla, uma luta razoavelmente fragmentada, cujo objetivo é disputar o sentido da democracia e portanto negar que a democracia brasileira tem um sentido unívoco.

Os meus argumentos são os seguintes. Os primeiros são históricos. Eu remeto à década de 80, por muitos economistas considerada a década perdida, mas que nos deixa um legado muito rico e muito inovador quanto à forma de inserção das populações excluídas, desde que a industrialização e a urbanização foram feitas, portanto excluídas do desenvolvimento, dos direitos e da possibilidade de exercer uma cidadania real e efetiva.

Nos anos 80, esse quadro se reverte pelo surgimento, na cena política brasileira, de movimentos sociais com atores bastante diferenciados de um renovado movimento sindical, de lutas urbanas e agrárias renovadas, de movimentos até então inéditos na cena brasileira, por direitos de gênero, direitos anti-racistas, direitos de escolha sexual livre. Tudo isso começou a aparecer ao longo dessa década e passou mais ou menos desapercebido no seu impacto político. O que eu quero dizer com mais ou menos desapercebido é o seguinte: não que os sociólogos fossem correndo e se debruçassem loucamente em cima desses movimentos. Afinal, quando os movimentos surgiram no final da década de 70, eles prometiam muita coisa. Foi preciso que todas as ciências sociais se debruçassem sobre eles, ao longo da década, para descobrir que não se podia projetar seus projetos políticos sobre esses sujeitos que se formavam numa trama de sociabilidade não apenas classista, mas múltipla e que trazia uma idéia de reivindicação na forma da linguagem de direito.

Hoje nós já sabemos que esse movimentos trouxeram algo de importante, eles trouxeram um conflito e uma possibilidade de participação efetiva numa regulação democrática da vida social.

Apenas como exemplo, tome-se a trajetória do movimento operário sindical brasileiro. Ele, durante 56 anos, foi um movimento que ficou preso a uma regulação absolutamente autoritária do Estado, onde a forma de representação da vida fabril e a possibilidade de participar de certas decisões tecnológicas sobre a fábrica, sobre salário, sobre todos os direitos concedidos pela CLT, a possibilidade de se renegociarem essas condições, estava retida em toda uma estrutura cuja inspiração autoritária getulista evidentemente é fortíssima e durou 56 anos. A possibilidade da sua transformação estava engessada numa lei extremamente legalista, a maioria dos trabalhadores simplesmente não entendia o que se passava, ou seja, não entendia a noção de reciprocidade, de compensação. Não poderia entender a noção de tutela que estava no meio - sobre isto há materiais de entrevista sociológicos e também materiais antropológicos - , portanto todo o corpo legal e legítimo desse país que regula as relações trabalhistas era um mistério para a maioria dos seus sujeitos desse direito.

Mas eu não falarei apenas do movimento operário. Houve movimentos sociais bastante extraordinários e hoje, nos anos 90, nós podemos ver o que eles acabaram gerando e como essa possibilidade democrática de regulação, pondo de lado certas fantasias teóricas sobre esses movimentos sociais da esquerda e também da direita, mostrou seus frutos agora nestes amplos fóruns negociadores de direitos que se têm no plano urbano nas cidades desse país. O mais notório deles é exatamente a gestão de Porto Alegre, onde se tem várias políticas municipais que são negociadas em vários planos, que incluem os interessados, os cidadãos da cidade, como atores; incluem os técnicos da prefeitura; incluem os funcionários especializados; incluem o poder municipal; incluem assessores jurídicos de todo o tipo, enfim, você tem uma ampla gama de representação negociada.

Nos anos 90, depois de toda esta história de renovação do movimento operário, também esses fóruns se montaram. Por exemplo, a idéia das câmaras setoriais da indústria, especialmente a notabilíssima câmara do setor automotivo, que chegou a negociar com o empresariado e com o Estado, não apenas uma medida de justiça para investimentos e para uma política de empregos e salários como chegou a um determinado momento definir as próprias políticas industriais do setor automotivo, numa representação tripartite. Mas a gente poderia citar, além do movimento operário, o movimento urbano.

Há a renovação do movimento negro, anti-racista, que passou, tal como os outros, a trabalhar uma política de identidade que propõem políticas públicas e culturais aos governos locais, estaduais e federal. Para não falar no movimento feminista, para não falar no ambientalismo, que também através de inúmeros fóruns que juntam desde os povos das florestas, dos índios ianomamis, discutem questões de extrema importância, sempre com representantes do governo e fazendo grande pressão sobre o parlamento, questões sobre as patentes, questões sobre a biodiversidade e a lista seria enorme.

O que eu quero dizer com toda essa lista é o seguinte: em primeiro lugar, os anos 80 conheceram esta forma inédita, uma forma extremamente viva, não obstante ser extremamente localizada e fragmentada. Ou seja, não algo chamado movimento social pelo país inteiro, pelos países do continente inteiro. São movimentos que crescem, passam a ter visibilidade, são considerados interlocutores públicos, de repente eles caem e aí num outro lugar começa tudo de novo. As próprias fontes de inspiração são fontes extremamente renovadas. No cenário brasileiro, no cenário latino-americano - porque isso aconteceu no Chile, na Argentina, Peru, na Venezuela, na Colômbia -, houve um momento dos anos 80 em que a América Latina era considerada a grande inventora dos novos movimentos sociais porque há visibilidade disso. E ela não foi inventora, mas de qualquer modo, a visibilidade disso era extraordinária, dado a extrema desigualdade, radical, que têm os países desse continente.

De repente aparecia, como que vindo do nada: a população começa se organizar em grupos pequenos, médios, grandes, articulam-se ou não, no final da década formam redes ou não. Alguns movimentos que evoluem, e passam a prender nesse compromisso uma ampla gama de profissionais que lêem nesta sua emergência a forma de regulamentação democrática a que eu me referia. Ou seja, em outros termos, na medida em que estes movimentos, todos eles, passaram a falar a linguagem dos direitos e passaram a tratar as suas reivindicações como o direito a ter direitos, isto passa a mudar a face democrática da sociedade, embora fique sempre como questão mudar a face democrática do Estado.

De qualquer modo, uma das grandes questões que a década de 80 terminou foi perceber que a nossa transição democrática, não obstante ter trazido sim a forma de governo democrática, estabelecida a partir da transição, não significava, efetivamente, uma

—— 204 ——

democratização da sociedade. Essa distância entre Estado e sociedade, característicos dos países da região, não é nova.

Os grandes períodos democráticos os países da América Latina, eles não conseguiram de fato fazer com que a desigualdade se retraísse, fazer com que todas as iniqüidades da região melhorassem, fazer com que a cidadania tivesse efetivamente uma realidade mais palpável, mais coletiva e mais real na região. Mas o que os anos 80 trouxeram de novidade é que a cena da sociedade, mesmo que distante do Estado, mexia-se pela formação de atores plurais e propunha, sobretudo, como um grande caminho para a sua cidadania, esta linguagem dos direitos.

Ora, isso é algo extraordinário para uma sociedade como a brasileira. Sobretudo se a gente pensar que faz um pouco mais de 100 anos que o Brasil é uma República, um pouco mais de 100 anos que ele se urbanizou e se industrializou, e não obstante jamais se republicanizou de fato. Há uma modernidade levada por governos mais ou menos autoritários, mais ou menos esclarecidos, os quais aparecem sempre pela forma do poder estatal, sem interlocutor, que monta tanto o aparato jurídico quanto o aparato parlamentar, de uma forma também extremamente fechada em suas próprias razões, portanto impermeável à própria compreensão e sua própria legitimidade dentro da sociedade.

Embora tudo isso evidentemente seja de extraordinário valor, uma idéia democrática que possa ser inscrita na sociabilidade deste país tão desigual, tão violento, ela pouquíssimas vezes apareceu. O que os anos 80 trouxeram foi a novidade da definição de um outro estatuto para o ator popular brasileiro, fosse ele classe operário, fosse ele mulheres, ou seja, para os atores que ocupavam o campo popular. E o que é essa novidade? É que a tradição popular brasileira, ela é uma tradição que tentar regular pela mão única de um Estado esclarecido, onde a população não se representa. Ela acaba caindo em dois modelos, no meu entender, e eu acho que a historiografia do século XX, da formação do mercado do trabalho no Brasil, mostra isto muito claro.

Quando o regime era liberal, o regime da Primeira República, havia uma forma liberal no governo mas de fato se tinha como política regulatória algo que eu chamo de uma filantropia privada. Toda proletarização de pessoas imigrantes que formaram o mercado de trabalho, sobretudo urbano e fabril, como a proletarização dos habitantes que moravam no território nacional - e isso também não é só na história brasileira -, a integração como um todo dentro

—— 205 ——

do mercado de trabalho, no início da industrialização e da urbanização, ocorre através desta filantropia privada.

Nós todos sabemos que, na história da Primeira Repúbl:ca, os direitos do trabalho não existem, direitos sociais não existem Existe um plano local extremamente aleatório, existem doações do Estado em relação à filantropia privada e todo um projeto de regulação jurídica-política das relações entre classes sociais e de sociabilidade política mais coletiva que começa realmente a partir de 30. Mas o que me impressiona, ao ler a literatura da Primeira República, é que ao invés de formar cidadãos republicanos, ela forma literalmente párias, párias que estão dentro da sociedade mas que não tem a menor garantia nem de presente nem de futuro, seja em relação ao emprego, seja em relação às condições de trabalho, seja em relação ao tempo de trabalho. Párias também em relação à cultura dominante e não espanta, portanto, que esse próprio liberalismo tenha usado da polícia como principal mecanismo de integração social e disciplina da formação destes atores no mercado de trabalho.

Quando, depois de 30, a gente analisa a mesma coisa, vê-se a entrada um outro modelo. Um Estado esclarecido, ditatorial que doa os direitos, que monta todos os mecanismos da tutela, que decididamente não deixa em momento nenhum que a idéia de uma relativa igualização da sociedade brasileira, a partir dessas políticas públicas e trabalhistas e urbanas, possa deixar nascer um outro ator, qualquer que ele seja.

O período getulista é conhecido por ter trabalhado com uma outra imagem, que aliás está no pensamento autoritário brasileiro, e não só brasileiro, ele está presente no pensamento de outros países do Pacífico, que é essa idéia de uma sociedade tão diferenciada, tão conflitiva e tão heterogênea que, se não for um governo forte para segurar, ela estoura, arrebenta, desordena. É uma idéia muito antiga, são coisas que são ditas até hoje, refeitas.

A idéia é fazer pensar que é necessário, portanto, que esses direitos sejam doados diferentes da forma liberal real e diferentes de uma forma negociada, ou seja, você não tem a possibilidade de emergência de atores e cidadãos com face pública. Ao contrário, a história republicana da industrialização do Brasil e da América Latina, também da urbanização,é a história da estigmatização do conflito.

Todo e qualquer conflito parece ruim. Nós seríamos um país pacífico onde as pessoas que conflitam, que demandam e que reivindicam são de fato subversivas, são bagunceiras. É o imaginário do país que passa a fazer a notação dessa idéia de conflito, uma notação fundamentalmente legítima e que combina com o modelo autoritário na medida em que você tem a tutela, a doação de direitos, uma regulação dada no campo dos direitos, eminentemente estatal e, em muitos casos no século XX, sem sequer representação parlamentar. Você tem que ter a idéia de que qualquer confronto com isso passa a ser uma subversão de modelo. Nos anos 80 aconteceu este tipo de coisa, no meio de uma transição democrática em que ninguém esperava que a sociedade participasse.

De repente, para o seu grande susto, acontece no final da década esta grande explosão de um sindicalismo autônomo que teve que ir contra a lei para poder fundar suas centrais sindicais ao longo da década. E os movimentos sociais de todo tipo apareceram. O que eu vejo na década de 90, como a continuidade disto, é extremamente interessante porque o campo de luta política parece que está um pouco mais claro. Ao mesmo tempo em que se tem um aprofundamento apavorante da desigualdade, um aumento da pobreza que continua a crescer em termos absolutos, projetos de destituição de direitos do trabalho e direitos sociais, um encolhimento da vida pública - isto ocorreu em todos os governos da década de 90 e está muito claro neste -, um encolhimento dos investimentos para a educação, para a saúde, para qualquer política de promoção da cidadania, e se passa a idéia de um futuro meio dantesco.

Há uma revista, creio que é de uma organização não-governamental, editada na Venezuela, que se chama *Nueva Sociedad*. Um de seus números do ano passado fez uma enquete sobre os intelectuais latino-americanos, sobre quais seriam as principais questões da América Latina nos anos 90. Todos eles respondem: é a exclusão, é a pobreza, é a nova barbárie, é a criminalização de tudo que é público, hospitais públicos, escolas públicas, é o encolhimento do espaço público construído anteriormente e que sequer foi desmanchado pela ditadura militar porque era a grande forma de regulação e compensação que um país com esta industrialização conseguia propor.

Por outro lado, esses intelectuais, ao serem perguntados, e foram mais de 60 entrevistados, de como sair desta situação, apontaram para o fato de que, depois da década de 80, surgiu como horizonte um outro tipo de disputa, isto que eu estou chamando de disputa pelo sentido democrático da democracia e da cidadania e ele tem dois caminhos. De um lado você tem essa idéia novamente de um Estado esclarecido, de um presidente esclarecido que concentra o poder, que desmancha qualquer partilha desse poder um pouco mais democrática e confia nas suas próprias luzes, no sentido de fazer a transição para esta nova divisão internacional do trabalho, para esta nova fase do capitalismo com base tecnológica e com tremenda velocidade financeira, para propor a entrada dos países da América Latina, através do controle de todos os obstáculos que possam, no linguajar presidencial, obstaculizar a única ou nova chance que a América Latina tem de entrar no concerto das nações, e entrar numa posição mais ou menos igualitária.

Do outro lado o projeto é diferente. Mostra que é possível, que a questão da governabilidade não é tão complicada a ponto de gerar um autoritarismo branco, que o que existe é um passo que já foi dado, que é aquilo a que as ONG's se referem como parcerias com a sociedade civil. É claro que nós teríamos que imaginar quem é essa sociedade civil e como é que finalmente na América Latina está se desenhando uma sociedade civil neste horizonte. Segundo todo o linguajar dessas pessoas que estudam este tipo de coisas, você vai ter um tipo de governabilidade que não vai exigir o encolhimento do espaço público, a destituição de direitos, mas pelo contrário, que promete uma tremenda parceria para várias políticas setoriais, locais, municipais, evidentemente existindo dentro de uma representação política clara, constituída em termos democrático-liberais, com os poderes todos inteiros, mas que no interior da criatividade desta parceria conseguiria ter realmente uma modernidade mais civilizada do que você teria desde que o governo se transformou numa governabilidade puramente técnica desta transição econômica.

Para terminar, eu diria o seguinte: os caminhos para a cidadania e para a democracia estariam supondo, portanto, algumas definições desta disputa pelo sentido da democracia e algumas definições onde a noção de cidadania aparece na minha fala também com uma carga histórica muito forte. Ela é uma noção formada fundamentalmente por direitos, mas direitos esses que possam apresentar sua face pública e a sua face atuante. Não significaria apenas a idéia de que se tenha uma democracia formal, que para nós é muito importante depois da ditadura, as garantias civis dadas por um Estado democrático, mas enquanto forma de sociedade é que eu acho que a noção de cidadania nos importa mais porque o alargamento dessa cidadania vai muito menos pelos caminhos da institucionalidade formal, com uma talvez tremenda exceção da capacidade de inovação que o Poder Judiciário neste país está apresentando, e muito mais pela tremenda revolução, que em certo sentido acontece, uma revolução silenciosa, para usar um termo bastante utilizado, que acontece na base desta sociedade e que começou nesses anos 80, com idas e vindas.

Você passa a ter uma série de modificações muito grandes, inclusive em termos do próprio imaginário social brasileiro, em relação a todos aqueles temas que os movimentos querem, se passa a visualizar o tema dos direitos e a sociedade brasileira passa a conviver com a multiplicidade de conflitos. É isso que pode dar criatividade política de um novo imaginário para esse país, e é isso que em certo sentido deslegitima o iluminismo governamental. Isso não basta e passa a ser necessário que a sociedade, e parece que ela almeja isso, a parte organizada dela, tenha soluções a partir das quais uma regulação democrática pode ser implantada, sem impedir a famosa entrada dos países da América Latina e do Brasil nesses tempos modernos.

Eu diria que nesse espaço há uma tremenda luta semântica, que faz parte desse campo de conflito, a idéia de modernidade, a idéia de modernização, a definição do que é cidadania, a definição do que é democracia, elas estão neste país hoje sem medida. Quer dizer, existem tantas medidas que elas estão um pouco sem medida de avaliação e referência. Ora, uma das grandes virtudes de haver numa sociedade civil informação, não obstante pequena, desigual, intermitente, é o fato de pela primeira vez este país estar conhecendo o desafio de ter uma medida negociada e pactada realmente, não é apenas um pacto entre representantes institucionais.

Em vários campos onde a idéia de uma sociedade organizada aparece e combate a tremenda desorganização dada pela política econômica e social desses governos atuais da América Latina, essa idéia de uma partilha de decisões, ela é importante por causa disto, porque se construiu uma medida comum onde o próprio acordo seja o referencial e legitimidade desta medida. Você certamente terá um direito renovado, terá acordos em relação a espaços públicos renovados, políticas públicas renovadas e se poderá deter de alguma forma esta tremenda nova barbárie que aparece no plano mundial, não a antiga barbárie do liberalismo, na América Latina, no sentido de transformar em párias toda a formação da sua possibilidade como nação, nem transformar apenas como tutelados infantis a doação dos direitos, mas uma renovação inteira de uma cidadania atuante.

—— 209 ——

É com uma face pública que se pode demonstrar um outro sentido para as nossas definições e mostrar outros caminhcs, que decididamente, no meu entender e de vários outros, não estão derrotados.

Uma concepção jus-filosófica do conceito de cidadania

Transcrição da conferência ministrada na tarde de 18 de abril de 1996, no Clube Comercial.

JOSÉ ALCEBÍADES DE OLIVEIRA JÚNIOR
Professor titular e Diretor do Centro de Pós-Graduação em Direito da Universidade Federal de Santa Catarina.

Gostaria de agradecer o convite que me foi feito pela comissão organizadora deste evento e dizer que me sinto honrado em estar aqui presente em acontecimento de tamanha magnitude, que certamente produzirá frutos de interesse da sociedade brasileira e latino-americana. Agradeço em especial ao prof. Ricardo Seitenfus, prof. José Luís Bolzan de Moraes, assim como também à profª Deisy Ventura, pessoas que decidiram por uma razão ou outra convidar-nos para estar aqui nesta tarde. Agradeço também ao prof. Luiz Ernani Araújo e também registro que tive a felicidade de trabalhar junto com todas estas pessoas na Universidade Federal de Santa Maria.

Talvez de uma maneira pálida, em certa ocasião, procuramos organizar um congresso latino-americano para discutir questões de cidadania, direitos e democracia, que se chamava Primeiro Colóquio Latino-americano de Direito. Reunimos um número muito grande e expressivo de pessoas. Gostaria de registrar que, na época, colaborou muito conosco a profª Lilia Manjon da Cunha, de modo que, em nome da profª Lilia, saúdo os demais colegas que porventura estejam presentes e que eu não esteja avistando neste momento.

Saúdo também a presença do prof. Michel Miaille, que tive a honra de conhecer em 1981 em Florianópolis, quando, na ocasião, eu fazia o Curso de Mestrado, assim como também saúdo ao prof.

—— 211 ——

Eros Roberto Grau, que pude conhecer em Florianópolis. Saúdo todos os presentes, certamente muitos deles meus antigos alunos.

Gostaria de parabenizar a profª. Célia pelo seu brilhante pronunciamento, sem dúvida nenhuma, com um profundo enfoque sociológico, mostrando questões muito prementes à respeito da cidadania. Eu gostaria de enfatizar que a minha formação é mais de jurista do que de sociólogo. Eu não farei uma intervenção com tal profundidade sociológica e certamente a minha contribuição será muito mais modesta, no sentido de colocar, por um lado, algumas ansiedades que eu tenho com relação ao tema da cidadania e, por outro lado, questões ainda em aberto sobre o assunto, uma vez que pretendo demonstrar brevemente que a questão da cidadania, além de transitar por aspectos políticos, por aspectos sociológicos, envolve-se hoje também com questões filosóficas, com questões científicas, com questões, enfim, até por que não dizer, metafísicas, a respeito do ser humano.

O enfoque central da minha colocação, que mais levanta problemas do que traz soluções, é mostrar que a temática da cidadania, também possui, além do aspecto político-jurídico, uma dimensão filosófica. Para mostrar o que pretendo, sobre esta questão jus-filosófica da cidadania, separei a minha intervenção em quatro pequenos blocos.

Primeiro, eu gostaria de dizer aquilo que talvez muitos dos senhores já saibam, que a problemática da cidadania tem de ser vista hoje em referência ao surgimento do que alguns autores chamam de novos direitos. Sobretudo Bobbio, fala que existem hoje uma sucessão de novos direitos, gerações de direitos. Então, o primeiro aspecto que eu queria colocar é quais têm sido essas sucessivas gerações de novos direitos, que de uma maneira tornam complexa a discussão da problemática da cidadania.

Em segundo lugar, muito brevemente, sem querer me estender, eu gostaria de fazer referência a alguns dos porquês desta multiplicação de novos direitos hoje existentes.

Em terceiro lugar, e aí eu entraria num aspecto mais estrito da problemática da cidadania, eu queria, talvez se não conseguir deixar explicitada a equação, pelo menos esboçar uma equação acerca do problema da cidadania, para que todos possamos discutir e, na medida do possível, para que sigamos discutindo, que é a seguinte: por um lado, dado o contexto brasileiro, é necessária a politização do direito, mas ao lado dessa politização do direito devemos nos preocupar também com o que eu chamaria de uma juridicização da política. Neste terceiro ponto eu pretendo colocar essa espécie de equação: politização do direito e juridicização da política.

Em quarto lugar, na tentativa de levantar a problemática filosófica da cidadania, eu traria a idéia de que hoje existe uma discussão sobre o que se chama de bioética e que o surgimento dessa discussão têm trazido um certo questionamento sobre como deve ser esta ética formativa do avanço tecnológico de manipulação genética. Esse quarto assunto teria a ver, e eu pretendo dar um ou dois exemplos, com o fato de que hoje se desenvolveu muito a biotecnologia e a bioengenharia genética e que isso têm trazido dificuldades para o estabelecimento de uma ordem jurídica em vigor, uma vez que se precisa discutir questões éticas em relação a essa manipulação genética.

Inicialmente, eu gostaria de fazer uma referência ao fato de que, para falar do tema da cidadania, devemos considerar pelo menos hoje a existência de cinco gerações de direitos. O autor Norberto Bobbio faz referência a estas cinco gerações de direitos e não vou colocar em discussão uma a uma delas, mas faço questão de mencionar, porque sei que muitas pessoas presentes estão iniciando o curso de direito, que entre as cinco gerações de direitos que de alguma maneira se envolvem com o problema da cidadania, a primeira delas é a chamada geração de direitos individuais e políticos.

Essa foi a primeira grande geração de direitos emersos na modernidade. É o surgimento do tratamento igual ao sujeito abstrato, ou seja, todos passariam a ser iguais perante a lei. Além disso, alvo da palestra brilhante da profª. Célia, viriam em segundo lugar os chamados direitos sociais, os direitos de segunda geração. Esses direitos sociais, já de modo diferente dos direitos individuais, tratariam não mais do sujeito na sua condição abstrata para igualar a todos perante a lei, mas tomariam os sujeitos numa posição concreta, na sua vida em sociedade e na sua condição de integrantes de um grupo como, por exemplo, de trabalhadores. São direitos sociais que já estão contidos na nossa Constituição, direito à saúde, direito à instrução, direitos do trabalhador.

Bobbio faz referência a uma terceira geração de direitos que também tem muito a ver com a problemática da cidadania hoje, que seriam os chamados direitos transindividuais, que iriam além dos direitos sociais. Em palavras muito breves, os direitos transindividuais, que aliás, tem sido brilhantemente analisados pelo meu colega José Luís Bolzan de Moraes, que recentemente fez uma tese de doutorado a respeito, tem referência aos direitos denominados coletivos por um lado e difusos por outro.

Em palavras muito breves, em exemplos diretos, por direitos coletivos se entende os direitos do consumidor, e por direitos difusos, os autores têm entendido como exemplo muito claro a problemática da questão ecológica e a questão de proteção do meio ambiente.

Além desses direitos de terceira geração, Bobbio salienta a existência dos chamados direitos de quarta geração, que seriam os direitos de manipulação genética, são todos esses que fiz referência momentos atrás, referentes ao grande desenvolvimento da biotecnologia e da bioengenharia. É sobretudo a partir dessa quarta geração que se pode falar sobre uma perspectiva filosófica da discussão da questão da cidadania.

Porém, além desses direitos de quarta geração, eu gostaria de fazer referência a uma quinta geração, talvez os professores presentes estejam de acordo ou não, mas que seria o surgimento de uma quinta geração de direitos e que teria que tratar da chamada realidade virtual, ou seja, toda a questão relativa ao grande desenvolvimento da cibernética na atualidade. Muito brevemente faço uma referência a esta questão, por que o tratamento da realidade virtual pela ordem jurídica coloca hoje a necessidade de se buscar um novo direito, por assim dizer, capaz de dar conta não só de interesses espaço-temporais relativos a determinado Estado ou a determinada nação.

Em síntese, a realidade virtual e a Internet estão aproximando os povos, rompendo as barreiras entre os povos e as nações e colocando certamente em conflito os interesses de países distintos, por exemplo, os japoneses com os americanos. Os japoneses têm todo um tipo de moral, os americanos têm outro tipo de moral. As suas fronteiras não são mais garantidas, face a existência da Internet que leva a forma de agir dos americanos aos japoneses, assim como a maneira dos japoneses aos americanos. Estou me referindo, por exemplo, a questão da pornografia. O japonês pode ser muito purista e moralista com relação a isto, e os americanos não serem, não estou querendo aqui acusar a ninguém, estou apenas dando um exemplo. Mas de qualquer modo têm sido um problema prático no Japão saber como o Estado japonês pode controlar a entrada do mercado pornográfico via Internet e quem deve julgar, qual a lei que deve prevalecer, como estabelecer um critério de controle desta questão.

—— 214 ——

Essas cinco gerações de direitos devem ser alvo de discussão da problemática da cidadania, mas não vamos discutir todos. O tempo é exíguo e nós queremos muito mais abrir ao debate do que monopolizar a discussão. Bobbio salienta que o surgimento desses novos direitos deu-se em função de três razões básicas. A primeira delas é o aumento de bens a serem tutelados pela ordem jurídica, o que levou a um aumento dos direitos.

Uma segunda razão: houve um aumento do número de sujeitos de direitos. O terceiro seria o aparecimento de um maior número de status atribuídos aos seres humanos. O que quer dizer isso? Em primeiro lugar, maior número de bens a serem tutelados pela ordem jurídica. Primeiro havia o indivíduo em particular; agora, com todo o desenvolvimento do capitalismo e o surgimento da organização da classe trabalhadora, das conquistas, há o surgimento dos bens do trabalhador em geral, ou seja, do grupo enquanto trabalhador. Isso levou ao surgimento de novos direitos, ou seja, direitos individuais, além deles, direitos sociais.

Por outro lado, maior número de sujeitos, o que quer dizer isso? Em certo sentido, com o desenvolvimento da ecologia, com a preocupação da humanidade em relação à ecologia, a proteção do meio ambiente e a garantia de vida futura neste planeta, tivemos um aumento da preocupação dos sujeitos tipicamente entendidos, como as pessoas, para sujeitos que não são tipicamente as pessoas, mas que podem ser entendidos como os animais e até mesmo a própria natureza, como sendo, não num sentido técnico, sujeitos de direitos. Então, hoje temos os animais e a natureza ao lado dos indivíduos, com um aumento do número dos sujeitos e, portanto, uma elevação do número de novos direitos a serem tutelados.

Ainda, sem aprofundar a discussão, teríamos a possibilidade de formar sujeitos com capacidade superior a média comum. Portanto, coloca-se um problema ético a ser resolvido. Existem várias teorias tentando ver por onde deve andar a ética que deve reger essa manipulação genética. Eu não vou entrar nessas teorias porque gostaria mais de levantar o debate, ouvindo alguém que traga alguma luz sobre como devia ser essa ética que devia conduzir e controlar essa manipulação genética, de forma que isso atendesse o interesse de toda a sociedade. Em palavras gerais, seria esta minha contribuição e agradeço a atenção de todos.

Os discursos neo-liberais

**Transcrição da conferência ministrada na noite
de 18 de abril de 1996, no Clube Comercial.**

EROS ROBERTO GRAU
Professor da Faculdade de Direito da Universidade de São Paulo.

Meus colegas e amigos, eu desejo inicialmente dizer o quanto me deixa feliz a oportunidade de voltar a Santa Maria para participar deste seminário. Agradeço especialmente ao prof. Jose Luís Bolzan de Morais e ao prof. Ricardo Seitenfus, que me propiciaram esta oportunidade. Quando cheguei à Praça Saldanha Marinho nessa tarde, depois de ter descido no aeroporto e ter passado já na casa de tios e primos, os meus primeiros passos no corredor do Clube Comercial foram extremamente emotivos. Eu tenho dito, porque moro em São Paulo há muitos anos, que me sinto muitas vezes como aquelas plantas a que refere o poema de Vargas Neto, dizendo que o coração do gaúcho que vive fora do seu canto é assim como uma planta arrancada, daquelas que trazem sempre nas raízes os pedaços da terra em que nasceram. Muito obrigado pela oportunidade de estar entre vocês, muito obrigado por me receberem tão bem em minha casa. Neste Clube, estive pela última vez quando, se bem me lembro, eu deveria ter uns treze anos, num baile em 1963, e muito obrigado por acreditarem que em 1963 eu tinha 13 anos.

Eu devo desenvolver um discurso sobre os discursos neo-liberais e penso que seria adequado se eu iniciasse a minha exposição observando que há um dado da realidade a considerar sobre o tempo em que nós vivemos agora. A segunda metade da última década do século XX é um tempo em que se opera a consumação de um passo histórico, o capitalismo se transforma. Algumas alterações operam-se na base, na infra-estrutura, há uma terceira revolução industrial.

Nós vivemos o impacto da revolução da informática, da revolução das telecomunicações e da revolução da micro-eletrônica. A robotização está aí e isto tudo é muito análogo ao início da utilização da máquina à vapor ao seu tempo. Essa transformação que nos leva à Internet e à globalização consuma-se logo após o momento em que fracassam as experiências do chamado socialismo real, que eu chamaria socialismo possível.

Esse fracasso do socialismo real, do socialismo de Estado impacta vigorosamente sobre o capitalismo e reforça o capitalismo, de tal sorte que Norberto Bobbio relembra Ítalo Calvino, aplicando sua máxima a esse quadro em que nós vivemos: "agora que já não temos os bárbaros, o que será de nós sem os bárbaros? Agora que já não há mais as ameaças da guerra fria, o que será de nós sem a guerra fria?"

Essa transformação me parece tão sensível, tão forte, que na verdade nos reclama a utilização de novas categorias epistemológicas que nos permitam fazer a crítica da sociedade do nosso tempo. Mais do que isso, reclama na verdade novas categorias epistemológicas que nos permitam inclusive descrever esse quadro da realidade que nós vivemos. O mundo se transforma, o capitalismo se reestrutura, nós passamos a viver expectativas, algumas delas sombrias.

Juan Ramon Capella menciona uma poliarquia global internacionalizada que poderá eventualmente nos levar a um quadro de anomia. A tecnologia passa a ser o fator determinante dessas transformações. De uma certa maneira, se antes se travava uma disputa que visava a transformar toda luta social em um jogo social - o direito vinha cumprindo esse papel e ele visava transformar a luta em jogo para permitir a apropriação do trabalho - agora o direito acaba cumprindo esse mesmo papel, não para permitir a apropriação do trabalho, mas para permitir a apropriação da tecnologia.

A *lex mercatoria* invade os nossos recantos sagrados dogmáticos. De repente, nós verificamos que além do direito que ensinamos e aprendemos nas faculdades, que é o direito positivo, o direito posto pelo Estado, existem inúmeros outros direitos. Existe um direito posto no plano internacional, a chamada *lex mercatoria*, existem os direitos que seriam chamados de alternativos, sem nenhuma confusão com a utilização da outra expressão chamado direito alternativo.

O direito agora não é algo posto, mas um direito vivido que é muito mais rico, mais amplo, é muito mais desafiador do que o

—— 218 ——

direito posto pelo Estado. E o Estado? Que Estado é este? É um Estado que já não responde, que já não se pode descrever mais com as mesmas categorias. A União Européia nos desenha um quadro de Estados que são unidos entre si e que já não reproduzem mais o conceito de soberania. O Estado sem soberania é o mesmo Estado de Kelsen em 1920?

Falava sobre o problema da soberania e dizia que é necessário revolvermos o conceito de soberania. Eu diria que o conceito de soberania é um conceito da modernidade, datado da modernidade e nós já passamos para algo que, chamem como quiserem, mas é algo que não é mais apenas a modernidade. O México é dotado de soberania, diante do Fundo Monetário Internacional? Os Estados europeus são dotados de soberania quando recebem uma comunicação da Corte de Luxemburgo? Nós, o Brasil, somos dotados de soberania?

Na verdade o Estado já não é mais o que era, nós estamos seguramente diante de algo que se transforma, e ainda que chamemos de Estado, esse não é mais o Estado da teoria geral do Estado que eu aprendi na faculdade. É esse Estado que se começa a pretender desmontar precisamente porque ele é desmontado já, aparentemente não está mais em condições de mediar os conflitos entre capital e trabalho e esse Estado não é mais capaz de bancar a solidariedade social. Isto que é extremamente grave.

Por isso eu diria que para falarmos, para tratarmos dos discursos neoliberais, porque trata-se de mais um discurso, talvez nos conviesse começar pela exposição a propósito de um modelo ideal de Estado. Vamos pensá-lo, portanto, idealmente, um pouco no instante em que vivemos agora e que seria, digamos assim, um momento de desestruturação do Estado.

Que tipo ideal é este? É o Estado capitalista, produzido pela Revolução Francesa, pós Revolução Industrial, o Estado Moderno, que evidentemente não nasceu da Revolução Francesa, mas que vem vindo, que podemos rotular como tal para afirmar que se trata de um produto do capitalismo. Portanto, o que eu pretendo afirmar é o Estado Moderno, esse Estado que se quer reformar agora, como um produto do capitalismo. Voltado ao cumprimento de algumas atribuições, ele deve cumprir a função de instalar as condições indispensáveis a produção econômica e deve cumprir o papel de produtor de normas jurídicas. Por que? Porque o mercado reclama normas jurídicas que permitam a fluência das relações econômicas e que permitam a arbitragem dos conflitos individuais e sociais.

Isso é outra maneira de dizer que o mercado reclama segurança e certeza jurídicas, e reclama ordem. Quando falamos em ordem e segurança nós pensamos o Estado que é capaz de arbitrar os conflitos e quando falamos em segurança e certeza jurídicas nós falamos em um Estado que deve cumprir o papel de produtor de normas que assegurem a fluência das relações mercantis. Mais do que isto, porque este Estado que garante ordem e segurança e que assegura certeza e segurança jurídicas, sofistica-se e no momento mais acabado antes desse instante em que começa a desestruturar-se, quando ele é plenamente um Estado do bem estar social, ele é um *welfare state*, ele já é um Estado implementador de políticas públicas.

A literatura dos anos 50 para cá nos mostra já um Estado implementador de políticas públicas. E de tal sorte que se completa um verdadeiro salto qualitativo quando o direito produzido por este Estado deixa de ser apenas um direito que instrumenta políticas públicas, mas ele próprio, o Direito, é uma política pública. Talvez isto nos permita apreciar com um pouco de olhos críticos a realidade brasileira.

Nós temos hoje, no Brasil, um Presidente da República ex-professor, jamais da Sorbonne, mas professor de Paris X, que para mim é mais importante que Paris I e Paris II. É um sociólogo, que percebeu isto, das políticas públicas. E qual é a política pública que se pratica hoje no Brasil ? Nenhuma. A única política publica é o direito. Quer dizer, o Governo não está interessado em fazer política social, não está preocupado em promover o bem-estar da população, nada, ele está interessado em fazer uma reforma constitucional. Para quê ? Para nada. Quer dizer, a única política pública que nós temos hoje entre nós, é a política pública do direito.

De certa forma, no momento mais radical em que nós verificamos que este direito jamais está preocupado com os fins, ele está preocupado com os meios - ele imola os fins, no nosso caso ao extremo, quando é ele por ele, é o meio pelo meio -, nós começamos a armar um salto no vazio partindo do nada.

Este parece ser o exemplo mais perfeito da utilização do direito como uma política pública em si. De repente tudo isso passa a ser, após aquela grande transformação que eu mencionei, após o desastre do socialismo real, do socialismo de Estado, este Estado passa a ser avaliado em termos de uma outra dicotomia que já não é mais a velha dicotomia esquerda e direita. Quem fala hoje em esquerda e direita é associado à imagem de um dinossauro. A impressão que eu tenho é que eu acordei numa manhã e todos os problemas sociais estavam resolvidos, não há mais conflitos de classe, todas as pessoas estão felizes e nós jogamos no lixo aquela dicotomia esquerda e direita e passamos agora a avaliar a realidade em termos de uma outra dicotomia, arcaico e moderno. Existem as pessoas que são modernas, existem as pessoas que são arcaicas, existem as pessoas que são dinossauros e existem as pessoas que não são dinossauros.

Parece-me que a grande pergunta que fica é que se nós formos capazes de avaliarmos a realidade a partir do Brasil, se não formos eurocêntricos, e pensarmos o Brasil dentro da América Latina, cabe nesse momento fazer uma pergunta: o que significa, nos quadros daquilo que se chama natureza singular do presente, o que significa ser moderno? Eu diria que ser moderno hoje, é assim que eu responderia essa questão, é no mínimo já ter consciência de que o mercado é impossível sem uma legislação que o proteja e sem uma intervenção destinada a assegurar a sua existência e preservação. Por exemplo: subsídios. Mas que subsídios? Subsídios agrícolas, como o que praticam os EUA e a comunidade européia.

É preciso, me parece, para sermos modernos, termos consciência de que o mercado não funciona, primeiro, sem uma ordem jurídica que o proteja. Segundo, sem que o Estado esteja bancando, assumindo determinados papéis para superar as distorções. Em segundo lugar, parece-me que ser moderno é também ter consciência de que os postulados da racionalidade dos comportamentos individuais, do ajuste espontâneo das preferências e da harmonia natural dos interesses particulares com o interesse geral são insuficientes. Nós sabemos perfeitamente que isto não se realiza automaticamente, essa harmonia não é conquistada automaticamente num quadro sem regras.

Nós, se não tivéssemos regras que nos limitassem e estivéssemos sob uma atmosfera de ausência de regras absolutas, nesse grande salão, certamente nós viveríamos uma experiência que à moda de Hobbes seria descrita assim: cada um com seu tacape. E nós partiríamos cada um com seu tacape para a destruição mútua.

Em terceiro lugar, ser moderno hoje, é ter consciência de que os fenômenos da dominação desnaturam os mercados, isto é óbvio. Se não houvesse o fenômeno da dominação, por exemplo, não seria necessário ter a lei 8.884, que em plena década de 90 é a lei Scherman dos EUA há cem anos; na década de 90 o século passado. Eu não precisaria falar que é abuso econômico, não precisaria falar de abuso de nenhum tipo.

De modo que se isso for verdadeiro, e eu tenho a nítida impressão de que isso é verdadeiro - é evidente que eu sou um pobre intelectual, a cada dia em que leio eu acho que sei menos, portanto eu estou sempre aberto a mudar as minhas convicções -, no estado atual das minhas convicções me parece que ser moderno é ter compreensão de tudo isso que eu mencionei agora. Portanto, falar em mercado livre me parece que só tem sentido se nós o fizermos no quadro de um tipo ideal também.

Repito que o Estado Moderno é, em última instância, produzido por um capitalismo. A proposta de um mercado livre jamais deixou de ser a mera afirmação de uma retórica vazia, porque o mercado não é capaz de auto regular-se.

A burguesia jamais pretendeu afastar o Estado da economia. O que a burguesia quis e fez, sempre com grande arte, foi colocar o Estado a serviço de seus interesses. Exatamente isso é que sempre foi feito e continua sendo feito. Por quê? Porque, na verdade, eu vou reproduzir o que disse um historiador inglês, Martin Sklar, ninguém vai aos mercados sem a lei e sem seu advogado. Nós, enquanto profissionais do direito, estamos garantidos porque ninguém vai aos mercados sem a lei e sem o seu advogado.

A sociedade capitalista é uma sociedade essencialmente regulada pelo direito e de tal modo que eu diria que há uma conecção entre a tendência de acumulação de capital e a extensão das funções do Estado, ou seja, a ação pública é uma condição necessária para o desenvolvimento econômico. Quando eu falo em deservolvimento econômico eu estou falando em desenvolvimento econômico e social, evidentemente. Mas de certa forma nós podemos dizer que a epopéia do desenvolvimento terá já sido ante descrita por Goethe, quem diz isso é Marshall Bermann, quando ele menciona a aliança entre o setor privado e o setor público, referindo as figuras de Fausto e Mefistófeles. Não fôra esta aliança, não fôra a compreensão de que o Estado Moderno enquanto máquina essencialmente capitalista, ele não poderia se associar ao setor privado no sentido de plantar as bases do chamado desenvolvimento.

Não fôra isso, nós não teríamos assistido durante o correr desse século a terrível transformação que praticamente nos permite afirmar que tudo quanto foi produzido em termos de instrumentos de bem-estar, no campo da informática, da microeletrônica, etc, etc, foi produzido nesses últimos vinte anos. Tudo isto só foi possível a partir dessa aliança entre Fausto e Mefistófeles, entre o Estado e os agentes econômicos capazes de deter o capital que foi acumulado.

O mercado, meus caros, não é um objeto do mundo da natureza. E como diz um francês, chamado Pierre Manent, o homem é corpo físico ameaçado em sua segurança, é proprietário ameaçado em sua propriedade, é agente moral ameaçado em sua liberdade e é agente econômico que se coloca diante da raridade, ou seja, que se coloca diante da ausência de abundância. Nesse quadro, portanto, a pergunta, agora enriquecida por algumas outras considerações, me parece que pode ser refeita.

É possível a composição de conflitos entre os indivíduos sem a participação do Estado e de uma regulamentação produzida pelo Estado? Essa resposta é dada pelos discursos neoliberais. Por que eu me refiro aos discursos neoliberais? Porque, na verdade, não há um discurso, há alguns deles, alguns inteiramente estultos, eu diria, alguns profundamente desinteligentes, e outros inteligentes.

Eu diria que há versões prudentes e há versões nitidamente imprudentes. Por exemplo, há uma versão, que eu acho a mais imprudente delas do discurso neoliberal, que visualiza no Estado de Direito e democrático o inimigo número um do processo de acumulação capitalista. Esse discurso reduz a humanidade exclusivamente àqueles que sejam ativos dos mercados.

Há um discurso que, à moda de Hayek, propõe que o Estado seja reduzido a suas funções de polícia e caridade, pagando um salário de sobrevivência para os que não são capazes de produzir economicamente e que são como uma espécie assim de cancerosos, de excluídos sociais, que ficam na mais absoluta e total marginalidade para não incomodar. Bom, esse discurso acaba fatalmente produzindo a violação do chamado Estado democrático. É, além do mais, segundo me parece, profundamente desinteligente porque não percebe que o número de excluídos da ordem social será, em um determinado momento, incontrolável e isso conduzirá a uma grande revolta.

Mas além dessas versões que confrontam as garantias sociais, além dessa versão que confronta tudo aquilo que viabilizou o acesso da generalidade dos homens não apenas a direitos e garantias individuais, mas também a garantias sociais, que acabam atentando contra a cidadania, há outros que não são tão imprudentes. E no quadro desses discursos prudentes talvez fosse o caso de nós distinguirmos, para começo de conversa, alguns que referem à necessidade de desregulamentar e outros que referem a necessidade de desregular.

Deve-se fazer a primeira distinção: uma coisa é desregular e outra coisa é desregulamentar. A doutrina, sobretudo a doutrina

—— 223 ——

francesa, nos anos 70, produziu muito sobre a chamada inflação normativa. Os italianos também estavam preocupados com isso. Há normas demais, há textos normativos demais. Carnelutti, na Itália, dizia que "mais grave que a inflação monetária era a inflação normativa".

Jean Carbonnier diz uma coisa muito bonita: é uma biblioteca de quilos e quilos de livros, de quilos e quilos de textos que conduz à negação total e absoluta da afirmação de que a ninguém escusa a ignorância da lei. Nós sabemos perfeitamente que isso é uma balela. Eu ignoro profundamente porque eu sou apenas um ser humano, graças a Deus eu não sou uma máquina. Portanto eu ignoro, desde que eu compreenda que a lei não é somente a lei; são os decretos, as resoluções, as portarias, o Conselho Monetário Nacional, estas coisas horrorosas que são os pareceres normativos do Ministério da Fazenda.

Desregulamentar, por um lado, pode ser isso. Qualquer pessoa de bom senso estará inteiramente convencida da necessidade de desregulamentar. Mas quando nós começamos a falar em desregular, a coisa começa a complicar porque o discurso da desregulação, não da desregulamentação, pode conduzir na verdade a uma proposição de um outro direito. Eu diria que não é possível nós separarmos a regulação como paradigma das ciências sociais e a regulamentação como representação ideológica.

Diante de uma das versões do discurso neoliberal construída sobre uma das versões da regulação, há outras mais sadias, eu passo a pensar na estruturação de uma nova teoria do direito, fundada sobre a pressuposição da harmonia dos interesses, e a possibilidade da construção do coletivo a partir do individual. Através de uma mão invisível, quem sabe, eu posso construir o coletivo a partir do individual. Essa visão sistêmica da realidade não será uma visão conservadora, estática, eu posso substituir a exoregulação pela endoregulação.

Com olhos bem críticos, eu vejo, em certas ocasiões, associada a idéia da União Européia, a idéia de uma regulação e penso numa grande idade média. Começo a ver o processo da proposta de regulação, que é a endoregulação no campo econômico, como uma espécie de volta às corporações de ofício. Vejam que coisa terrivelmente trágica e desafiadora.

De repente, propõe-se que o exercício das atividades econômicas já não seja mais regulado desde fora, passe a ser regulado a partir de dentro e isto é uma corporação de ofício. Eu começo a imaginar se não será o caso, daqui a 50 anos, de revigorar-se a vigência do decreto que acabou com as corporações de ofício, talvez a regulação.

E vejam bem, eu não estou sendo ranzinza, eu não estou adotando uma postura ideológica contra a regulação. Eu estou apenas apontando dentro das várias vertentes, dos vários discursos neoliberais até o ponto em que se pode chagar. De todo modo, o que me parece muito sério é que as relações sociais, no quadro dos mercados, no modo de produção capitalista, elas podem ser classificadas em dois grandes grupos e quem fez isso foi Rudolf von Ihering. Ihering diz que há dois tipos de relações: as relações de intercâmbio e as relações de comunhão de escopo. Eu tenho esta garrafa na minha frente, a minha colega está disposta a comprar a garrafa e eu estou disposto a vender a garrafa, eu quero vender por 10, ela quer comprar por 5. Haverá um determinado momento em que as nossas vontades se encontrarão em posição de harmonização. E nesse momento em que essas vontades em confronto se encontrarem nós teremos um contrato e o preço.

Na relação de intercâmbio, porém, nós estamos diante de uma oposição de vontades que estão temporariamente harmonizadas. O contrato não é a paz, o contrato é a trégua, trégua que acaba no momento em que nós tivermos que discutir perante o Poder Judiciário. Eu quero tirar o máximo dela, ela que tirar o máximo de mim. Nesse caso, o lucro dele é a minha vantagem, a minha vantagem é o lucro dele, diz Ihering.

Além dessas relações de intercâmbio existem outras que são as relações de comunhão de escopo, em que as vontades não estão em oposição, mas elas caminham paralelas. Eu posso imaginar uma sociedade, eu posso imaginar um contrato de consórcio, uma sociedade mercantil, uma sociedade civil. Aqui nas chamadas relações de comunhão de escopo, o lucro do meu colega de contrato é o meu lucro, o prejuízo dele é o meu prejuízo, porque aqui as nossas vontades correm paralelas. O que eu quero dizer com isso é que no atual estágio de desenvolvimento cultural da humanidade, dentro da sociedade capitalista, é possível até imaginarmos a possibilidade de uma exoregulação para as relações de comunhão de escopo. Mas eu não vejo como viabilizar-se a regulação desde dentro para ordenar as chamadas relações de intercâmbio.

Queiramos ou não, dentro do modo de produção social capitalista nós vivemos a partir ainda do individualismo que pode não ser o individualismo possessivo, mas será o individualismo que nos coloca diuturnamente em confronto com os nossos semelhantes. E para isso me parece que ainda não foi inventado nenhum mecanismo de harmonização mais eficiente do que o direito posto pelo Estado.

Eu sou verdadeiramente capaz de compreender e até de promover a necessidade de se interpretar o direito posto pelo Estado desde padrões de interpretação extremamente variados a partir inclusive da análise do que eu chamo de direito pressuposto. Mas me parece que a teoria da regulação de certa forma revoluciona de modo profundo a própria visão de lei como expressão de vontade geral. Ela ultrapassa a análise do direito como algo que está ligado à violência, do direito à não violência ou como uma violência estatizada, e parte da pressuposição de que todos os homens são prudentes. Essa é uma das facetas da generalidade dos discursos liberais, de que todos os homens são prudentes, e é verdade, nós sabemos perfeitamente, que nem todos os homens são prudentes. De modo tal que eu penso, nós devemos refletir seriamente sobre essa gradação dos vários discursos neoliberais.

O modo de produção capitalista, que é o modo de produção que prevalece entre nós e que há de prevalecer durante todo o tempo de vida, pelo menos, de todos que estão aqui, é um sistema que não está interessado em produzir senão frutos econômicos, ele não está interessado em produzir frutos sociais. Ele reclama uma regulação que esteja comprometida com um ideal que é o ideal de preservação do mercado. Eu sou professor de direito econômico, embora cada dia que passa eu seja mais um estudante de teoria geral do direito, mas a minha explicação do direito econômico é a seguinte: o direito econômico é um direito que está voltado a preservar os mercados. Esse é o compromisso do direito econômico, fundamentalmente.

Eu tenho que compreender que, ainda que tenha havido uma grande transformação, ainda que tenha chegado a terceira Revolução Industrial, que os problemas estruturais do capitalismo não permitem a substituição da exorregulação por uma endorregulação. Eu lembro aqui a classificação que Habermas faz das funções do Estado e Habermas diz: primeiro o Estado viabiliza o processo mercantil, depois o Estado vai evoluindo suas atividades até o momento em que ele passa a desenvolver funções de compensação, quer dizer, ele passa a compensar distorções. O que aparece de modo pronunciado no chamado direito ambiental e no chamado direito do consumidor.

Uma maneira de contar isso é dizer que nós conquistamos direitos. O prof. José Alcebíades de Oliveira Júnior disse hoje à tarde que a cidadania é também o direito do consumidor e o direito ambiental, é verdade. O Estado passou a desenvolver a sua função de integração capitalista e, na medida em que ele se desenvolveu, isso importou a criação de novos direitos. Mas o que está por trás disso tudo é a necessidade de o Estado cumprir esse papel de legitimação. O que me parece é que o Estado não pode ser substituído.

Nesta exposição, levantei alguns pontos críticos, talvez atabalhoadamente, mas que eu imagino possam render frutos. Quero encerrá-la lembrando que um liberal, como Ralf Dahrendorf, num recente livro, diz que o modo de produção social globalizado dominante, que resulta dessa nova revolução industrial, além de conduzir não apenas a perda de importância dos conceitos de país e de nação, mas também algum comprometimento da noção de Estado, coloca-nos diante de um desafio que é o desafio da quadratura do círculo. Ou seja, fazer um círculo ficar quadrado, entre crescimento econômico, sociedade civil e liberdade política.

Como harmonizar, nesse quadro do nosso tempo, liberdade política com coesão social e criação de riqueza ? Por que esse desafio para Ralf Dahrendorf é um desafio insuperável? Porque, diz ele, a globalização ameaça a sociedade civil. Em primeiro lugar, está associada a novos tipos de exclusão social, ela gera um sub-proletariado, uma *under class* que é constituída pelos marginalizados em função de raça, nacionalidade, religião ou outro sinal distintivo. Além de gerar esse sub- proletariado, a globalização instala uma contínua e crescente competição entre os indivíduos.

Em terceiro lugar, conduz à destruição do serviço público, quer dizer, conduz à destruição do espaço público e dos valores, o declínio dos valores vinculados por essa noção. Eu diria que talvez hoje o grande desafio do direito público francês talvez esteja precisamente na afirmação da privatização do serviço público. Que consubstancia uma verdadeira insanidade, no meu modo de ver, porque se isso fosse verdadeiro, se isso fosse possível, seria necessário rever todo direito público, todo direito administrativo, e não é possível, não se privatiza serviço público.

Essas classes marginalizadas, agora não são mais marginalizadas porque sejam produto, porque tenham passado a ocupar uma posição marginal em função dessas distorções decorrentes do confronto entre capital e trabalho. Não se trata disso. É algo extremamente mais grave, porque a marginalização agora se faz independentemente de qualquer ideologia. Ela se faz a partir da simples escolha do sinal distintivo positivo e do sinal distintivo negativo.

E por derradeiro, o que seja mais trágico talvez, esta globalização leva os indivíduos a competirem entre si de modo tal que talvez esteja cada dia mais distante de nós o instante, o momento sonhado em que os homens todos poderiam se dar as mãos e sorrir entre si. Esse talvez seja um dos momentos mais amargos do nosso século, o momento em que nós começamos a enfrentar dificuldades para dar as mãos aos nossos irmãos. Era só isso que eu tinha a dizer.

A proteção dos direitos humanos na América Latina: o Pacto de San José da Costa Rica revisto

ENRIQUE RICARDO LEWANDOWSKI

Professor Associado da Faculdade de Direito da Universidade de
São Paulo e Juiz do tribunal de Alçada Criminal de São Paulo.

SUMÁRIO: 1. Fundamentos dos direitos humanos; 2. O iluminismo e os direitos individuais; 3. A revolução industrial e os direitos sociais; 4. Os direitos de terceira geração; 5. O Pacto de San José da Costa Rica; 6. Conclusões.

1. FUNDAMENTOS DOS DIREITOS HUMANOS

A crença na sacralidade da pessoa humana e na existência de determinadas regras transcendentais às quais súditos e governantes estariam submetidos, manifestou-se de maneira constante, ainda que de forma difusa e inarticulada, ao longo de toda a evolução do pensamento ocidental. Essa tradição humanística, que deflui dos escritos sagrados judaico-cristãos, dos clássicos greco-romanos, da jurisprudência latina e da teologia medieval, constitui nota distintiva da herança cultural do ocidente.

Logo no Gênesis, lembra a Bíblia que o homem foi criado à imagem e semelhança de Deus[1]. Como conseqüência dessa identificação da criatura humana com a divindade, concluiu-se que toda ofensa injustificada ao indivíduo constituía, por extensão, um agravo à própria divindade. A civilização ocidental herdou ainda dos hebreus dos tempos bíblicos, a par dessa valorização da pessoa humana, um intenso respeito às *leis divinas*. Com efeito, toda a

[1] *Genesis*, I, 26.

—— 229 ——

conduta pessoal do judeu era minuciosamente regulada por um complexo de normas reveladas que abrangiam desde os simples e diretos mandamentos do Decálogo de Moisés até as mais sofisticadas regras ritualísticas do *Pentateuco*. O judaísmo resumia-se, antes de mais nada, num conjunto de preceitos éticos ao qual estavam submetidos humildes e poderosos indistintamente[2]. Esse sentido ético da religião judaica, fundado na igualdade entre os homens e no respeito à pessoa humana, foi integralmente absolvido pelo cristianismo. Questionado em Jerusalém por um escriba sobre os princípios que norteavam seus ensinamentos, respondeu Jesus, com singeleza, que dentre os mais importantes figurava o seguinte: "Amarás o teu próximo como a ti mesmo"[3]. A doutrina simples de Cristo foi mais tarde aperfeiçoada pelo Apóstolo Paulo, um judeu da Diáspora, nascido em Tarso, no sudoeste da Ásia Menor, o qual introduziu na filosofia cristã os ideais estóicos de cosmopolitismo e de fraternidade entre os homens[4].

Os ideais humanísticos da filosofia estóica greco-romana, que repousavam sobre a noção de lei natural e sobre o conceito de identidade da natureza dos homens, lograram um impacto que ultrapassou os lindes da doutrina cristã, constituindo-se em ponto de partida para importante parcela da intelectualidade do mundo antigo, bem como do medieval e moderno. Para os estóicos, as leis vigentes nos diversos Estados não possuíam um valor intrínseco, porquanto a legitimidade destas dependia de sua correspondência com as leis naturais, eternas e imutáveis, que exerceriam a função de paradigmas a todo o direito positivo. Zenon de Citium, fundador da escola, afirmava que "a lei natural é uma lei divina, e tem, como tal, o poder de regular o justo e o injusto"[5].

Ao conceito de lei natural comum a todos os homens, acrescentaram os estóicos a concepção de que todas as pessoas eram iguais *ab origine*. Epicteto, escravo liberto e um dos mais notáveis pensadores do estoicismo, assinalava que todos os homens provinham de um mesmo pai, Zeus, sendo, pois, frutos de uma semente comum[6]. Por outro lado, Marco Aurélio, imperador romano e im-

---

[2] V. M. Garcia Cordero, *Biblia y Legado del Antiguo oriente: El Entorno Cultural de la Historia de Salvación*, Madrid, Católica, 1987, pp. 151/167.

[3] Marcos, XII, 31.

[4] V. Jorge César Mota, "A estrutura formal da argumentação de São Paulo e suas possíveis ligações com a lógica estóica", in *Transformação*, Assis, Faculdade de Filosofia, Ciências e Letras, nº 1, 1974, pp. 173/214.

[5] *Apud* Johannes Hirschberger, *História da Filosofia da Antiguidade*, São Paulo, Herder, 2ª ed., 1965, p. 272.

[6] Cf. Epicteto, *Discourses*, Chicago, Encyclopaedia Britannica, 1952, p. 120.

—— 230 ——

portante filósofo estóico, lembrava que a alegria do homem deveria consistir em querer bem os seus semelhantes[7]. Essa crença numa fraternidade entre os homens, bem como a convicção de que os homens eram basicamente iguais, estando submetidos às mesmas leis naturais, desaguou numa perspectiva cosmopolita do mundo, que se impregnou definitivamente no modo de pensar ocidental.

O estoicismo, cultivado entre os latinos por Cícero e Sêneca, além de outros, influenciou consideravelmente o Direito Romano. Jurisconsultos como Gaio, Ulpiano e Marciano aceitaram a existência de um direito natural, adotando-o como padrão de interpretação do direito positivo e como fundamento do direito das gentes[8]. Sob o influxo dos ideais estóicos, vários imperadores introduziram significativas modificações na legislação romana, abrandando o rigor e o elitismo dos antigos cânones patrícios[9].

A ética estóica sobreviveu aos tumultuados anos que se seguiram à destruição de Roma pelos povos bárbaros, preservada pela Jurisprudência e pela patrística, constituindo o elo de ligação entre o pensamento antigo e o medieval. Com efeito, ao contrário do que se imagina comumente, foi grande a influência do estoicismo na formulação da perspectiva medieval e cristã do mundo. A idéia estóica de que os homens eram iguais e, conseqüentemente, livres por natureza, assim como a crença de que a ordem natural deveria nortear a ordem social, representaram verdadeiros axiomas sobre os quais se assentavam a Teologia, a Jurisprudência e a teoria Política do medievo[10].

Essa concepção do mundo como uma realidade ordenada segundo os desígnios de Deus, em particular, trouxe consigo importantes implicações no plano das idéias políticas. Com fundamento nessa perspectiva, repudiaram os teóricos medievais o poder absoluto dos governantes, sustentando que toda a autoridade encontrava-se limitada pelas regras promadas do ordenamento divino. Isso significa, basicamente, que a autoridade deveria ser exercida segundo as leis da justiça, leis essas invioláveis e irrevogáveis, posto que consistiam expressões da ordem natural criada pelo Supremo Legislador[11].

[7] Cf. Marco Aurélio, *Meditations*, Chicago, Enciclopaedia Britannica, 1952, p. 264.

[8] V. Carl J. Friederich, *Perspectiva Histórica da Filosofia do Direito*, Rio de Janeiro, Zahar, 1965, pp. 43/51.

[9] Cf. Hirschberger, *op. cit., loc. cit.*

[10] Cf. Ernest Cassirer, *O Mito do Estado*, Rio de Janeiro, Zahar, 1976, pp. 120/122.

[11] V. Gaetano Mosca e Gaston Bouthoul, *História das Doutrinas Políticas desde a Antigüidade, Rio de Janeiro, Zahar, 3ª ed., 1968, pp. 83/86.*

2. O ILUMINISMO E OS DIREITOS INDIVIDUAIS

Em que pese a importância política das idéias dos teóricos medievais, somente a partir do Iluminismo e do Jusnaturalismo, desenvolvidos na Europa entre os séculos XVII e XVIII, é que se exteriorizou com clareza a noção de que o homem possui certos direitos inalienáveis e imprescritíveis, decorrentes da própria natureza humana e existentes independentemente de qualquer ação estatal. Passou-se a entender, desde então, que tais direitos não poderiam ser, em hipótese alguma, vulnerados pelo Estado.

Como se sabe, a partir do século XIV, inicio-se uma lenta e progressiva desagregação do mundo medieval, em todos os níveis da realidade social. Essa desagregação culminou com a Renascença e a Reforma, que fizeram ruir a multissecular estruturação cristã da sociedade, fundada sobre uma ordem da civilização clássica, pagã, provocaram uma secularização da vida em retorno às suas origens, ocasionaram um abalo no arcabouço ideológico que, durante quase um milênio, deu sustentação à organização social e política da Idade Média.

No plano intelectual, o Racionalismo e o Empirismo, duas tendências paralelas representadas pelo pensamento de Descartes, Leibniz, Bacon, Locke, Berkeley, Hume e outros, abrangendo os séculos XVII e XVIII, abriram caminho para a emancipação da razão, a valorização do espírito crítico e a fé na ciência. Tais movimentos culminaram no Iluminismo que, no período que medeia entre a revolução inglesa de 1688 e a revolução francesa de 1789, pretendeu *iluminar* com a razão o obscurantismo e os exageros provocados no passado pelo excessivo apego à religião e à tradição.

O Iluminismo, por sua vez, ao tomar como ponto de partida para as suas especulações o *homem natural*, ou seja, o homem antes de seu ingresso na vida social, deu a um origem a um Jusnaturalismo de cunho racionalista. Para os jusnaturalistas de então existiriam direitos naturais, eternos e absolutos, demonstráveis pela razão, válidos para todos os homens em todos os tempos e lugares, sendo a principal, senão a única, tarefa do Estado assegurar a fruição dos mesmos[12].

Com estas características, o Jusnaturalismo espalhou-se por toda a Europa e também pela América, a partir do século XVII,

---

[12] V. Roscoe Pound, *Liberdades e Garantias Constitucionais*, São Paulo, Ibrasa, 2ª ed. 1972, pp. 57/58.

servindo de base doutrinária das *declarações de direito* da centúria seguinte, as quais vieram à lume na esteira das revoluções liberais-burguesas. Tais diplomas assumiram o caráter de *declarações* porque se acreditava que os direitos dos indivíduos não constituíam uma criação do Estado, existindo antes do advento deste, bastando, pois, para fazê-los respeitados, arrola-los solenemente num documento formal, depois de racionalmente deduzidos a partir da natureza humana.

Ao Estado, portanto, ficava absolutamente vedado intrometer-se na esfera dos direitos do indivíduo arrolados nas declarações, incumbindo-lhe, ao contrário, zelar por sua observância e conservação. Dentre os direitos constantes nas principais declarações figuravam com destaque o direito à vida, à liberdade, à segurança e à propriedade, bem como o direito de resistência à opressão. Reconheça-se, ainda, de modo implícito, a igualdade entre os homens, na medida em que se conferia a titularidade dos mesmos a todos os indivíduos indistintamente. Esses direitos *naturais* passaram a ser conhecidos como direitos *individuais* ou, ainda, como direitos *civis e políticos*.

3. A REVOLUÇÃO INDUSTRIAL E OS DIREITOS SOCIAIS

Com a Revolução Industrial dos séculos XVIII e XIX, o indivíduo, embora protegido contra o arbítrio do Estado por diversos instrumentos legais, viu-se completamente desguarnecido em face dos efeitos perversos do sistema econômico engendrado pela explosão tecnológica dela decorrente[13].

As péssimas condições de vida dos trabalhadores do século XIX desencadeou um surto de greves, agitações e rebeliões por toda a Europa, constituindo também o caldo de cultura do qual nasceram as idéias sindicalistas, anarquistas e socialistas. Dentre as sublevações populares decorrentes das lutas operárias destaca-se, por seus desdobramentos, a revolução soviética do começo do século seguinte, ou seja, em 1917.

A crescente pressão das massas forçou o Estado a abandonar a posição de espectador passivo dos conflitos sociais, na qual havia sido colocado pelos ideólogos liberais, obrigando-o a engajar-se na

---

13 Consulte-se sobre esse período histórico T. S. Ashton, *A Revolução Industrial:1760-1830*, Lisbou, Publicações Europa América, 2ª ed., Publicações Europa-América.

busca de soluções para os problemas da comunidade. Renunciando à sua postura abstencionista, o Estado passou a dotar uma atitude positiva, conferindo ao indivíduo, enquanto membro da coletividade, os denominados direitos econômicos, sociais e culturais. Na verdade, a Revolução Industrial, no plano fático, e o ideário socialista, no plano intelectual, revelaram ao mundo um novo tipo de homem, o homem real, contrato, o homem situado, longe daquele homem *natural* dos iluministas, titular de diretos eternos e imutáveis. O homem abstrato do passado, assim, cedeu lugar ao trabalhador do presente, que passou a ser o novo sujeito de direitos[14].

Modernamente, dentre os direitos econômicos e sociais destacam-se os seguintes: o direito ao trabalho, a fixação de salários mínimos, o estabelecimento de uma duração máxima para o trabalho, a proteção da mulher e do menor no trabalho, o auxílio em caso de doença, invalidez, desemprego ou morte, a concessão de aposentadoria, a garantia de acesso à educação etc. Também o direito de formar sindicatos e o direito de greve inscrevem-se sob essa rubrica.

4. OS DIREITOS DE TERCEIRA GERAÇÃO

O reconhecimento dos direitos econômicos, sociais e culturais, ao lado dos antigos direitos individuais, todavia, não esgotou a produção legislativa no campo dos direitos fundamentais. Assim é que, com a explosão demográfica, as guerras mundiais, as agressões ao meio ambiente, a competição econômica internacional, em suma, com a globalização dos problemas do homem, surge uma nova classe de direitos, que se convencionou chamar de direitos de *solidariedade* ou de *fraternidade*, ou seja, direitos de terceira geração.

Com efeito, tais direitos sucedem no tempo os direitos resultantes das revoluções liberais, do século XVIII, e os direitos decorrentes das agitações operárias, do século XIX. Dentre eles destacam-se o direito à paz, o direito ao desenvolvimento, o direito ao meio ambiente, o direito ao patrimônio comum da humanidade, o direito à autodeterminação dos povos etc. Tais direitos,

---

[14] Cf. Georges Burdeau, *Les Libertés Publiques*, Paris, Pichon et Durand-Auzias, 4ª ed., 1972, pp. 17/18.

mais do que nos ordenamentos jurídicos internos dos Estados, desenvolveram-se sobretudo no plano do Direito Internacional[15].

O direito à paz, por exemplo, é mencionada no Pacto Internacional de Direitos Civis e Políticos, de 1966, adotado pela Assembléia Geral da Organização das Nações Unidas. O direito ao desenvolvimento, de outra parte, é mencionado na Declaração sobre o Direito ao Desenvolvimento, subscrito também sob a égide da ONU, em 1986. Tanto a Declaração de Estocolmo, de 1972, quanto a Declaração do Rio de Janeiro, de 1992, fazem menção à proteção ao meio ambiente. A Carta de Direitos d Deveres Econômicos dos Estados, de 1974, por sua vez, igualmente patrocinada pela ONU, refere-se à defesa do patrimônio comum da humanidade, ao proibir a exploração indiscriminada do fundo do mar e de seu subsolo, transmudando-os de *res nullius* para *res communis*.

5. O PACTO DE SAN JOSÉ DA COSTA RICA

Na esteira de um movimento mundial de formalização dos direitos fundamentais que se seguiu ao término da Segunda Guerra Mundial, cujo marco inicial foi a famosa Declaração Universal dos Direitos do Homem, de 1948, assinada sob os auspícios da Organização das Nações Unidas, os governantes americanos subscreveram, nessa mesma data, uma série de importantes documentos, com destaque para a Carta da Organização dos Estados Americanos, a Declaração Americana dos Direitos e Deveres do Homem e a Carta Interamericana de Direitos Sociais.

A Carta da OEA coloca a Organização e suas agências à serviço da promoção, dentre outros valores, dos direitos individuais, da justiça social e da paz. Os direitos e as liberdades essenciais são explicitados na Declaração Americana dos Direitos e Deveres do Homem, ao passo que a Carta Interamericana de Direitos Sociais define, conforme consigna o seu preâmbulo, "os princípios fundamentais que devem proteger os trabalhadores de todas as classes", acrescentando que os mesmos "constituem direitos mínimos que eles devem gozar nos Estados Americanos, sem prejuízo do fato de que tais leis de cada Estado possam estender tais direitos e reconhecer outros que sejam mais favoráveis"[16].

---

[15] V. a obra de Antônio Augusto Cançado Trindade, *Proteção Internacional dos Direitos Humanos*, São Paulo, Saraiva, 1991.

[16] *Handbook of Existing Rules Pertaining to Human Rights*, Washington, Organization of American States, 1980, p.5.

É interessante notar que a Declaração Americana e a Declaração Universal foram elaboradas quase que simultaneamente, refletindo as mesmas preocupações originadas das atrocidades da Segunda Guerra Mundial. Por esse motivo, ambos os documentos coincidem, em linhas gerais, relativamente aos direitos proclamados. Existe, porém, uma diferença entre eles: a Declaração subscrita sob os auspícios da OEA inclui em seu texto um rol de deveres das pessoas, enquanto que a patrocinada pela ONU faz apenas uma breve referência às obrigações dos indivíduos com relação à comunidade em que vivem (art. 29).

Dentre os deveres arrolados no diploma americano destacam-se os seguintes: o dever de adquirir, no mínimo, uma instrução elementar (art. 31); o dever de votar (art. 32); o dever de obedecer à lei (art. 33); o dever de servir à comunidade e à nação (art. 34); o dever de pagar impostos (art. 36); e o dever de trabalhar (art. 37).

Em 1969, dando seqüência ao aprofundamento dos esforços iniciados em 1948, veio à luz a Convenção Americana de Direitos Humanos, assinada em San José da Costa Rica, entrando em vigor, porém, apenas onze anos depois.

A Convenção engloba, na prática, todos os direitos individuais importantes, fazendo menção aos direitos econômicos, sociais e culturais, de forma semelhante aos documentos de proteção subscritos no âmbito da ONU e da Europa. Alguns direitos, no entanto, são explicitados de maneira diversa, como, por exemplo, o direito à vida, "que deve ser protegido pela lei e, em geral, desde o momento da concepção" (art. 4º, § 1º). Além disso, inclui expressamente o direito de propriedade, bem como a proibição de expulsão de nacionais do território do Estado e, também, a vedação da expulsão coletiva de estrangeiros (arts. 21 e 22, §§ 5º e 9º). De forma original o diploma reconhece, ainda, o direito de resposta àqueles ofendidos por declarações injuriosas ou inexatas e o direito de asilo (arts. 14 e 22, § 7º).

Deve-se sublinhar, porém, que a Convenção Americana não inclui o direito à educação ou outros direitos econômicos e sociais, fazendo a esses últimos apenas uma breve referência, na qual assinala que os Estados-Partes comprometem-se a adotar providências no plano interno e através da cooperação internacional, especialmente econômicas e técnicas, a fim de lograr a progressiva efetivação de tais instrumentos (art. 26).

Esse diploma contempla, ainda, ao lado da Comissão Interamericana de Direitos Humanos, criada em data anterior, a Corte

Interamericana de Direitos Humanos, a qual possui funções judicantes e consultivas. Somente a Comissão e os Estados-Partes que tenham expressamente aceito a sua jurisdição podem submeter às mesmas questões concernentes à aplicação e interpretação da Convenção, ao passo que qualquer Estado-Membro da OEA, bem como qualquer dos órgãos discriminados no art. 51 da Carta da Organização (Assembléia Geral, Comissão Jurídica Interamericana, Secretaria Geral etc.), podem formular consultas ao tribunal, concernentes à exegese de quais quer tratados sobre direitos humanos existentes no âmbito americano. Admite-se, mais, que qualquer integrante da OEA solicite pareceres à Corte sobre a compatibilidade de suas leis domésticas com a legislação interamericana no campo da proteção dos direitos fundamentais.

A Convenção Americana, porém, não faz nenhuma referência aos direitos de terceira geração, sobre os quais os juristas e políticos somente passaram a focar sua atenção, de maneira mais sistemática, a partir da segunda metade deste século, quando se intensificaram os efeitos da globalização dos problemas mundiais.

6. CONCLUSÕES

Os direitos individuais, isto é, os direitos civis e políticos, institucionalizados há mais de trezentos anos, encontram-se protegidos por uma série de garantias bem definidas, que variam de um sistema jurídico para outro. De um modo geral, porém, em que pesem essas diferenças, o indivíduo ofendido em seus direitos pode recorrer ao Judiciário, invocando um *remédio* jurídico-processual apropriado que fará cessar a violação.

Os direitos econômicos, sociais e culturais, de elaboração mais recente em termos históricos, nem sempre podem ser exigidos através dos tribunais, por dependerem de uma ação positiva do Estado para se concretizarem. Muitos desses direitos são meras normas programáticas, cuja função consiste em indicar rumos à atuação dos governantes[17]. A cobrança de tais direitos é, pois, mais política do que estritamente jurídica.

A proteção dos direitos de terceira geração faz-se, ainda, mais problemática, posto que os mesmos constituem aquilo que se convencionou chamar hoje de *direitos difusos* ou de *direitos de titulari-*

---

[17] Cf. Josaphat Marinho, "Dos Direitos Humanos e suas Garantias", in *As Tendências Atuais do Direito Público: Estudos em Homenagem ao Professor Afonso Arinos de Melo Franco*, Rio de Janeiro, Forense, 1976, p. 173.

dade coletiva[18]. Com efeito, salvo no caso do direito ao meio ambiente, hoje bem ou mal protegido por nações específicas no plano do ordenamento jurídico dos diferentes Estados, os demais direitos classificados como de solidariedade ou de fraternidade, como visto, na maior parte das vezes, somente podem ser defendidos por medidas políticas.

Essa situação se repete na esfera internacional, onde as denúncias a violações de direitos civis são prontamente investigados pelos órgãos internacionais, como as comissões e os tribunais de direitos humanos, que exigem a cessação da ilegalidade, estabelecendo, quando pertinente, a reparação dos danos. o Estado que não acatar essa determinação pode ser censurado por meio de uma *resolução* que recebe ampla publicidade.

Por outro lado, a implementação paulatina dos direitos econômicos, sociais e culturais é controlada através do exame e discussão de *relatórios* periódicos encaminhados pelos Estados aos órgãos internacionais competentes, os quais, depois de apreciados, são objeto de recomendações aos remetentes.

A proteção aos direitos de terceira geração, cumpre notar, apresenta ainda maiores dificuldades, porquanto se coloca, por ora, num plano eminentemente retórico, em razão sobretudo da grande competição registrada entre os Estados e mesmo entre as organizações privadas no âmbito internacional, constatando-se que apenas um esforço coletivo e constante de todos os interessados e atores envolvidos pode levar a um avanço nessa área.

Talvez tenha chegado o momento de se rediscutir o Pacto de San José da Costa Rica, de maneira a aperfeiçoá-lo no que tange aos novos valores originados da atual dinâmica dos relacionamentos interpessoais, estabelecendo mecanismos mais eficazes para protegê-los, porque, afinal, ao contrário do que imaginavam os jusnaturalistas do século XVIII, o rol dos direitos fundamentais não constitui um *numerus clausus,* pois é ampliado e enriquecido a cada geração que se sucede no tempo.

---

[18] V. Celso Lafer, *A ruptura totalitária e a reconstrução dos direitos humanos,* São Paulo, Saraiva, 1988, p. 131.

Estado e desenvolvimento na América Latina: alguns aspectos do debate recente

GABRIEL PORCILE

Professor do Departamento de Economia da
Universidade Federal do Paraná.

SUMÁRIO: 1. Introdução; 2. As teorias recentes do comércio internacional e do crescimento econômico do ponto de vista do papel do Estado; a) Mudanças na Escola Neoclássica: As Novas Teorias do Comércio e do Crescimento; b) Mudanças nas Teorias Estruturalistas: Os Schumpeterianos e a Nova CEPAL; 3. Um Esquema das Relações Entre Estado, Instituições e Trajetórias de Desenvolvimento; 4. Conclusões; 5. Referências bibliográficas.

1. INTRODUÇÃO

Poucos aspectos da teoria do desenvolvimento econômico têm gerado um debate tão intenso quanto o papel do Estado. Nos últimos anos essa discussão vem passando por mudanças muito importantes, cujo resultado é uma aproximação ou convergência entre abordagens teóricas que antes eram vistas como pólos opostos e irreconciliáveis. Isto tem um interesse que excede o âmbito puramente acadêmico. Como observa Haas (1989), quando existe uma base compartilhada de conhecimentos (*shared knowledge*) sobre um certo problema (neste caso, o desenvolvimento econômico), torna-se mais fácil construir instituições e políticas aceitáveis para todos os agentes num contexto democrático. Obviamente, uma base compartilhada de conhecimentos não implica consenso nem o desaparecimento de interesses contrapostos. Implica, apenas, que os agentes estarão em condições de negociar a partir de uma percepção comum sobre as conseqüências das políticas adotadas para cada um deles em particular e para a sociedade em seu conjunto.

O trabalho está organizado em duas partes. Na primeira parte, são comparados os desenvolvimentos recentes nas teorias ortodoxa e heterodoxa sobre o comércio internacional e o crescimento econômico, focalizando suas implicações para a definição do papel do Estado. Na segunda parte, um esquema simplificado, que leva em consideração as capacidades organizacionais e políticas do Estado, é utilizado para analisar trajetórias alternativas de desenvolvimento. Finalmente, apresentam-se as conclusões do trabalho.

2. AS TEORIAS RECENTES DO COMÉRCIO INTERNACIONAL E DO CRESCIMENTO ECONÔMICO DO PONTO DE VISTA DO PAPEL DO ESTADO

a) Mudanças na Escola Neoclássica: As Novas Teorias do Comércio e do Crescimento

Durante a década dos oitenta, uma série de trabalhos alterou significativamente a forma de pensar o papel do governo na teoria neoclássica do crescimento e do comércio internacional. A "novidade" teórica que gerou esta mudança foi a utilização, em modelos econômicos convencionais, do conceito de retornos crescentes. Tecnicamente, existem retornos crescentes quando os custos médios de produção diminuem com o aumento da produção, em nível das firmas individuais, dos setores industriais e/ou da produção agregada da economia. Estes retornos crescentes resultariam da existência de economias estáticas e dinâmicas de escala, incluindo o processo de aprendizado tecnológico. Tradicionalmente, a escola noeclássica supunha a existência de retornos decrescentes, isto é, que os custos aumentavam com a expansão da produção. A mudança de supostos afetou grandemente os resultados dos modelos e a configuração da política ótima[1].

No âmbito da teoria do comércio internacional, os retornos crescentes colocam dois tipos de problemas, a saber: i) tornam a

---

[1] Rigorosamente, o conceito de retornos crescentes não representava uma novidade nos anos oitenta, já que Marshall os mencionava no seu clássico *Principles of Political Economy*, há um século. Sraffa, num artigo clássico, já tinha constatado as profundas implicações que a idéia de retornos crescentes tinha para a teoria dos mercados. Mas foi apenas recentemente que a economia convencional incorporou formalmente, e de maneira sistemática, esta possibilidade no seus modelos.

estrutura de comércio e a distribuição dos ganhos de bem-estar uma função da trajetória pregressa dos países; ii) sugerem que a especialização internacional poderia estar associada às características tecnológicas das indústrias e a vantagens competitivas adquiridas, e não apenas à dotação relativa dos fatores capital e trabalho.

i) A existência de retornos crescentes gera a possibilidade de processos cumulativos e coloca em xeque o suposto de concorrência perfeita nos diversos mercados. Se existem retornos crescentes, um país com uma certa vantagem competitiva inicial poderia reforçar no tempo o seu domínio do mercado e atingir posições oligopólicas. Os diferenciais de custo dos países pioneiros com relação aos países que iniciam a produção tardiamente tenderia a crescer. Claramente, a queda dos custos dos bens implicaria um aumento do bem-estar da sociedade. Mas a distribuição dos ganhos se tornaria extremamente desigual, na medida que os consumidores pagariam pelas rendas oligopólicas associadas a uma configuração "imperfeita" do mercado, e a produtividade, o salário e o emprego tenderiam a permanecer em níveis mais deprimidos nas regiões atrasadas[2]. De fato, como mostra Krugman (1981), a inclusão de retornos crescentes em modelos ortodoxos gera resultados muito similares àqueles observados por autores heterodoxos na América Latina na década dos cinqüenta.

Ao mesmo tempo, o espaço para as políticas governamentais se amplia. Se, por exemplo, um país saísse na frente no estímulo temprano a certas indústrias sujeitas a retornos crescentes, poderia atingir uma posição mais vantajosa no comércio internacional após um certo período. Assim, países com políticas comerciais "estratégicas" poderiam redistribuir a seu favor os ganhos do comércio (Brander, 1986). Além disso, a plena incorporação de retornos crescentes nos modelos obriga os economistas a atentarem para a influência da história e das instituições. Embora aparentemente óbvia, a conclusão de que é necessário levar a história a sério (ou, nas palavras de Krugman,1991, pp, 29-34, de que *history matters*),

---

[2] Num mundo perfeitamente competitivo, não importa onde se gerem os ganhos de produtividade. O comércio transmite os ganhos de produtividade a cada canto do planeta através da queda do preço do produto. A idéia cepalina de deterioração dos termos de troca nada mais é que o reconhecimento de que os mercados são imperfeitos, e de que os ganhos de produtividade muitas vezes ficam no país onde são gerados, na forma de maiores lucros ou de maiores salários (Prebisch, 1986). Evidência empírica em favor de uma correlação estreita entre especialização em setores de retornos crescentes (decrescentes) e desenvolvimento (subdesenvolvimento) pode ser encontrada em Reinert (1994).

não era plenamente aceita entre os economistas na décadada dos setenta (ver também North, 1993).

ii) A especialização internacional não depende apenas da dotação de fatores de cada país: ela também está associada à diferenciação de produtos combinada com retornos crescentes (Grossman e Helpman, 1991, caps. 3 e 4). Haveria ganhos associados à especialização em variedades de um mesmo produto, atingindo economias de escala através do comércio. Esta conclusão reforça a idéia de que o aumento do comércio permite ganhos de bem-estar (através de uma redução dos custos de produção) e é mais uma razão para se especializar internacionalmente. Todavia, o tipo de especialização já não seria mais o resultado "natural" das diferenças na dotação de fatores. Países com a mesma dotação relativa de fatores poderiam especializar-se em variedades de um mesmo produto - o chamado comércio intra-industrial (Greenaway e Hine, 1991). O tipo de especialização passaria então a depender mais intensamente de fatores políticos e institucionais, ampliando a margem de manobra das políticas governamentais. Não surpreende, portanto, que a inclusão de retornos crescentes em modelos convencionais tenha *sofrido resistência por tanto tempo pelos economistas*. Ela colocava em xeque muitas certezas a respeito dos efeitos do comércio sobre o bem-estar, e abria uma caixa de Pandora no sentido de legitimar intervenções governamentais no funcionamento dos mercados[3].

Conclusões similares emergem dos avanços recentes na teoria do crescimento econômico - a chamada "Nova Teoria do Crescimento". Durante muito tempo, os economistas trabalharam com o modelo de crescimento de Solow, que sugeria que, no longo prazo, a taxa de crescimento econômico dependeria apenas da taxa de crescimentro da população e da intensidade do progresso técnico, duas variáveis exógenas ao modelo. A forma que os economistas encontraram de "endogeneizar" o crescimento econômico foi introduzir uma externalidade no modelo - a tecnologia passou a ser vista como um bem não-rival, que gera um benefício para todos os agentes do sistema econômico, e não apenas para aqueles que

---

[3] Vale a pena reproduzir por extenso o depoimento de Brian Arthur (1994), economista da Universidade de Stanford e um dos pioneiros no estudo dos retornos crescentes na economia: *"Ideas that invoke some form of increasing returns are now acceptable in economics - indeed they have become highly fashionable. But this was not always so. (...) In March 1987 I went to my old university, Berkeley, to have lunch with two of its most respected economists. What was I working on? Increasing returns. 'Well, we know that increasing returns don't exist', said one. 'Besides, if they do', said the other, 'we couldn't allow them. Otherwise every two-bit industry in the country would be looking for a hand-out'"*.

dedicam seus esforços a atividades de P&D (Romer, 1990). Do ponto de vista deste trabalho, o interesse desta teoria consiste em mostrar que decisões privadas produzem uma quantidade sub-ótima de tecnologia (precisamente pelo fato de que ela constitui uma externalidade). Assim, um "ditador benigno" seria capaz de gerar uma alocação de recursos mais eficiente do que o setor privado, levando em conta o benefício social, e não apenas o benefício privado, das decisões de investir em P&D. Novamente, o argumento a favor da intervenção estatal, *sob critérios exclusivamente de eficiência*, ganha força nas novas teorias neoclássicas do crescimento.

Em outras palavras, a novas teorias sugerem que os ganhos do comércio são ainda maiores do que supunha a economia convencional. Ao mesmo tempo, elas sugerem que a história, a política e as instituições podem mudar o tipo de especialização internacional, redefinindo a distribuição dos ganhos do comércio. Os resultados dos modelos convencionais e dos modelos heterodoxos ficaram assim muito mais próximos. Biersteker (1992) argumenta que, na década dos oitenta, a escola neoclássica consolidou sua hegemonia no mundo acadêmico, eclipsando seus concorrentes heterodoxos. Todavia, se essa afirmação fosse verdadeira, a situação seria paradoxal, já que isso aconteceria num momento em que a visão ortodoxa sofre transformações significativas, que a aproximam da visão heterodoxa. Na verdade, houve uma convergência entre modelos ortodoxos e heterodoxos com relação à existência de trajetórias cumulativas e de configurações alternativas da economia internacional, que poderiam ser alteradas pelas políticas governamentais (Gilpin, 1987).

É claro que estas conclusões no âmbito da teoria não implicam que os autores ortodoxos sejam agora simpáticos a uma maior intervenção do Estado no processo de desenvolvimento. A convergência nos resultados teóricos não representa, necessariamente, convergência nas recomendações de política. Em geral, os economistas ortodoxos continuam sendo céticos com relação à capacidade dos governos de adotar políticas "ótimas", que efetivamente explorem as potencialidades dos retornos crescentes. A opinião mais freqüente é que o argumento dos retornos crescentes e das políticas comerciais "estratégicas" serão usados de uma forma espúria, para justificar subsídios indiscriminados e comportamentos do tipo *rent-seeking*. Portanto, a posição dos economistas ortodoxos com relação à intervenção estatal não se alterou significativamente na prática. *Todavia, a discussão foi levada agora a um novo terreno.* Antes, a intervenção do Estado era vista como um afastamento do sistema de sua configuração mais eficiente, ou seja, a intervenção era necessariamente a criação de uma distorção. Nas novas teorias, admite-se que a política governamental permitiria alcançar uma trajetória mais eficiente do que aquela associada ao funcionamento exclusivo do mercado. Assim, o desafio não é entender porque os governos insistem em adotar comportamentos irracionais (em termos da eficiência econômica), mas porque os governos falham em adotar as políticas adequadas para promover o desenvolvimento de longo prazo. De ser um penetra indesejável no sistema econômico, cuja presença é sempre incômoda e que deve ser mantido a distância, o Estado passa a formar parte da solução eficiente do problema - sem que se tenha certeza, no entanto, de que, uma vez convidado à festa, ele se comportará de acordo com as rigorosas normas da etiqueta.

b) Mudanças nas Teorias Estruturalistas: Os Schumpeterianos e a Nova CEPAL

A década dos oitenta assistiu também a mudanças significativas no paradigma heterodoxo[4]. Como se sabe, no início dos sessenta existia uma insatisfação muito grande com o avanço do processo de industrialização na região. O trabalho de Cardoso e Faletto (1970) foi um esforço por analisar os problemas da industrialização latino-americana à luz de suas dimensões político-sociais - a forma específica em que se articulavam os interesses dos agentes dominantes externos e internos na região. Mas a base econômica desse estudo continuava a ser a teoria cepalina dos anos cinqüenta. Era necessário avançar, portanto, numa outra direção (complementar à anterior), relativa às transformações da base industrial da periferia.

Esta linha de trabalhos combinava a intuição original da CEPAL - a idéia de que a industrialização periférica era específica e de que a difusão "lenta e desigual do progresso técnico", em nível internacional, colocava barreiras recorrentes ao crescimento periférico[5] - com as contribuições mais importantes, na época, na área de economia industrial (autores como Bain, Steindl, Sylos-Labini e E. Penrose). Assim, a dinâmica específica da transformação industrial periférica começou a ser analisada, tanto do ponto de vista das especificidades do aprendizado tecnológico (Katz, 1982), das

---

[4] A necessidade de circunscrever o trabalho levou a selecionar, nesta revisão, apenas as contribuições de raiz estruturalista, próximas à tradição cepalina, sem inluir as contribuições de tradição marxista na teoria do desenvolvimento.

[5] Sobre a teoria da CEPAL, ver Rodríguez (1981).

características de seus ramos industriais e de suas empresas líderes (Fajnzylber, 1983, pp. 19-83), quanto das flutuações nas taxas de crescimento e de investimento (Tavares, 1985, especialmente cap. 2). Na década dos oitenta, o grau de rigor destes trabalhos continuou a aumentar, através da incorporação mais sistemática do papel da tecnologia na transformação industrial e na competitividade internacional. A chamada "nova CEPAL" é uma confluência destas tendências diversas, na qual a tradição estruturalista se combina com as contribuições da escola neo-schumpeteriana da inovação tecnológica (Fajnzylber, 1990; Rodríguez, 1994). Paralelamente, outros esforços orientaram-se no sentido de entender de que maneira a fragilidade do padrão de financiamento afetava: i. a evolução do crescimento, ii. a política econômica (Baer, 1993) e c. a capacidade da indústria para acompanhar a mudança do paradigma tecnológico (Goldstein, 1994).

No contexto da perspectiva heterodoxa, distingue-se entre eficiência estática e eficiência dinâmica do tipo de especialização internacional[6]. A eficiência estática ou "ricardiana" diz respeito a alocação dos recursos da economia num momento dado. Uma economia perfeitamente eficiente em termos estáticos poderia estar especializada em atividades que geram poucas externalidades tecnológicas - baixa eficiência "schumpeteriana" - e/ou que atendem mercados de reduzido crescimento da demanda internacional - baixa eficiência "keynesiana"[7]. Neste caso, a economia tenderia a gerar ganhos menores de produtividade e estaria sujeita a frequentes desequilíbrios no setor externo - já que a elasticidade renda de suas exportações seria menor do que a das importações. O desafio consiste em promover a mudança estrutural da economia no sentido de elevar as eficiências schumpeteriana e keynesiana - isto é, no sentido de elevar a eficiência dinâmica. Portanto, diferentes tipos de especialização internacional estariam associados a um diferente dinamismo da trajetória de desenvolvimento.

Assim, do ponto de vista deste trabalho, é importante ressaltar que os avanços no pensamento heterodoxo nos últimos 15 anos confirmaram as preocupações iniciais dessa escola com relação às especificidades da industrialização periférica, ao tipo de especialização internacional e à importância do papel do Estado. Mas, ao mesmo tempo, estes estudos mostraram que os vínculos entre in-

---

[6] Cf. Dosi (1990).

[7] Uma outra tradição, extremamente rica, que converge com os estruturalistas na análise das restrições externas ao crescimento, é a representada pelos trabalhos de inspiração Keynesiano-Kaldoriana, como o de McCombie e Thirwall (1994).

dústria, tecnologia e competitividade eram muito mais complexos do que se imaginava nos cinqüenta.

Em particular, o sucesso de uma economia periférica estaria associado ao desenvolvimento do chamado "Sistema Nacional de Inovação" - definido como o conjunto de interações existente entre o Estado e os agentes públicos e privados envolvidos na geração e difusão de inovações. É interessante comparar a mudança na papel do Estado entre a "velha" e a "nova" CEPAL. Na "velha" CEPAL, industrialização e difusão de tecnologia eram sinônimos, e o papel do Estado consistia em proteger a indústria e em planejar os investimentos, de modo a manter uma certa proporcionalidade nas taxas de crescimento dos diferentes setores da economia (Rodríguez, 1981). A difusão de tecnologia seria o sub-produto da acumulação de experiência na produção industrial. Existiria, assim, um padrão ideal de mudança estrutural (crescimento relativo dos diferentes setores da economia), que evitaria o aparecimento de estrangulamentos tanto nas relações inter-setoriais (pressões excessivas sobre as indústrias de bens de capital, de bens de consumo e de insumos intermediários), quanto no setor externo (aparição de restrições no Balanço de Pagamentos em função de uma maior elasticidade-renda das importações com relação às exportações).

Contrariamente, a "nova" CEPAL admite que o Estado teria de desempenhar um papel muito mais complexo, e frequentemente indireto, no processo de transformação estrutural. O foco já não seria apenas o crescimento relativo dos distintos setores industriais, mas a rápida difusão de tecnologia. Isto não se alcança através da administração discricional do investimento público, dos subsídios e das tarifas. A difusão de tecnologia depende do Sistema Nacional de Inovação, de interações sinérgicas entre uma pluralidade de agentes envolvidos na produção e nas atividades de P&D. A função do Estado seria encorajar certos tipos de comportamentos e arranjos institucionais, assim como prover a infra-estrutura em áreas nas quais as economias externas são especialmente intensas (e onde, portanto, os investimentos privados tendem a ser menores do que o socialmente desejável), como a geração e difusão de inovações tecnológicas. Deve-se observar, ainda, que a incerteza quanto aos resultados da política é muito elevada, em função da aleatoriedade inerente ao processo inovativo e da aceleração dos movimentos na fronteira tecnológica internacional a partir dos setenta.

Assim, nos últimos anos, uma série de trabalhos tem procurado identificar as formas específicas em que o Estado, o setor privado, as agências de P&D e as organizações sindicais se articulam, de modo a facilitar ou enfraquecer a intensidade do processo de difusão de inovações. Padrões de articulação entre esses agentes são correlacionados com o sucesso ou fracasso dos países em termos de crescimento e da competitividade internacional. Mais do que tentar justificar ou condenar a intervenção governamental, esta literatura procura entender *que padrões* de intervenção e de articulação Estado-Sociedade Civil são mais propícias para o desenvolvimento econômico. A literatura nesta área é extensa e em rápido crescimento, razão pela qual é impossível abarcá-la neste trabalho[8]. Todavia, merece ser especialmente lembrada a contribuição de Fernando Fajnzylber (1990) neste campo, para quem o dinamismo tecnológico seria condição para o que denominou de "competitividade autêntica" - um tipo de competitividade baseada nos aumentos de produtividade, e não na desvalorização da taxa de câmbio e/ou na redução do nível de salários.

Esta discussão tem particular relevância quando se analisam as mudanças na política econômica na América Latina na década dos noventa. Estas políticas têm combinado a liberalização comercial com a estabilidade da taxa de câmbio, amparadas num significativo ingresso de capital externo. Assim, o nível de atividade e de emprego compatíveis com a estabilidade macroeconômica no longo prazo torna-se uma função direta dos aumentos de produtividade, assumindo que a taxa de câmbio não deverá sofrer mudanças drásticas. Mas os aumentos de produtividade são limitados no tempo na ausência de uma política de apoio à difusão tecnológica e à competitividade internacional. Se a liberalização comercial cumpre o papel de liberar recursos das atividades ineficientes em favor das atividades competitivas, a realocação dos recursos não é nem automática nem necessariamente eficiente no longo prazo, como foi visto. Neste sentido, as tendências dominantes nas políticas macroeconômicas na América Latina reforçam, ainda mais, a necessidade de adotar políticas de estímulo à difusão de tecnologia e à restruturação da indústria em favor dos ramos dinâmicos no comércio internacional.

Uma avaliação preliminar das idéias heterodoxas nos últimos anos sugere um quadro não menos paradoxal do que aquele encontrado no caso das teorias ortodoxas. Primeiro, o aparente reflu-

---

[8] Cf., por exemplo, Zysman (1983), Katzenstein (1985), Canuto (1991) e Haggard (1990).

xo teórico das correntes heterodoxas nos oitenta aconteceu simultaneamente com um aumento expressivo de seu rigor teórico e solidez empírica. Segundo, como observado, muitas das preocupações iniciais dos estruturalistas foram confirmadas pelos desenvolvimentos posteriores, tanto no campo ortodoxo quanto heterodoxo. Mas, ao mesmo tempo, no plano da política industrial, o receituário relativamente simples defendido pelos estruralistas foi contestado pelas mudanças no âmbito tecnológico e na economia internacional das últimas duas décadas. O papel da política governamental ficou mais diluido, à medida que a própria idéia de um componente sistémico na difusão de tecnologia, abrangendo o intercâmbio de informações *pari-passu* com o fluxo de bens e serviços entre os vários agentes, deslocou o foco da análise das políticas públicas para as formas em que os diversos agentes socias interagem no processo inovativo. A agenda das políticas de desenvolvimento tornou-se mais complexa e carregada do que no passado, precisamente no momento em que a necessidade destas políticas ficava mais evidente[9].

3. UM ESQUEMA DAS RELAÇÕES ENTRE ESTADO, INSTITUIÇÕES E TRAJETÓRIAS DE DESENVOLVIMENTO

A Tabela I, adaptada de Levi (1993), ilustra, esquematicamente, o tipo de dilema que enfrentam os Estados na definição de suas políticas de desenvolvimento. Reconhecem-se quatro tipos de arranjos institucionais, como função das capacidades organizacionais e políticas do Estado. Capacidades organizacionais dizem respeito à profissionalização, eficiência técnica e sofisticação do aparelho do Estado, assim como às suas capacidades gerenciais e de financiamento. Capacidades políticas dizem respeito à autonomia relativa do Estado para adotar suas políticas preferidas, seja pela sua capacidade de construir as alianças necessárias com grupos dotados de poder político e econômico, seja pela incapacidade da sociedade civil de vetar políticas que não contam com apoios majoritários. Deve-se observar que essas políticas não necessariamente são geradas exclusivamente no interior do Estado: elas tam-

---

[9] Freqüentemente, é observado que o processo de globalização tem questionado fortemente a eficácia das políticas dos Estados nacionais. Ao mesmo tempo, vários autores notam que existe um esforço paralelo de criação de instituições internacionais que permitam diminuir, através de acordos de cooperação, a instabilidade associada à maior mobilidade internacional de fatores (Kindleberger, 1985; Keohane, 1984).

bém podem resultar de uma "sintonia fina" entre o Estado e a sociedade civil, dando lugar a um certo tipo de imbricação de interesses, que sustenta um projeto específico de desenvolvimento[10].

No quadrante A (baixa capacidade gerencial e baixa autonomia relativa), torna-se evidente que praticamente nenhum tipo de política é possível. É uma situação de bloqueio, na qual um Estado fraco, dotado de um pobre aparelho institucional, torna-se um espaço desarticulado e dividido por interesses particulares. O quadrante C (altas capacidades organizacionais e baixa capacidade política), também representa uma situação de bloqueio. O Estado mostra altas capacidades técnicas, mas é incapaz de implementar seu projeto perante as resistências da sociedade civil.

O arranjo institucional B (baixa capacidade gerencial e elevado poder político) define uma situação na qual o Estado poderia adotar políticas de baixa intensidade em termos de seus requerimentos organizacionais, utilizando-se, para isso, da margem de manobra dada pelo seu elevado poder político. É o caso das políticas ortodoxas de liberalização e desregulamentação, que exigem um mínimo de capacidade operacional no setor público. Este tipo de política poderia ter alguns efeitos benéficos no curto prazo, em termos do aumento da produtividade e de uma maior estabilidade econômica. Todavia, no longo prazo, ela geraria uma trajetória menos eficiente de desenvolvimento (menor eficiência dinâmica) do que uma política voltada para a competitividade auténtica. Isto aconteceria porque as instituições de A estão associada a taxas mais elevadas de desemprego e a flutuações mais intensas na atividade econômica.

O quadrante D (alta capacidade organizacional e alta capacidade política) define um arranjo institucional que possibilita a adoção de políticas orientadas a estimular a competitividade auténtica, na medida em que estas políticas são intensivas em capacidades organizacionais. A discussão desenvolvida na seção I sugere que elas estariam associadas a uma trajetória de crescimento mais elevado no longo prazo. Todavia, é possível que, no curto prazo, os resultados sejam menos visíveis do que os alcançados pelas políticas ortodoxas. Com efeito, as políticas de desenvolvi-

---

[10] Evans (1992) observa, num interessante trabalho, que as experiências exitosas de desenvolvimento, como a coreana, combinaram um elevado grau de autonomia do Estado com uma significativa receptividade aos interesses dos poderosos *Chaebol*. Rodrik (1993) mostra que a neutralidade dos incentivos do Estado com relação aos distintos setores da economia (tradicionalmente recomendada pela escola neoclássica como a política mais adequada para evitar distorções no funcionamento dos mercados), foi sistematicamente violada em casos exitosos de promoção das exportações industriais.

mento (como os investimentos em educação e na infra-estrutura de P&D) tendem a impactar o crescimento econômico com uma desfasagem temporal relativamente elevada, enquanto que a eficiência estática ("ricardiana") pode ser alcançada rapidamente.

Se um país se encontra num certo momento no quadrante B, predominarão políticas de tipo ortodoxo. Elas poderiam ser vistas como o reconhecimento pragmático de que estão ausentes as capacidades institucionais necessárias para implementar políticas mais sofisticadas de desenvolvimento. A pergunta que se coloca é se B representa uma etapa transitória, na qual são construidas, gradualmente, as condições necessárias para uma segunda fase de promoção do desenvolvimento, ou se B representa um "equilíbrio" estável de longo prazo. Se a aplicação das políticas ortodoxas é acompanhada da desestruturação sistemática das capacidades organizacionais do Estado e do enfraquecimento de seus vínculos com a sociedade civil, então é possível esperar que o resultado seja um trajetória de longo prazo menos virtuosa do que aquela possibilitada pelas instituições do tipo D. Se, contrariamente, as políticas de estabilização iniciais se associam a uma recomposição das capacidades do Estado, favorável à competitividade auténtica, então B pode ser visto como uma transição na direção de uma trajetória eficiente em termos dinâmicos.

Deve-se observar, ainda, que como B oferece ganhos maiores no curto prazo do que D, a evolução espontánea do sistema seria no sentido de reforçar a trajetória vigente[11]. Na ausência de um esforço deliberado da sociedade de redefinição das instituições, o sistema tenderia a ficar bloqueado (*lock-in*) no equilíbrio de menor eficiência dinâmica.

Figura I.
ARRANJOS INSTITUCIONAIS, POLÍTICAS E
TRAJETÓRIA DE DESENVOLVIMENTO

		Capacidades políticas	
		Baixa	Alta
Capacidades Organizacionais	Baixa	A Ausência de Políticas	B Políticas Ortodoxas (Trajetória Menos Dinâmica)
	Alta	C Fracasso das Políticas de Promoção da Competitividade	D Fortalecimento do Sistema Nacional de Inovação (Trajetória Dinâmica)

---

[11] As instituições também estão sujeitas a retornos crescentes e a processos cumulativos *path dependent*. Cf. a análise desenvolvida por Licha (1996).

4. CONCLUSÕES

Os avanços recentes nas teorias neoclássica e estruturalista do crescimento e do comércio internacional convergem no sentido de mostrar que o Estado poderia desempenhar um papel relevante na elevação das taxas de crescimento econômico de longo prazo. Abre-se, à luz destas novas teorias, uma campo fértil de intercâmbio com o trabalho de historiadores e cientistas políticos, no sentido de identificar padrões de articulação entre Estado e sociedade civil mais favoráveis para o crescimento e a competitividade. Distintos arranjos institucionais estariam associados a diferentes trajetórias de desenvolvimento no curto e no longo prazo. Este trabalho sugere que aqueles arranjos institucionais que combinam políticas ortodoxas com a redução das capacidades organizacionais do Estado poderiam obter resultados positivos no curto prazo, mas gerariam um baixo dinamismo econômico no longo prazo, em termos de taxas de crescimento, desempenho exportador e nível de emprego.

Hoje os economistas admitem que as relações existentes entre Estado e Desenvolvimento Econômico são bem mais complexas do que se supunha dez anos atrás. Isto não é, necessariamente, um resultado desapontador. O debate futuro sobre políticas de desenvolvimento poderia se tornar mais interessante se se abandonassem posições de tipo doutrinário, reconhecendo-se plenamente as complexidades inerentes ao funcionamento do sistema econômico.

5. REFERÊNCIAS BIBLIOGRÁFICAS

ARTHUR, B. (1994) *Increasing Returns and Path Dependency in the Economy*. Ann Arbor: The University of Michigan Press.

BAER, M. (1993) *O Rumo Perdido: A Crise Fiscal e Financeira do estado Brasileiro*. São Paulo: Paz e Terra.

BIERSTEKER, T.J. (1991) "The 'Triumph' of Neoclassical Economics in the Developing World: Policy Convergence and Bases of Governance in the International Economic Order", in Rosenau e Czempiel (ds.) (1991) *Governace Without Government: Order and Change in World Politics*. Cambridge University Press.

BRANDER, J.A. (1986) "Rationale for Strategic Trade and Industrial Policy", in Krugman, P. (1986) *Strategic Trade Policy and the New International Economics*. The MIT Press.

CANUTO, O. S. (1991) "Processos de Industrialização Tardia: O Paradigma da Coréia do Sul", Tese de Doutoramento, UNICAMP.

CARDOSO, F.H. e FALETTO, E. (1970) *Dependência e Desensolvimento na América Latina*. Rio de Janeiro: Zahar.

CEPAL (1994) *América Latina y el Caribe: Políticas Para Mejorar la Inserción Internacional*. Santiago: Nações Unidas.

DOSI, G. et al (1990) *The Economics of Technical Change and International Trade*. Hemel Hempstead: Harvester.

—— 251 ——

EVANS, P. (1992) "The State as a Problem and as a Solution: Predation, Embedded Autonomy and Structural Change", in Haggard e Kaufmann (1992) *The Politics of Economic Adjustment*. Princeton University Press.

FAJNZYLBER, F. (1983) *La Industrialización Trunca de América Latina*. México: Editorial Nueva Imagen.

FAJNZYLBER, F. (1990) *Industrialization in Latin America: From the Black Box to the Empty Box*. Santiago: Nações Unidas.

GILPIN, R. (1987) *The Political Economy of International Relations*. Princeton: Princeton University Press.

GOLDSTEIN, L. (1994) *Repensando a Dependência*. São Paulo: Paz e Terra.

GREENAWAY, D. e HINE, R. (1991) "Intra-Industry Specialisation, Trade Expansion and Adjustment in the European Economic Space", *Journal of Common Market Studies*, v. 29, n.6, pp. 603-22.

GROSSMAN, G. e HELPMAN, E. (1991) *Innovation and Growth in the Global Economy*. The MIT Press.

HAAS, E. (1989) *When Knowledge is Power*. Berkeley: University of California Press.

HAGGARD, S. (1990) *Pathways from the Periphery*. Ithaca e Londres: Cornell University Press.

KATZENSTEIN, P.J. (1985) *Small States in World Markets*. Ithaca e Londres: Cornell University Press.

KEOHANE, R. (1984) *After Hegemony: Cooperation and Discord in the International Political Economy*. Ithaca e Londres: Cornell University Press.

KINDLEBERGER, C.P. (1986) "International Public Goods Without International Government", *American Economic Review*, v.76, n.1, pp. 1-13.

KRUGMAN, P. (1981) "Trade, Accumulation and Uneven Development", *Journal of Development Economics*, v.8. n.2, pp. 149-81.

KRUGMAN, P. (1991) *Geography and Trade*. The MIT Press.

LEVI, B. (1993) "An Institutional Analysis of the Design and Sequence of Trade and Investment Policy Reform". *The World Bank Economic Review*, v. 7, n. 2, pp. 247-262.

LICHA, A. (1996) "Instituições e Retornos Crescentes", mimeo, UFF.

NORTH, D. (1993) "The New Institutional Economics and Development", Seminário *Public Choice and Development*, London School of Economics, 16-18 Setembro.

PREBISCH, R. "Notes on Trade From the Standpoint of the Periphery", *CEPAL Review*, n.28, pp. 203-14.

RODRÍGUEZ, O. (1981) *la Teoría del Sub-Desarrollo de la CEPAL*. México: Siglo XXI.

RODRIGUEZ, O. et al (1994) "CEPAL: Viejas y Nuevasd Ideas", *Quantum*, v.1, n.2, pp. 1-28.

ROMER, P (1990). "Incresing Returns and Long-Run Growth", *Journal of Political Economy*, v. 94, n.51, pp. 1002-10037.

TAVARES, M.C. (1985) *Acumulação de Capital e Industrialização no Brasil*. Campinas: Editora da UNICAMP.

McCOMBIE, J.S.L. e THIRWALL, A.P. (1994) *Economic Growth and the Balance of Payments Constraint*. Londres: McMillan.

ZYSMAN, J. (1983) *Governments, Markets and Growth: Financial Systems and the Politics of Industrial Change*. Oxford: martin Robertson.

As repercussões jurídicas do MERCOSUL

Transcrição da conferência proferida na manhã
de 20 de abril de 1996, no Clube Comercial.

NELSON AZEVEDO JOBIM

Ministro de Estado da Justiça, Professor da Fundação
Universidade de Brasília.

Meu caro professor Ricardo Seitenfus - meu ex-aluno e diretor da Faculdade de Direito de Santa Maria, professor José Luís Bolzan de Moraes, demais ex-alunos, amigos e jovens alunos. É muito bom estar em Santa Maria, escola na qual lecionei até 1986. Entrei em outra fase da minha vida e agora retorno à Faculdade de Direito, em Brasília, na Unb. Sempre é importante ter contato com os alunos e poder rever amigos.

Eu não sou um especialista nesta temática da integração. Entretanto, gostaria de fazer algumas observações e examinar algumas dificuldades de natureza jurídica, situações de estupefação e até mesmo de ansiedade com relação ao processo. Para examinar em concreto estas dificuldades, precisamos, antes, estabelecer um marco: a perspectiva da cidadania.

Quando falo de cidadania, faz-se necessário explicitar do que eu estou falando. Não para discutir o conceito de cidadania, mas para explicar a forma e a técnica do uso que eu estou fazendo da palavra "cidadania", dentro do contexto da minha exposição. E, por isto, é preciso fazer um retrospecto histórico para se entender este conceito.

É fundamental estudar três grandes séculos: o século XVIII, o século XIX e o século XX, e lembrar que o século XVIII foi o universo das disputas daquilo que, mais tarde, denominaríamos de *cidadania dos direitos civis*. Ou seja, era o momento de discussão dos espaços do cidadão em relação ao Poder Absoluto. Era o momento da Revolução Francesa, de reduzir o absolutismo do poder central e assegurar maior liberdade individual. E a esta cidadania dos direitos civis, em plena emergência dos Estados nacionais, cabia assegurar ao cidadão os espaços de liberdade e de trânsito na sua relação com o poder.

Abandonando qualquer tipo de pretensão definitória do direito como algo vinculado ao jusnaturalismo ou outras teorias, e procurando estabelecer uma forma descritiva - e não emotiva ou elogiosa, devemos pensar que o sistema jurídico é, na verdade, um sistema de controle social. Portanto, pretende preestabelecer regras de trânsito social futuro, ou seja, o trânsito dos indivíduos e o trânsito das massas dentro de determinados parâmetros políticos de uma sociedade. Naquele momento do século XVIII, a grande discussão era exatamente ter um sistema jurídico que viabilizasse os espaços da liberdade do cidadão na relação com o Estado, fazendo cair por terra o absolutismo do *Ancien Régime*. Foi um momento importante, que permitiu uma primeira afirmação desta cidadania dos direitos civis.

Se isto foi verdadeiro para o conceito de cidadania no século XVIII, no sentido da fixação destes direitos, isto não significa dizer que, historicamente, os países ou os Estados nacionais tenham construído espaços concretos para o exercício da cidadania do século XVIII. Estou dizendo que o século XVIII é o marco da definição da cidadania como grande tema da ciência política. A conquista da cidadania dos direitos civis veio mais tarde, nos diversos Estados postos a partir do século XVIII, fundamentalmente após a Revolução Francesa.

Vencida a fase de conquista, nominal e jurídica, da cidadania dos direitos civis, que já era, naquele momento, texto constitucional, chegamos ao século XIX, que viveu outro espectro da cidadania: a *cidadania dos direitos políticos*. E o que significa o espectro da cidadania política? Significa a conquista da *polis* pelo *demos*, significa a ampliação da participação do cidadão na formação da vontade do Estado. Ou seja, o *demos*, que é a população, passou a penetrar a *polis*, já que a *polis* era a formuladora da vontade política do Estado.

A *polis* era controlada, seguramente, por restrições do *demos*. Havia combatido os espaços das garantias dos direitos civis e se tinha definido como formuladora da vontade do Estado, mas com barreiras. Estas barreiras eram exatamente os direitos civis do cidadão, pois a participação na formação da vontade do Estado era restrita a uma classe exclusiva.

—— 254 ——

Falamos aqui na ampliação da participação popular na formulação da vontade do Estado, que significa a cidadania política, com as grandes discussões sobre o sufrágio universal e a ampliação da participação eleitoral. No caso brasileiro, as discussões no fim do século XIX tratavam, por exemplo, do voto feminino e do desaparecimento do voto censitário no Brasil. Durante todo o Período Imperial, até 1881, a participação eleitoral era restrita àqueles que tivessem renda anual igual ou superior a cem mil contos de réis, conforme o dispositivo da Constituição Imperial de 1824.

Além de reduzida a formulação da vontade do Estado ao cidadão que tivesse uma renda "x", também havia a exclusão do voto feminino. Todo o período do século XIX foi, portanto, de busca dos espaços da cidadania política, no qual o cidadão procurou estabelecer barreiras à vontade do Estado, ampliando o âmbito da liberdade individual no que diz respeito ao seu trânsito social futuro e, portanto, reduzindo o espaço do Estado.

Num segundo momento, o cidadão passou a pretender influir na formulação da vontade do Estado via sufrágio universal. Tanto os direitos civis como os direitos políticos são, na teoria do direito, satisfeitos pelo mero exercício, o que alguns autores denominam direitos potestativos. Trata-se dos chamados *Kann-Rechte*, direitos-poder, cuja satisfação do conteúdo dá-se pelo próprio exercício, ou seja, independe da prestação de um sujeito. Não há uma relação entre um credor e um devedor, é uma relação entre alguém que exerce um direito e outro que se sujeita ao cumprimento e ao atendimento daquele direito. Como diria Pontes de Miranda, são chamados direitos formativos, *Gestalt-Rechte*, são os direitos de forma.

A cidadania direitos civis estabelecia para o Estado uma relação de sujeição, uma vez que obrigava o Poder Central a sujeitar-se ao exercício dos direitos civis por parte do cidadão, a esse tempo, praticamente o Direito à Liberdade. Todavia, o Estado não devia prestação alguma ao cidadão, porque tal direito não se satisfazia pela prestação do sujeito passivo dessa relação jurídica, mas pelo exercício do próprio cidadão. Quanto à cidadania dos direitos políticos, opera-se o mesmo. A participação política do cidadão, no que diz respeito ao voto, sujeita o Estado à vontade do cidadão, mas o direito do cidadão não é satisfeito numa ação do Estado, mas pela sujeição do Estado ao cumprimento desta obrigação.

Discutida a cidadania dos direitos civis do século XVIII, vencida a fase da cidadania dos direitos políticos do século XIX, discute-se a chamada *cidadania dos direitos econômicos e sociais*, e com isto chegamos no século XX. Foram exatamente os movimentos, a partir das visões socialistas do fim do século XIX, os precursores da discussão de um outro e ainda não definido espectro da chamada cidadania dos direitos econômicos e sociais. Este espaço da cidadania dos direitos econômicos e sociais muda substancialmente a natureza dos direitos da cidadania.

Os direitos civis e políticos, conquistados no século XVIII e XIX, eram direitos absolutos, no sentido de que o seu exercício criava um estado de sujeição. Já a cidadania dos direitos econômicos e sociais, que são os direitos como os conhecemos hoje: direito à habitação, direitos previdenciários, direitos a uma vida digna, direito a alimentos. Enfim, não são direitos formativos geradores, nem mais direitos-poder. São direitos a uma prestação, ou seja, são direitos cuja satisfação se dá pelo fato de um sujeito obrigado ter cumprido com sua obrigação. Há uma relação de crédito e débito, há um credor que cobra e um devedor que tem um dever jurídico, a obrigação de pagar. Só estarão satisfeitos os direitos econômicos e sociais na medida em que existir o implemento da prestação. Observem que isso é fundamental para compreender, do ponto de vista político, os processos de integração.

As sociedades nacionais, ou seja, os Estados nacionais e o conceito de soberania que respondia às necessidades de satisfação dos direitos civis e políticos independiam da capacidade econômica e da capacidade de satisfação. Por quê? Porque não eram um direito à prestação. No momento em que começam a ser discutidos os direitos sociais, dois problemas surgem desde logo, não tanto de origem política, mas sim jurídica. Os juristas não se deram conta, num primeiro momento, de que este terceiro e último aspecto da cidadania, dos direitos econômicos e sociais, não configurava direito absoluto. Eram direitos relativos à capacidade de uma sociedade de satisfazê-los, ou seja, dependia seguramente de uma capacidade econômica de atender e satisfazer uma plêiade de direitos. É lógico que, no debate político e no conflito político, eram apresentados politicamente como direitos absolutos, ou seja, direitos que devem ser satisfeitos ao titular, independentemente de saber da capacidade da sociedade de satisfazê-los.

Nesse momento, a democracia entrou em déficit. O processo democrático, o processo da representação política e os quadros do Estado democrático moderno nasceram, basicamente, num conflito entre o Rei e os Barões. No conflito do João Sem Terra e dos barões, a grande discussão era o financiamento pela sociedade dos Barões da Coroa: os impostos. A grande disputa inicial que deu

—— 256 ——

origem ao *Bill of Rights* e originou todo o quadro do processo de democratização da Inglaterra, nada mais era do que o conflito decorrente do interesse do Rei em obter da sociedade de então um financiamento para manter a Coroa e para manter a Monarquia. Como ele fazia isso? Extraindo recursos da própria sociedade por meio de tributos de natureza feudal.

De que forma compôs-se o conflito entre o Rei e os Barões? Instituindo-se o Parlamento. Passou o Parlamento, portanto, no modelo inglês inicial, a discutir, basicamente, o orçamento da Coroa. Era o nascimento de uma regra que todos conhecem e que tem aquela formulação: *no taxation without representation*, ou seja, não há taxação, não há impostos, se não houver representação. Passou-se a discutir dentro do Parlamento o quanto a sociedade extraía para financiar a Nobreza, origem da grande discussão sobre a formulação dos orçamentos no Parlamento moderno.

No momento em que o sufrágio universal introduziu-se como regra da cidadania política, aumentou a participação do *demos*, a sociedade, na *polis*. Mas antes disso, enquanto haviam restrições à participação do cidadão por meio do voto, quem estava nos Parlamentos? Os representantes dos contribuintes. Deve-se a isto a existência do voto censitário. O voto censitário exigia que se tivesse determinada renda para poder votar, porque a condição de contribuinte era pressuposto do poder de votar. O Parlamento representava contribuintes, já que a sua função era definir as despesas do Estado e a forma pela qual a sociedade financiava o Estado.

Seria um equívoco pensar que a Constituição de 1824 fosse feita para excluir o cidadão. Não se concebia, naquele momento, que os Parlamentos tivessem outra função que não a definição da despesa pública. E ao terem os Parlamentos a capacidade de definir as despesas públicas, quem poderia votar para compor o Parlamento? Aquele que financiaria a despesa pública. Quem poderia financiar a despesa pública? Aquele que tivesse uma renda mínima, que a Constituição Imperial fixou em 100 mil contos de réis.

O Parlamento era composto de representantes de contribuintes, porque eram os contribuintes que votavam; esta é a lógica política do voto censitário. No momento em que expandiu-se o voto, atribuiu-se o direito de votar aos não contribuintes, os Parlamentos passaram a ter representações de não contribuintes, e quem eram os não contribuintes? Aqueles que reclamavam as garantias econômicas e sociais. Além dos representantes de contribuintes que continuavam a ser eleitos, passaram a ser eleitos representantes daqueles que tinham pretensões de ver satisfeitas a cidadania econômica e social.

Já não era mais o conjunto da sociedade, ou melhor não era mais a restrição dos contribuintes, mas era já a participação de representantes dos beneficiários do direito à moradia, à saúde, à previdência, etc. Logo, como na disputa política os direitos econômicos e sociais eram vistos como direitos absolutos, tais quais os direitos civis e políticos, nesse momento começa o grande processo do déficit da democracia. É a desvinculação da satisfação destes direitos, da capacidade que possa ter uma sociedade de satisfazê-los.

Discute-se o direito à moradia, discute-se o direito à aposentadoria, discute-se o direito à saúde, discute-se o direito à educação, mas não se examina, nessa perspectiva, a capacidade que tem a sociedade de satisfazê-los. Por quê? Porque os representantes que sustentam isso não são os representantes dos contribuintes. E nesse momento nós começamos a encontrar o grande déficit do *welfare state* que, introduzido no período do pós-guerra, expandiu esta linha de raciocínio. Aqui surge a técnica inflacionária; dava-se por um lado e tirava-se por outro. Criava-se expectativas de satisfação dos direitos sociais principalmente por meio de aumentos remuneratórios, absorvidos pela transferência ao fisco, principalmente, no lado da receita, pela indexação. Tinha-se a indexação da receita e não a indexação da despesa. Concedia-se determinadas vantagens que visavam ao atendimento de determinados tipos de reclames. Vantagens apenas nominais que, pelo processo inflacionário, transferiam para o titular da capacidade de pagar, com o aumento da receita inflacionária, aquilo que convencionou-se chamar de "imposto inflacionário".

Se esse processo sintético que nós percorremos for verdadeiro, começa-se a compreender, na década de 50, porque os Estados nacionais, individualmente considerados, não tinham condições de solver as questões econômicas e sociais, principalmente considerando a relação da balança de pagamento do processo econômico. Compreende-se que, para tentar satisfazer nas suas comunidades os direitos econômico-sociais, havia necessidade de deflagrar o processo integracionista, como forma de expandir as fronteiras econômicas dos Estados, para conseguir através disso determinada estabilização no processo das relações econômicas e uma harmonização progressiva das situações econômico-sociais.

Na Europa, por exemplo, os processos integracionais deram-se nos Estados que tinham determinado nível, determinada harmonização, não só da capacidade econômica do Estado, como também das condições sociais definidas na legislação do *welfare state* de então. Posteriormente, países com capacidade econômica reduzidíssima, como Portugal e Grécia, começaram a ingressar na comunidade européia, mas apenas depois que os grandes conseguiram, pelo menos, acertar as suas regras de transição.

O processo europeu tem uma distinção fundamental em relação aos Estados Unidos. O desenvolvimento americano estabelecia uma grande Nação, um grande espaço geográfico, uma grande capacidade de produção integrada. A Europa, em sua pulverização, fazia exatamente o caminho contrário. E é bom ter presente que a grande solução encontrada nos séculos XVII, XVIII e XIX, e princípios do século XX para os problemas gerados pela incapacidade de o Estado remunerar e satisfazer direitos econômicos e sociais, foi tipicamente européia: a imigração.

Na medida em que as economias germânica e italiana eram incapazes de satisfazer as necessidades de uma população que crescia, estimulava-se a imigração para a América. Os grandes processos de imigração para o Brasil de alemães e italianos foram uma resposta dos governos alemães e italianos à incapacidade que tinham, naquele momento, de absorver a mão-de-obra excedente, tendo em vista o patamar da economia de então. A máxima "vamos colonizar o Novo Mundo" era uma espécie de *marketing* do processo imigratório, face ao excesso de mão-de-obra e ao nível de pobreza absoluto.

Assim, reduziu-se a pressão do cidadão desempregado e miserável por serviços sociais e também os custos da economia e do Estado, porque toda a necessidade de satisfazer a estas situações foi minimizada pelo fato de diminuir a população, mandando para o Brasil, para a América Latina, grandes levas de imigração que reduziam a força de trabalho disponível. No mundo moderno, não mais existe esta solução. Ou seja, não se pode mais solucionar, pela imigração, a falta de capacidade de um Estado, com determinado nível econômico, de atender às necessidades de sua população.

Não há possibilidade de virem a existir grandes movimentos migratórios, salvo dentro do próprio Estado nacional, solução adotada na época de 50, quando o governo Vargas, no final do período ditatorial, empreendeu a chamada conquista do Oeste brasileiro. Era a forma pela qual se conseguia ocupar espaços físicos do país, para responder à expansão da economia e gerar empregos.

Impossível esta técnica, hoje temos que caminhar para processos de integração, que por isto começam pela integração econômica, pela qual se consegue criar mercados mais amplos e assegurar um processo de acumulação que possa reproduzir o desenvolvimento capitalista.

Mas há um preço a pagar e aqui vem a grande dificuldade. Este preço consiste na transferência de soberania, durante o processo pelo qual se começa a caminhar rumo à integração sucessiva: a integração econômica passa à integração política e significa a necessidade de gerenciamento do processo por órgãos supranacionais. Esgota-se a integração econômica no sentido de que ela se estende até certo ponto. Depois, começa a haver a necessidade absoluta da criação de órgãos supranacionais que possam produzir decisões vinculantes e obrigatórias nos espaços nacionais dos países integrantes.

Isto significa transferência de soberania dos órgãos nacionais de poder para órgãos supranacionais. E vejam bem, transferência de soberania não só do chamado Poder Executivo do Estado Nacional, mas do Poder Legislativo e do Poder Judiciário. Ocorre que os processos de integração são, inicialmente, intergovernamentais. E, na medida em que são intergovernamentais, na formulação das regras de integração econômica, o peso específico de cada Estado Nacional corresponde à sua capacidade econômica de participar do acordo tarifário. Os Estados Nacionais são tratados igualmente, porque cada Estado Nacional nesse processo tem poder direto.

Na medida em que se produzem decisões supranacionais, ressurge a discussão do século XIX, sobre a participação do *demos* na *polis*. A nova *polis* é o Estado supranacional, são as instituições supranacionais. Como é composta e formulada a vontade desses organismos supranacionais? Pela participação de quem? Dos governos ou dos governados? E, no momento em que se começa a sustentar que a participação do *demos* na formação das vontades das instituições supranacionais é uma necessidade, surge a desconfiança decorrente das diferenças populacionais e econômicas dos diversos Estados que vão se integrar. Ou vocês crêem, por exemplo, que o Paraguai vai aceitar como critério numérico de composição de um órgão supranacional o índice populacional?

Estive recentemente em Assunção, para uma viagem de entendimento com o Paraguai. Durante três dias, discutimos assuntos que permeiam e mostram a gravidade do problema da integração. Assuntos simples da área de atuação do Ministério da Justiça, como transferência de presos, assistência judiciária a brasileiros condenados ou processados pela Justiça paraguaia, troca de informações no combate ao narcotráfico, alterações dos regimes de extradição.

Eu quero chamar a atenção de vocês: todos estes modelos que faziam sentido no Estado Nacional com a soberania do século XIX estão em crise, absolutamente em crise.

Imagine-se a situação do Juiz de Direito, num modelo em que a sentença estrangeira para ser executada aqui no Brasil precisa da homologação do Supremo Tribunal Federal. Vocês acham que isto funciona? Este procedimento tinha como pressuposto a escassa circulação de pessoas nas áreas inter-fronteiras. Os problemas isolados eram resolvidos com simplicidade. Todavia, no momento em que a integração dá-se principalmente pela capacidade de circulação das pessoas e pela entrada de pessoas estrangeiras no Estado nacional, fica evidente que este modelo não funciona. Com as figuras transnacionais da criminalidade, com o processo de produção de provas para a condenação criminal, para a persecução criminal, é evidente que todos estes mecanismos estão em crise. E as soluções que estão sendo adotadas agora justificam-se porque ainda não conseguimos caminhar para a formulação de organismos supranacionais que importem transferência de soberania.

Há uma imensa desconfiança em torno do tema. Por exemplo, em 1994, quando eu era relator da fracassada Revisão Constitucional, foi apresentado um projeto que alterava um dispositivo da Constituição sobre a possibilidade de execução, independente de ratificação pelo Congresso Nacional, de determinadas decisões de organismos internacionais, desde que o tratado de constituição destes organismos fosse um instrumento intermediário. A idéia era esta: o Brasil integraria uma organização internacional e o tratado de formação deste organismo estabeleceria o efeito vinculante das decisões internamente. Ou seja, as decisões passariam a compor o direito interno brasileiro, independentemente de confirmação pelo congresso. Era a vigência imediata das decisões.

A totalidade dos partidos chamados conservadores e a totalidade dos partidos chamados progressistas uniram-se contra a proposta porque ela significava uma redução da soberania. Vou exemplificar uma situação de imensa dificuldade: direitos do consumidor. Como assegurar os direitos do consumidor num processo de integração econômica? E qual é a vigência de estatutos nacionais protetivos dos direitos do consumidor, que são diversos e distintos? A legislação brasileira é extremamente avançada. Já os argentinos tem uma legislação menos avançada.

O interesse dos parceiros argentinos é fazer com que passe a vigorar, nas relações binacionais, o seu estatuto. Mas nós não podemos aceitar e aí surge outro problema: como assegurar a implementação do princípio legal de um Estado que estabelece determinadas regras de proteção aos direitos do consumidor quando se tem um produto oriundo de uma fábrica cujo Estado não exige determinadas regras de proteção ao consumidor? A forma de produzir naquele país não exige do empresário o atendimento a determinadas regras porque estas regras não existem. Logo a produção é, do ponto de vista interno, lícita. No momento em que este indivíduo do Estado "A" exporta seu produto para o Estado "B", onde existem exigências de proteção mais amplas, quem responde? O importador ou o exportador? Exigir que o exportador respondesse seria exigir a ultra-eficácia da norma protetiva do Estado "B" sobre os produtores do Estado "A".

Querem um exemplo de Direito Criminal? Nós estamos trabalhando agora, especialmente o Ministro da Justiça, com uma legislação que deverá ser discutida no Brasil dentro de 30 dias. Trata-se do delito de natureza econômica que tem como característica a *lavagem de dinheiro*. Os acordos internacionais determinam que o crime de lavagem de dinheiro seja definido de forma autônoma, independentemente dos crimes conexos básicos. O criminoso é narcotraficante, ou contrabandista de armas, ou seqüestrador pelo mecanismo de extorsão. Esta atividade produz uma soma de dinheiro, o chamado *dinheiro sujo*, que precisa ser legalizado, "lavado", no sistema bancário, no sistema habitacional, no comércio mediante *cash*, táxi, lavanderia, mecanismos de circulação de dinheiro no sistema bancário, superfaturamento de venda de imóveis urbanos, na construção de um imóvel que custou 5 e é vendido por 5, cuja escritura registra 200. Assim se justifica a origem ao dinheiro.

Pois bem, este dinheiro "lavado", por decisões internacionais que o Brasil tem de cumprir, precisa ser definido como um delito autônomo. O Juiz da Vara Criminal terá a competência de julgar um crime de lavagem de dinheiro.

Mas é evidente que o delito de lavagem de dinheiro pressupõe a existência de um delito básico, que deu origem ao dinheiro sujo. Há duas correntes a respeito disto. Uma sustenta que o crime de lavagem de dinheiro terá como delito básico qualquer tipo de ilícito. Os italianos e os suíços adotam este modelo. Já os alemães estabelecem alguns ilícitos específicos: narcotráfico, terrorismo, corrupção, contrabando de armas, ou seja, todo o dinheiro advindo desses ilícitos possibilita o crime de lavagem de dinheiro. E apenas eles. Operar proventos oriundos de outros ilícitos como sonegação fiscal, por exemplo, não caracteriza, para os fins legais, lavagem de dinheiro.

O Brasil define como crime de lavagem de dinheiro as operações com recursos advindos de delitos específicos como o contrabando, terrorismo, narcotráfico, etc. Vamos admitir a seguinte situação: o narcotráfico específico se deu entre a Bolívia e a Argentina. Houve uma ação de narcotráfico: oriunda a droga da Bolívia, dirigiu-se à Argentina. Lá na Argentina produziu dinheiro. Imediatamente após, este dinheiro é trazido ao Brasil, onde se processa a lavagem.

Agora, observem bem, o réu do narcotráfico não é necessariamente o réu do crime de lavagem. O que é fundamental para o direito brasileiro é que o dinheiro tenha origem de uma ação de narcotráfico, independentemente de quem seja o narcotraficante, porque o Estado não está julgando o narcotráfico, mas a lavagem de dinheiro enquanto delito autônomo.

E, se o ilícito, no Estado de origem, não for definido como delito base para a lavagem de dinheiro? A legislação argentina explicita como causas básicas para a lavagem de dinheiro vários ilícitos, mas não inclui, por exemplo, a corrupção. Ou seja, a corrupção, na Argentina, poderá não ser um delito básico de lavagem de dinheiro. Mas, no Brasil, é. A ação de lavagem se deu no Brasil, qual é a solução?

Este exemplo da lavagem de dinheiro do narcotráfico, de ações de narcotraficantes são produzidos na Argentina, no Uruguai, na Bolívia ou no Peru. O crime é praticado lá, o sujeito vem para o Brasil, a Justiça brasileira não considera que tenha, sob a lei brasileira, praticado crime. E aí exige-se um processo de extradição, como se fosse um delinqüente que ocasionou a morte de alguém num acidente de trânsito na Colômbia, ou seja, o sujeito que causou a morte num acidente de trânsito é tratado da mesma forma que o narcotraficante no Brasil.

O que significa isto? Significa que, ao falar em integração econômica, falando em integração de direitos, nós estamos também num processo de integração da delinqüência. E, portanto, esta integração da delinqüência, para a qual nós usaríamos o nome transnacionalidade da delinqüência, não tem como ser combatida pelo instrumental criado para única e exclusivamente combater a delinqüência doméstica.

—— 263 ——

A delinqüência doméstica é combatível por meio das técnicas do Código Penal e do Código de Processo Penal. A delinqüência transnacional não tem como ser combatida por meio destas técnicas, que são inadequadas para combater este tipo de ilícito, uma vez que foram formuladas, nascidas, definidas e estudadas para combater uma delinqüência doméstica e não transnacional.

Daí porque é absolutamente necessário o caminho para a criação de instituições supranacionais. Contudo, a criação de instituições não é um produto da racionalidade jurídica. É um produto decorrente dos naturais processos de integração econômica e social, que conduzem à globalização do processo econômico e, portanto, impõem, tendo em vista estas circunstâncias, a criação de mecanismos que possam tratar de assuntos que não são domésticos. Esta criação não decorre de uma formulação jurídica ou de uma idéia de determinados setores da sociedade.

Quando surgem situações não domésticas e transnacionais, nós estamos produzindo sucessivamente na área do Direito Internacional, principalmente na área dos tratados, soluções meramente *ad hoc* que mantêm as soberanias absolutas dos Estados Nacionais, mas em determinados espectros as reduzem por meio de ações contratuais internacionais.

No entanto, o processo de integração, que caminha aceleradamente no que diz respeito não só à licitude, mas também à ilicitude, começa a impor determinadas situações domésticas. E aí vem o problema dos Estados, de situações supranacionais e os problemas relativos às chamadas cláusulas de supranacionalidade que a Constituição Federal não tem. Eu era membro da Comissão de Constituição e Justiça da Câmara dos Deputados. Apresenta-se o Tratado das Empresas Binacionais entre o Brasil e a Argentina. No momento em que fomos examiná-lo, vimos que a definição de empresa binacional neste Tratado era a seguinte: 80% do capital votante da empresa tinha que estar sobre o controle de nacionais brasileiros e argentinos, sendo exigível, no mínimo, 30% de cada um. Então poderiam ser 30% para brasileiros e 50% para argentinos. Assim, esta empresa seria definida como binacional e, pelo Tratado, teria tratamento de empresa nacional tanto no Brasil como na Argentina.

Veio uma sustentação, principalmente de áreas mais conservadoras, no que diz respeito ao processo de integração, de incostitucionalidade do Tratado sobre empresa binacional, porque feria aquele dispositivo - que nós revogamos com a Revisão Constitucional - das empresas brasileiras de capital nacional. Ele dizia que as empresas brasileiras de capital nacional teriam tratamento diferenciado das empresas brasileiras de capital não-nacional.

Ora, a empresa binacional Brasil-Argentina poderia ter o seu capital 50% na mão de argentinos, 30% na mão de brasileiros e os outros 20% na mão de terceiros. Para o Direito Constitucional brasileiro, ela poderia ser uma empresa brasileira se fosse constituída no Brasil, mas não seria uma empresa brasileira de capital nacional. O Tratado, por sua vez, estabelecia que esta empresa binacional, que poderia ter inclusive sede em Buenos Aires, deveria ser tratada no Brasil como empresa nacional. Para sustentar o parecer e a manutenção do Tratado, tivemos que fazer um *tour de force* em relação à interpretação constitucional a partir daquela regra que eu chamo *dispositivo Montoro*, que é o dispositivo atinente à criação de entidades supranacionais latino-americanas.

Foi a partir daquele pressuposto, que estava na parte inicial da Constituição, que nós conseguimos construir a constitucionalização do Tratado binacional. Por quê? Porque tínhamos regras de xenofobia interna, que é a característica, principalmente na ordem econômica, dos textos constitucionais, protegendo o empresário nacional na área econômica. Estas regras inviabilizavam aquilo que a gente denominaria cláusulas de supranacionalidade, que importam na transferência para entidades supranacionais daquilo que a gente chama direito de soberania.

Daí decorrem alguns problemas: primeiro, o de natureza constitucional. O segundo problema, que também é de natureza constitucional, é o federativo. Como se resolve, num Estado federado, a transferência de direitos de soberania para entidades supranacionais que são pactuadas pela União federal e que podem levar para si determinadas competências que na Constituição são atribuídas aos Estados federados? Por exemplo, o Imposto sobre Circulação de Mercadorias, que é o imposto sobre valor agregado. Todos vocês conhecem como funciona o imposto sobre o valor agregado no sistema jurídico brasileiro. Primeiro, é um imposto estadual; segundo é um imposto na origem e não no destino. É devido ao Estado federado em que a mercadoria é produzida e não ao Estado para onde a mercadoria é conduzida. Dito de outra forma, os Estados produtores tributam a poupança dos Estados consumidores.

Lembro que, em 1992, surgiu um movimento aqui no Rio Grande do Sul porque nós estávamos financiando o Norte e o Nordeste. Como se fazia este discurso? Fazia-se da seguinte forma: calculava-se o número de tributos federais arrecadados no RS e verificava-se o orçamento, ou seja, os investimentos que eram feitos no RS da União Federal. Chegava-se ao ponto de dizer que eram arrecadados 100 reais no RS, investia-se 50 no próprio Estado, logo os 50 restantes eram destinados à corrupção nos Estados do Norte e Nordeste. Combatendo este discurso, eu tentei abrir a discussão em 92.

Em momento algum, examinou-se quanto o RS tributa nas regras do ICM. Quanto se transfere, na sua balança de pagamentos, em produtos do RS adquiridos pelo Norte e Nordeste, quanto é que vem de lá de imposto pago pelo ICM, já que o tributo é um tributo na origem e não no destino, embora hoje existam regras de circulação Norte-Sul, em que se divide parcela desta receita.

Pois bem, vamos admitir que nós tenhamos um processo de integração no Cone Sul no âmbito tributário. Primeiro, vocês acham que esta regra será mantida? É evidente que não, porque se nós estabelecermos um imposto sobre valor agregado, quem deve receber imposto dessa natureza é o Estado de destino, porque é uma forma de tributar a poupança consumida. Quem compra e não quem produz.

Evidente que, se o Brasil exporta para a Argentina, num processo de integração, não há possibilidade nenhuma de haver um tributo sobre a produção brasileira a ser paga pela comunidade argentina, porque será seguramente um imposto sobre destino. Como se resolve isto, considerando o sistema tributário brasileiro? O ICM é um imposto estadual da origem e não do destino.

Como se resolve um problema com o Judiciário brasileiro, se a Constituição determina que as sentenças estrangeiras terão que ser homologadas pelo Supremo Tribunal Federal para valerem dentro do país, para ter eficácia dentro do país? Poderá estabelecer que regra?

Outra questão: a Constituição Federal oferece uma série de direitos e garantias individuais no artigo 5º que, na visão de alguns juristas, não todos, constituem cláusulas pétreas, absolutas. Outros sustentam que são relativas. Muito bem. Constituído um órgão supranacional, este passa a tomar decisões vigentes dentro do território dos Estados que compõe o organismo integracionista. O órgão supranacional edita normas de Direito Comunitário secundárias, tendo em vista que os direitos comunitários primários são os Tratados de Integração. Elas são vinculantes não só para os Estados mas para os cidadãos dos Estados que compõe o órgão supranacional. Como fica a sua configuração no direito interno?

Imagine-se que uma diretiva lesa um direito ou garantia fundamental estabelecido no artigo 5º da Constituição. Caberá ação direta de inconstitucionalidade a ser julgada pelo Tribunal Constitucional brasileiro, relativa a atos oriundos do órgão supranacional na edição dos direitos comunitários secundários. Vocês vão dizer que esta é uma questão que não poderá eventualmente ser resolvida. Chamo a atenção para o fato de que o Tribunal Constitucional alemão evoluiu de um, passou para outro e hoje sustenta a seguinte fórmula: enquanto a Comissão Européia e os Tratados não assegurarem os direitos fundamentais previstos na Lei Fundamental de Bonn, cabe dentro do território alemão o controle da constitucionalidade, pelo Tribunal alemão, das diretivas editadas pela Comissão Européia, até que o Tribunal de Estrasburgo tenha legitimidade para assegurar a vigência dos direitos fundamentais da Lei de Bonn.

Eu não queria, e nem poderia, fazer uma exposição sobre os processos de integração, mas sim levantar questões. Para concluir, gostaria de estabelecer alguns pontos de conclusão.

Primeiro: a integração não é exclusivamente uma decisão política, mas uma conseqüência dos espectros de satisfação da chamada cidadania econômica e social. Trata-se de uma forma pela qual os Estados modernos estão tentando resolver a questão básica de assegurar aos cidadãos de uma comunidade global determinados direitos mínimos chamados direitos econômico-sociais.

Segundo: no fim do século XX, estamos vivendo o que eu denominaria inconsistência jurídico-política dos Estados Nacionais nos moldes do século XIX, para tratar situações que não são domésticas. Os Estados Nacionais justificavam-se porque a divisão das fronteiras era real, as fronteiras eram efetivas e os problemas eram exclusivamente domésticos. Formulou-se, portanto, o desenho de um Estado eficaz para compor situações domésticas.

O mundo moderno determina a globalização econômica que por sua vez determina o esgotamento dos Estados Nacionais, que implica uma revisão de ações. Os Estados Nacionais esgotaram-se porque as soluções supranacionais dadas a partir de suas soberanias também já não funcionam. Precisamos caminhar seguramente para a formação de um *Estado Supranacional*.

Daí decorre um problema político muito grave. Quem, nas instituições dos Estados, está disposto a reduzir sua soberania, a conceder poder? Entretanto, aquele que não avançar neste processo ficará para trás. O que nós precisamos, hoje, numa visão política moderna, é fazer um ajuste de contas do Brasil com o futuro, por meio de regras que viabilizem as funções do Estado moderno, sem pretender manter as concepções de soberania dos séculos XVIII e XIX numa situação econômica e social completamente distinta.

Creio ser este o desafio ao qual minha geração certamente não conseguirá responder. Vocês, de gerações que vão começar a se integrar no processo global, poderão atendê-lo, tentando fazer com que este processo de transição seja politicamente aceitável e satisfatório para os Estados. Mas o importante é saber: quem vai ceder? Há a necessidade de que Parlamentos, Poderes Judiciários e Poderes Executivos nacionais cedam espaço para organismos supranacionais. E aí existirão imensas dificuldades, não somente jurídicas, mas políticas para obter estes avanços.

O fato de encontrarmos, numa manhã de sábado, uma imensidão de jovens dispostos a discutir estes temas, mostra que a preocupação existe. E esta preocupação já é uma grande notícia para aqueles que pretendem fazer alguma coisa. Muito obrigado.

Livro III

RESENHAS BIBLIOGRÁFICAS

A recuperação da história diplomática

PAULO ROBERTO DE ALMEIDA

Doutor em Ciências Sociais pela Universidade de Bruxelas, Bélgica,
diplomata de carreira

José Honório Rodrigues e Ricardo Antônio Silva Seitenfus.
Uma história Diplomática do Brasil (1531 - 1945). Organização
e explicação de Lêda Boechat Rodrigues. Rio de Janeiro: Civilização Brasileira, 1995, 512 pp.

Este livro, cuja publicação tinha sido anunciada várias vezes
pelo seu autor principal e que era aguardado com impaciência há
muitos anos, recupera, postumamente, as aulas dadas pelo historiador José Honório Rodrigues no Instituto Rio Branco, do Ministério das Relações Exteriores, entre 1946 e 1956, e integra ainda
dois últimos capítulos cobrindo o período entre-guerras (mas per-
fazendo praticamente toda segunda metade), preparados especialmente para esta edição pelo revisor dos originais, o Prof. Ricardo
Seitenfus, da Universidade Federal de Santa Maria. Ele tinha sido
convidado em 1991, pela viúva Lêda Boechat Rodrigues, para organizar as notas datilografadas do curso de " História Diplomática
do Brasil" ministrado durante toda aquela década pelo grande
nome da historiografia nacional, falecido em 1987.

Como indica o historiador gaúcho Seitenfus, em sua Nota
Introdutória, o texto deixado por José Honório é minucioso até a
gestão do Barão do Rio Branco, tornando-se a partir da Primeira
Guerra Mundial "genérico e resumido" (p.20). Ele dedicou-se então a redigir um complemento da história diplomática brasileira
desde a Conferência de Versalhes até o rompimento da neutralidade brasileira, na Segunda Guerra, especialista que é, sob a orien-
tação inicial do próprio José Honório, da política externa durante
a era Vargas. Ele já tinha publicado sua tese de doutoramento na

Universidade de Genebra, uma pesquisa extremamente bem documentada sobre *O Brasil de Getúlio Vargas e a Formação dos Blocos: 1930-1942* (Companhia Editorial Nacional, Coleção Brasiliana, 1985).

Dotado de inegáveis méritos didáticos, substantivamente enriquecedor de nossa literatura especializada no campo das relações internacionais, o volume apresenta porém alguns reparos menores de forma, dentre os quais uma revisão insuficiente das referências bibliográficas preparadas à época por José Honório ou de algumas passagens obscuras de seus próprios originais. A extensão cronológica do título (1945) é, de certa forma, enganadora, uma vez que o tratamento de nossa história diplomática chega, efetivamente, apenas até o limiar da conferência interamericana do Rio de Janeiro, em princípios de 1942. A organização da obra pode também ser considerada como desbalanceada, no sentido em que, às 200 páginas, 12 capítulos e quatro séculos (de Tordesilhas a Rio Branco) sob a pluma de José Honório, seguem-se mais 200 páginas, em dois capítulos, para os vinte anos de crises do entre-guerras.

Trata-se, em todo caso, no que se refere ao panorama global traçado por José Honório, de uma bem-vinda complementação bibliográfica aos trabalhos mais conhecidos nesse campo, as já defasadas, mas ainda úteis, *História(s) Diplomática(s) do Brasil* por Hélio Vianna e Delgado de Carvalho (1958) e o mais recente, e indispensável, *História da Política Exterior do Brasil* de Amado Cervo e Clodoaldo Bueno (Ática, 1992). Uma das curiosidades deste texto de história diplomática "recuperada", já que composto há quase 50 anos, é precisamente o fato de nele encontrarmos um José Honório diferente daquele a que estávamos acostumados, se julgarmos com base em seus textos "iconoclastas" de princípios dos anos 60, quando ele se comprazia em atacar a versão "incruenta" da "história oficial", os compromissos conservadores das elites e a ausência do "povo" da historiografia dominante. Aqui José Honório segue um estilo bem mais tradicional, praticamente despojado do tom nacionalista, apaixonado e "contestador" do publicista da "política externa independente".

As notas preparadas por José Honório seguem uma narrativa linear das relações exteriores do Brasil colônia e independente, tratando segundo uma clássica abordagem política (com algumas breves pinceladas econômicas) dos episódios de nossa diplomacia. Não há propriamente uma sistematização das relações econômicas externas, mas tão simplesmente uma cobertura seletiva de alguns dos conhecidos problemas diplomáticos nessa área: basicamente o

Tratado de 1810 com a Inglaterra, a abolição do tráfico negreiro, a expansão do café e o incremento do comércio (e das relações políticas) com os Estados Unidos. A despeito disso, ele tinha consciência de que a história diplomática não podia ser isolada dos demais elementos e fatos do processo global: geográficos, econômicos, sociais, religiosos, etc. Repetindo a pergunta de Lucien Febvre, ele questiona, no capítulo inicial sobre "o conceito de história diplomática", como seriam possíveis relações internacionais sem geografia e sem economia?

José Honório busca realmente dar uma fundamentação social e econômica a estes "capítulos da história da política internacional do Brasil", segundo o nome concebido por ele mesmo para uma possível edição de suas notas de curso. Mas, manifestamente influenciado pelas doutrinas e conceitos então em vigor no imediato pós-guerra (em especial o primado da afirmação do Poder Nacional, como ensinado nos cursos do *National War College*, retomados praticamente *ipsis litteris* pela Escola Superior de Guerra), José Honório formula, em dois capítulos metodológicos iniciais, sua concepção das relações internacionais: "O que se pretende não é estudar o *homus diplomaticus*, com sua polidez protocolar, sua fórmula de saudação sabiamente graduada, mas o Poder Nacional que se exprime nas relações internacionais. Ora, desde que o mundo moderno se acha organizado com base no sistema de Estado-Nação, o que comumente se descreve como relações internacionais nada mais é que a soma de contratos [sic] entre as políticas nacionais destes Estados soberanos independentes. E, como as políticas nacionais são sistemas de estratégia empregados pelos Estados para garantir principalmente sua segurança territorial, e para proporcionar o bem-estar econômico e a prosperidade a seus cidadãos, não se pode fazer uma distinção entre política externa e interna. O que um Estado faz em seu território ou o que faz no exterior será invariavelmente ditado pelo interesse supremo de seus objetivos internos"(p.27).

Para ele, as premissas básicas de nossa política externa, desde a época colonial, sempre foram a acumulação de poder ou a manutenção do *status quo*, segundo as fases de introversão ou de extroversão que teriam marcado de maneira alternada (e de forma algo mimética ao modelo analítico norte-americano privilegiado por José Honório) a história internacional do Brasil. Essa concepção, surpreendente para quem conhece seus trabalhos ulteriores de "história diplomática", guia sua reconstituição de nossas relações internacionais: "É, portanto, o jogo da política do poder que

—— 273 ——

queremos recriar, mais que a simples história diplomática. É a supremacia do interesse nacional, em luta com os poderes nacionais adversos ou amigos, que se pretende reconstituir como uma experiência que nos sirva para dar á nossa política exterior verdadeiros objetivos nacionais permanentes. Desse modo, não são só as habilidades diplomáticas, nem o poder militar que se expandem internacionalmente, mas também o poder econômico, pela exportação de capitais e pelo controle de mercados. Por ele veremos que a melhoria constante da posição relativa do Poder Nacional se torna um dos objetivos da política externa do Brasil. Não é, assim, só história diplomática o que se pretende, mas a história das relações do Poder Nacional com os demais poderes nacionais"(p.53).

É essa história do "Poder Nacional" que José Honório reconstitui em seus 13 capítulos substantivos, tendo antes fixado de maneira algo "ortodoxa" os três grandes princípios de nossa política exterior desde 1822: a) preservação de nossas fronteiras contra as pretensões de nossos vizinhos e política do *status quo* territorial; b) defesa da estabilidade política contra o espírito revolucionário, interna (revoltas e secessões) e externamente (caudilhos dos Prata); c) defesa contra a formação de um possível grupo hostil hispano-americano e política de aproximação com os Estados Unidos(p.60). Em outros termos, uma concepção da atuação diplomática e da afirmação de nossos interesse externos que seria tranqüilamente subscrita por um historiador arqui-conservador (e mesmo reacionário) como Hélio Vianna.

O texto sob responsabilidade de Ricardo Seitenfus evidencia um historiador plenamente capacitado no manejo dos arquivos diplomáticos, inclusive os das principais chancelarias envolvidas na "política pendular" seguida por Vargas durante todo o período de disputas hegemônicas pelo apoio (ou neutralidade) de uma das principais potências da América do Sul. No exame da "escalada para a guerra" a análise atribui forte ênfase às relações com a Alemanha e a Itália totalitárias, em detrimento talvez dos demais vetores de nosso delicado equilíbrio diplomático nesses anos. A meação é pertinente especialmente em relação à Argentina, já que os Estados Unidos merecem subseção específica, bem documentada. Digna de elogios é a reconstituição, praticamente passo a passo, da atuação do Brasil na Liga das Nações, culminando com a lamentável derrota na "batalha" por uma cadeira permanente no Conselho. O leitor contemporâneo não deixará de formular interessantes comparações entre esse episódio e a atual candidatura brasileira a uma cadeira no Conselho de Segurança da ONU, em particular no que se refere às relações, então e agora, com a Alemanha, hoje aliada na disputa pela reforma da Carta, mas concorrente em 1926.

As conclusões nos remetem de volta ao professor dos anos 50. Como outros historiadores tradicionais, José Honório também via na "riqueza demográfica e territorial do Brasil, [uma] inquestionável possibilidade de tornar-se uma grande potência"(p.463), estando o País, por sua posição nas Américas, "condenado a uma posição de equilíbrio, que não é isenta de perigos e que lhe vale, freqüentemente a censura de pender para um lado ou para outro"(p.462). Escrevendo numa fase histórica caracterizada pela competição, quando não pelo antagonismo, com a Argentina, mesmo assim José Honório conclui pela importância do incremento de nossas relações econômicas e culturais como os países do Cone Sul, mas para ele, manifestamente, o processo de integração não estava ainda na ordem do dia. Hoje, ele pode ser legitimamente considerado como um dos princípios basilares de nossa política externa, ao mesmo título que o panamericanismo e o relacionamento especial com os Estados Unidos ao tempo deste curso de José Honório. Sua história diplomática "recuperada" merece, de toda forma, uma leitura atenta por parte de todo estudioso de nossa política externa.

A crise das Nações Unidas

GERSON IVAN PRADE

Bacharel em Ciências Jurídicas e Sociais,
Mestrando em Integração Latino-Americana na UFSM.

Maurice Bertrand. *A ONU.* Petrópolis: Vozes, 1995.

No ano em que se comemora o cinqüentenário da Carta de São Francisco, documento basilar da Organização das Nações Unidas (ONU), vem a público este trabalho detentor de vários méritos. Dentre estes, cabe destacar, o fato de haver sido elaborado por um renomado especialista em relações internacionais e profundo conhecedor das organizações internacionais, em específico, da ONU, na qual foi conselheiro honorário no Tribunal de Contas e membro do Corpo Comum de Inspeção (CCI), órgão encarregado da investigação sobre problemas relativos à eficácia e bom uso dos recursos, com competência para propor reformas e recomendações tendentes a aperfeiçoar o funcionamento da organização.

Porém, seu maior mérito consiste em constituir-se numa obra diferenciada da maioria das que a precederam devido ao enfoque e percepção críticas dos reais entraves que acabaram por conduzir a ONU ao fracasso nas suas mais diversas áreas de atuação: garantia de paz, desarmamento e desenvolvimento econômico e social. A originalidade da obra está no fato de a mesma fugir aos enfoques e argumentos tradicionalmente utilizados, tanto pelos governos quanto pelas burocracias oficiais que os representam, quando procedem à apreciação do desempenho da Organização e do papel que ela desempenhou, e poderá desempenhar, no sistema Internacional.

O autor fixa como objetivo da obra: "(...) descrever as relações complexas entre as idéias sobre a paz, a instituição que as encarna e a mudança acelerada da situação política do planeta." (P. 13)

Para tanto, o livro é dividido em cinco capítulos: A elaboração da organização mundial; a ONU e os problemas de segurança durante a guerra fria (1945-1985); a ONU no plano econômico e social; a ONU e a segurança desde o fim da guerra fria e, por fim, um capítulo destinado a abordagem do tema, reformar ou refazer a ONU.

Com efeito, no capítulo I, o autor mostra o surgimento das idéias sobre a paz que se desenvolveram do século XV ao XVIII (Saint-Pierre, Kant) mas que, porém, não foram aprimoradas durante o século XIX e início do século XX pelas grandes correntes do pensamento político, constatando que, a despeito de uma corrente pacifista que se desenvolveu à margem, sob formas variadas de sociedades de pensamento ou de associações, predominou na Europa, a adoção por parte dos governos - com o aval das populações dos estados europeus - de princípios de política exterior calcados em pressupostos teóricos Clausewitzianos.

O autor destaca ainda que a busca de uma paz estável, sonho que inspirou a criação da Sociedade das Nações (SDN), após o término da primeira guerra mundial (1919), esteve ligada a uma concepção das relações internacionais que não fugiu ao apego às idéias de cunho realista na atuação dos estados nacionais.

Por fim, com a extinção da SDN, após a segunda guerra mundial, e, com objetivos similares, foi criada a ONU. Porém, os pais da organização esqueceram das lições dos fracassos da SDN no momento da criação da mesma, pois, segundo o autor: "(...) em vez de procederem a uma análise política dos fracassos da SDN, contentaram-se com uma crítica jurídico-processual do texto do pacto para tentar tornar o da carta mais impositivo e centrado exclusivamente nas grandes potências." (P. 30)

O capítulo II destaca a ONU e os problemas de segurança durante a guerra fria (1945-1085). Para tanto, o autor divide esse período em três.

O primeiro período (1945-1955), é tido como o da dominação ocidental, pois a ONU foi instrumentalizada pelos países do Ocidente, principalmente pelos EUA, nos choques e disputas da guerra fria. O segundo (1956-1965) foi o das tensões e das guerras de descolonização, pois é nele que surgiram no cenário internacional um grande número de novos estados que, por sua vez, passaram a fazer parte da ONU. O terceiro (1966-1985),foi o da marginalização e nova maioria. Nele devido ao afrouxamento das tensões entre EUA e URSS, as negociações mais importantes no plano internacional passaram a se dar diretamente entre ambos, e por

—— 278 ——

isso, se acentuou a marginalização da ONU. O fato de grande parte dos países em desenvolvimento, que na maioria tinham se liberta-do há pouco tempo das potências colonizadoras, passarem a for-mar a maioria do Conselho da ONU, levou os países ocidentais a marginalizarem o organismo no qual eles não detinham mais a maioria.

Ao final do capítulo o autor aborda os limites à ação dos três órgãos principais em matéria de segurança - Secretariado, Assem-bléia e Conselho de Segurança - e, ao contrário das explicações simplistas e oficiais das causas pelas quais a ONU falhou na sua tarefa de "guardiã da paz", o autor constata que: "na realidade, é a própria estrutura da organização que não permitiu transforma-la em um instrumento útil de negociação." (P. 68)

No capítulo III o autor aborda a atuação da ONU no plano econômico, social e humanitário, demonstrando que a luta para a melhoria das condições humanas foi também perdida pelas Naçõ-es Unidas. Argumenta que o fato da mesma possuir uma estrutura complexa, com dezenas de instituições, muitas das quais com fun-ções e objetivos superpostos, e até mesmo contrários, leva a uma quase que total ineficácia na sua atuação.

Para encerrar ressalta que, apesar de alguns sucessos parciais, o balanço final é bastante pobre e que "(...) a organização está excluída de todas as questões econômicas fundamentais como a moeda, crédito, investimentos e (a despeito da CNUCED) das ne-gociações sobre o comércio internacional." (P. 116)

No capítulo IV o autor aborda a questão relativa à ONU e a segurança, desde o fim da guerra fria. No decorrer da leitura fica claro que, desde 1985 houve uma renovação das ilusões de que a paz seria conquistada, com o término da oposição leste/oeste, o enfraquecimento da URSS e a sua posterior fragmentação. assim, não houve qualquer questionamento mais profundo sobre a estru-tura e o funcionamento das Nações Unidas.

Porém, nesse período, surgiram inúmeros conflitos intraesta-tais, aos quais a organização não conseguiu dar uma solução sa-tisfatória, levando o autor a concluir que "(...) a solução para esses novos problemas de segurança não poderá ser encontrada em uma "segurança coletiva" totalmente ilusório ou em operações de paz. O mínimo que se pode dizer é que se impõe uma reflexão sobre a análise das causas da tais situações, sobre o tipo de sistema de segurança capaz de apaziguar e prevenir os riscos daí resultantes e sobre o tipo de organização mundial que poderia ser o suporte de tal sistema." (P. 140)

O capítulo V destaca o debate existente entre duas correntes, que se contrapõem no plano teórico, acerca dos caminhos a serem percorridos para que se chegue à construção de uma instituição que seja capaz de, efetivamente, garantir e assegurar a paz.

A primeira é representada pela tese de reformismo moderado - defendida pela maioria dos estados membros e por grande parte dos analistas internacionais - e apregoa que, para tanto, basta proceder a algumas correções de detalhes na estrutura atual do organismo. A segunda tese, conhecida por "terceira geração" ou "constitucionalista" - surgida principalmente após 1985, e a qual o autor do livro se filia - tem por núcleo a idéia de que seria necessário criar uma estrutura inteiramente nova para a organização e que não bastariam meras reformas pontuais.

Porém, como ressalta o autor: "um debate dessa ordem que colocará em questão os interesses de todos os governos e, sobretudo, os das grande potências, e as percepções que têm de sua independência, influência e prestígio - será longo e difícil, e assumirá inevitavelmente um caráter ideológico (...)". (P. 155)

Assim, chega ao conhecimento do público brasileiro uma importante reflexão teórica sobre o futuro da organização num momento em que se discute, em âmbito mundial, as transformações pelas quais ela deve passar para que assuma uma posição de destaque no sistema internacional e abandone o papel marginal que até agora desempenhou. Ressalte-se a relevância da obra no momento em que o Brasil acena com a possibilidade de uma eventual - e questionável - candidatura a membro permanente do Conselho de Segurança da ONU (seu órgão mais importante), olvidando o governo brasileiro, as questões verdadeiramente importantes - tais como os rumos, a estrutura e o papel da organização no sistema internacional - estes sim, temas relevantes e urgentes a serem abordados e discutidos pela diplomacia, governo, congresso e opinião pública nacional.

Espera-se que esta obra possa contribuir na reflexão séria e responsável destas questões, instigando o debate crítico acerca das mesmas, pois, o repensar da estrutura e do funcionamento da ONU, em novas bases, é indispensável para que ela supere o imenso abismo existente entre os seus "objetivos grandiosos", assumidos por um verbalismo estéril, e a sua atuação concreta no sentido da construção de uma ordem internacional mais justa e democrática.

Limitações do direito do MERCOSUL

VALQUÍRIA LOCATELI ROSA

Acadêmica do 4º ano da Faculdade de Direito da Universidade Federal
de Santa Maria, bolsista de iniciação científica da Fundação de
Amparo à Pesquisa no Rio Grande do Sul, FAPERGS.

Deisy de Freitas Lima Ventura. *A Ordem Jurídica do Mercosul*;
Série Integração Latino-americana. Porto Alegre: Livraria do
Advogado Editora, 1996, 168 pp.

Entrando para o rol ainda pequeno da bibliografia brasileira
de Direito comunitário, Deisy de Freitas Lima Ventura propõe-se
verificar a existência de uma ordem jurídica no Mercado Comum
do Sul, proposta integracionista de maior crédito, até então, nos
países platinos.

Baseado em ricas referências bibliográficas estrangeiras, o livro percorre desde os *"Alicerces"(cap.1)* da chamada ordem jurídica, preocupando-se em situar o leitor nos conceitos básicos para a
discussão que se desenvolverá no transcurso do livro.

Num segundo momento, a autora lança a grande pergunta,
que permanece marcada ceticamente até o final da obra: *"há uma
ordem jurídica comunitária no MERCOSUL?"*(Cap.2) O leitor, a essa
altura do livro, auxiliado pelas conclusões do primeiro tópico, já
pode perceber duas concepções, que respondem contrariamente à
indagação.

A ótica do direito comunitário europeu dificilmente veria neste ordenamento uma ordem jurídica comunitária, diferentemente
de um segundo entendimento, sob uma genérica inspiração Kelse-
niana, que pressupõe, para a existência de um ordem jurídica,
apenas a existência de relações de fundamentação ou derivação, à
qual se filiam alguns doutrinadores argentinos, que entendem já
existir uma ordem jurídica no Mercosul.

A autora analisa os institutos fundamentais do Mercosul: Tratados, Protocolos, Constituições dos Estados-Partes cobrindo um "balanço"(2.1.2.4.) do atual estágio do quadro estrutural, além da sua evolução legislativa.

Então conduz o leitor à discussão que é nuclear para todos os compromissos comunitários: a soberania. Esse atributo do Estado é o fiel da balança*"sobre a possibilidade de formação de uma ordem jurídica comum no Mercosul"*(cap. 3), tendo em vista a delimitação constitucional que cada Estado Parte possui do tema. Qual parcela de sua soberania está o Estado disposto a conceder ao mercado comum? Aqui se percebe nitidamente a postura dos envolvidos e sua escolha pelo modelo intergovernamental, onde não há necessidade de confiar a um órgão supranacional a decisão sobre questões que viriam a influir na política interna, abandonando definitivamente o modelo de integração europeu .

Enriquece sobremaneira o trabalho a pesquisa acerca das expectativas das elites dos Estados Partes, revelando a divisão de dois blocos: um pela prevalência do modelo intergovernamental e outro pela elevação da estrutura orgânica ao nível de supranacional como condição imprescindível da efetiva integração. Das concepções e teorias já assentadas a autora concebe,*"em busca de um novo conceito"*, que: *"a soberania é uma ficção jurídica, contínua face jurídica de um Estado político, dotada de principiologia própria, que justifica e sintetiza o exercício do monopólio do poder legítimo de um grupo em determinadas fronteiras, podendo ser este grupo mais ou menos maleável quanto à exercer/sofrer ingerência sobre/de outros grupos estabilizados, a depender de seus interesses particulares ou da força e do poder econômico particular que detém."*(p.100).

De certa forma, tece argumentação combativa ao modelo institucional adotado e ao tipo de eficácia jurídica, no âmbito do Mercosul, das normas oriundas dos tratados constitutivos e das instituições. Abandonado o modelo supranacional, resta realizar a internalização das normas, dependendo da boa fé e boa vontade dos Estados Partes. Os dois pilares do direito comunitário europeu não foram recepcionados pelo modelo ora em foco, quais sejam a aplicabilidade direta e a primazia da regra comunitária, prejudicando a eficácia do ordenamento jurídico do Mercosul.

A autora conclui o trabalho percebendo, através da análise da estrutura orgânica, a ausência de um poder comum, garantidor da aplicação das regras, acordos e determinações tomadas a nível comunitário - indício marcante da impossibilidade de conceber tais regras como uma ordem jurídica comunitária (p.107). E mais,

—— 282 ——

que as possibilidades de vir a existir uma ordem jurídica comum no Mercosul são limitadas pelas Constituições brasileira e uruguaia.

A obra é fundamental para os estudiosos da área de Relações internacionais e Direito comunitário e, em que pese a crítica tecida, continua a autora, como muitos outros, esperançosos com a integração.

Do individual ao coletivo

MARCELO BARROSO KÜMMEL

Acadêmico do 4º ano da Faculdade de Direito da Universidade Federal
de Santa Maria, bolsista de estágio acadêmico (PRAE/UFSM) no
Mestrado em Integração Latino-americana.

Jose Luís Bolzan de Morais. *Do Direito Social aos Interesses
Transindividuais: O Estado e o Direito na ordem contemporânea.*
Porto Alegre: Livraria do Advogado, 1996, 247 pp.

O professor Bolzan, Doutor em Direito do Estado pela Universidade Federal de Santa Catarina, situa-se entre os cientistas da área jurídica que imprime a suas pesquisas, aulas e atividades profissionais o saber teórico e o rigor metodológico, algo tão raro quanto importante em nossas academias de Direito. E o faz sob uma nova perspectiva: não temos o teórico desvinculado da realidade que nos cerca, mas sim o cientista voltado às questões cotidianas, cada vez mais jurisdicizadas, tais como a qualidade de vida, o meio ambiente, o direito à saúde, os direitos do consumidor, os interesses coletivos e difusos, e a supremacia (que se busca) do interesse público sobre o individual.

É natural que o direito seja impelido a regular fatos para coletividades, não mais somente para indivíduos. A evolução da sociedade aponta para a superpovoação do planeta, a diminuição da matéria prima e dos recursos naturais, sendo necessário pensar em todos os indivíduos nas suas relações uns com os outros. Por outro lado, não deve o Poder Judiciário ser um mero árbitro de pendengas bilaterais e interindividuais. Ao contrário, para realmente ensejar o acesso à justiça, é preciso pensar nas coletividades e, principalmente, naqueles direitos não reconhecidos, ainda incipientes, que, alçados à sua devida importância, serão capazes de proporcionar uma vida melhor a um número maior de pessoas.

Não será essa capacidade de proporcionar uma vida melhor às pessoas uma das, senão a principal, funções do Estado moderno? Essa pergunta encontra resposta nas linhas de *do Direito Social...*, em que o autor formula a hipótese de que há relação entre as trajetórias do Estado e do Direito, sendo que as transformações deste estão atreladas às transformações daquele. Com a dose certa de teoria, inserção na realidade e preocupação com as questões contemporâneas, o professor Bolzan brinda-nos com essa obra que trata das transformações sofridas, e ainda em curso, pelo Estado, de liberal a democrático de direito, paralelamente com as transformações sofridas pelo Direito, da tutela dos direitos individuais à proteção aos direitos transindividuais.

Para construir sua argumentação, Bolzan discute a ordem jurídica estatal, ou seja, o direito como criação e produção estatal. Analisa o Estado de Direito, deixando de lado seu conceito apenas legal, para buscar o próprio conteúdo da ação estatal e a relação Estado-cidadão, em cada momento que o mesmo se mostra presente: ora como Estado Liberal de direito, passando ao Social e chegando ao Estado Democrático de direito. Simultaneamente, mostra que a lei passa de ordem geral abstrata, mera garantidora do Estado Liberal, para um instrumento de ação concreta, no Estado Social, até transformar-se em um instrumento de transformação, no Estado Democrático de Direito.

Ao tratar da grande questão de sua obra - *os interesses transindividuais* -, o autor nos mostra, em primeiro lugar, a definição de interesse e sua amplitude em relação à definição tradicional de direito. A partir daí apresenta uma nova ordem de interesses, surgida devido ao desenvolvimento das relações sociais, ao crescimento dos problemas característicos da sociedade de massas, devido ao aumento de direitos e sujeitos de direitos nos dias atuais. Essa nova ordem, os interesses interindividuais, e seus conflitos, exigem um novo disciplinamento jurídico, produzido em torno da ordem jurídica estatal, que enfrenta resistências por romper com os postulados jurídicos tradicionais de um direito comprometido com a solução "oficial" de conflitos entre indivíduos.

Por derradeiro, Bolzan trata dos aspectos normativos dos interesses transindividuais, ou seja, como adequar a normatividade jurídica a essa nova plêiade de pretensões, a uma nova onda de litigiosidade (interesses coletivos, difusos, etc), e que conduz, ainda, a uma nova questão, qual seja a criação de mecanismos para a solução de litígios. Frente à realidade normativa brasileira, Bolzan encontra no Código do Consumidor, por exemplo, a adequação da normatividade citada acima; na ação popular e ação civil pública meios de se garantir os interesses transindividuais; e cita a mediação, modelo de justiça consensual, como um mecanismo adequado de solução desses novos lítigios que ora se apresentam.

A obra de Bolzan figura como obrigatória para os estudiosos das áreas de Teoria Geral do Estado, Teoria Geral do Direito e Introdução à Ciência do Direito e, acima de tudo, para aqueles operadores jurídicos preocupados com a evolução e modernização do Direito e o verdadeiro acesso dos cidadãos à justiça.

METRÓPOLE
Editora Gráfica Metrópole S.A.